Valentinstag 2003

Sehr geehrter Herr Dr. zur Hofe!

Herzliche Gratulation zu ihrer vorbildlich
"ausgezeichneten" Leistung!
Viel Freude beim Lesen der
juristisch/kulturellen Lektüre wünscht
Ihnen in großer Verbundenheit

Anita Fregolisch-Brettenkraler

JURISTISCHE SCHRIFTENREIHE   BAND 150

DAS DELIKT ALS HANDLUNGSELEMENT IN RICHARD WAGNERS „DER RING DES NIBELUNGEN"

von

Dr. Stefan Seiler

Mit Illustrationen von

Peter Schwarzbauer

Überarbeitete Neuauflage

Verlag Österreich

Wien 1998

Alle Rechte vorbehalten

ISBN 3-7046-1257-X
© Österreichische Staatsdruckerei AG 1998
Verlag Österreich, Rennweg 12a, A-1037 Wien
Tel. (++431) 79 789-333, Fax (++431) 79 789-502
e-mail: buch@verlag.oesd.co.at

Satz: Ch. Weismayer, Wien/Salzburg

Meinen Eltern

Vorwort

Der Ring des Nibelungen *„zeigt die Natur in ihrer unentstellten Wahrheit mit all ihren vorhandenen Gegensätzen, die in ihren unendlich mannigfachen Begegnungen auch das gegenseitig sich Abstossende enthalten"* (*Wagner*, Brief an August Röckel vom 25., 26. Januar 1854). Grundthematik der Tetralogie ist das Spiel um die Erlangung und Erhaltung von Macht und Reichtum. In zeitloser Gültigkeit befaßt sich die Handlung mit den kriminellen Methoden und Wegen, wie diese beiden Ziele zu erreichen sind. *Wagner*, Brief an August Röckel vom 24. August 1851: *„Der Nibelungenhort bildet ein ungemein bedeutsames Moment: Verbrechen aller Art haften an ihm."*

Wagners Werk nimmt nicht nur in musikalischer Hinsicht eine singuläre Stellung ein, der Komponist übt auch in prägnanter Form Kritik am herrschenden Gesellschafts- und Wertesystem. Ein Erhellen der rechtlichen Aspekte des Inhalts der Tetralogie bringt gerade diese sozialkritische Komponente deutlich zum Vorschein.

Die erste Auflage (1993) der vorliegenden Monographie war bereits ein Jahr nach ihrem Erscheinen vergriffen. In der nun vorliegenden erweiterten Neuauflage wird versucht, den gesellschaftskritischen Aussagegehalt von Wagners Ringtetralogie unter Einbeziehung der Sichtweise des Komponisten, die uns vor allem aus seinem regen Briefverkehr und seinen Schriften offenkundig wird, noch deutlicher hervorzuheben.

An dieser Stelle sei Herrn *Peter Schwarzbauer* besonderer Dank ausgesprochen, der sich spontan bereit erklärt hat, einige Lebensweisheiten, die uns der Ring vermitteln will, graphisch zu Papier zu bringen.

Salzburg, im September 1998   *Stefan Seiler*

Inhaltsübersicht

Einleitung 13
Zum Titel 16
Richard Wagners Haltung zu herrschenden Wertvorstellungen . . 19

Vorabend
Das Rheingold 27
Erste Szene
Der Raub des Rheingoldes 28
   Alberich, ein kaltblütiger Räuber? 35
   Alberich, ein gemeiner Dieb? 40
   Wollte sich der Zwerg unrechtmäßig bereichern? 48
Zweite Szene
Unter „seriösen" Geschäftsleuten 53
   Unkonventionelle Methoden zur Durchsetzung vertraglicher
   Ansprüche 61
      Eine Frau als „Pfand" 61
      Welchem Zweck dient die „Pfandnahme"? 64
      Freia, die Unfreie 71
   Das Handeln der Riesen nach historischem Rechtsverständnis . . 72
   Die Vertragsehe als mögliche Form der Eheschließung im
   germanischen Recht 72
   Die „Pfandnahme" einer Person aus der Sicht des germanischen Rechts 79
Dritte Szene
Alberichs Aufstieg zum Großunternehmer 83
   Das Verhindern aufstrebender Existenzen 86
   Die erpresserische Entführung Alberichs 90
   Die Überwältigung Alberichs in seiner Behausung 90
Vierte Szene
Soziale Gerechtigkeit durch Umverteilung 93
   Loges Rechtfertigung 95
   Der Raub des Tarnhelms durch Loge 98
   Wotans Umverteilung der Macht 99
   Zahltag 102
      Die Riesen als Hehler des Rheingoldes 105
      Die Schwierigkeit des Teilens 106

Erster Tag
Die Walküre 109

Erster Aufzug
Die Fehde als Reaktion der Sippe auf Verbrechen 109

Zweiter Aufzug
Die Rache des entehrten Gastgebers 122
    Ist die moralisch gebotene Tat zu rechtfertigen? 123
    Hundings Schuld 126
    Die Hintermänner(frauen) 129
        Wotans Beteiligung an der Ermordung seines Sohnes 129
        Die böse Frau hinter dem Manne 134
        Die Strafbarkeit des armen Verfolgten 137
        Die Strafbarkeit Brünnhildes 138

Dritter Aufzug
Die Rache des zürnenden Vaters 140

Zweiter Tag
Siegfried 145

Die Rolle Mimes 147
    Der Naive als Werkzeug des Wissenden 148
    Die versuchte Ermordung des Handlangers 153

Die Strafbarkeit Siegfrieds 157
    Die Tötung des Hortwächters 157
    Die Tötung des lästigen Ziehvaters 159

Dritter Tag
Götterdämmerung 164
    Des Blinden Gang zum Abgrund 166
    Mordkomplott zwischen Brünnhilde, Hagen und Gunther 169
    Die Strafbarkeit des Vollstreckers 171
    Die Strafbarkeit der betrogenen Ehefrau 172
    Die Strafbarkeit des unglücklichen Freiers 173
    Die Strafbarkeit des Drahtziehers 174
    Die Strafbarkeit der Beteiligten nach germanischem Recht . . . 177

Das Ende 181

Literaturverzeichnis 185

Diskographie 189

Namen- und Sachregister 193

Abkürzungsverzeichnis

Abs	Absatz
Anm	Anmerkung
Art	Artikel
AT	Allgemeiner Teil
Aufl	Auflage
Bd	Band
BGH	Bundesgerichtshof (der Bundesrepublik Deutschland)
BT	Besonderer Teil
bzw	beziehungsweise
d	deutsch,-er,-e,-es (vor einer Abkürzung)
ders	derselbe
dh	das heißt
dies	dieselbe(n)
EvBl	Evidenzblatt der Rechtsmittelentscheidungen der ÖJZ (Jahr/Nummer)
FN	Fußnote
FS	Festschrift
GA	Goltdammer's Archiv für Strafrecht (Jahr, Seite)
gem	gemäß
GS	Gedächtnisschrift
hM	herrschende Meinung
Hrsg	Herausgeber
iS	im Sinne
iVm	in Verbindung mit
JBl	Juristische Blätter (Jahr, Seite)
Kap	Kapitel
KH	Plenarbeschlüsse und Entscheidungen des kk Obersten Gerichtshofes als Kassationshof (Nummer)
lit	litera
mwN	mit weiteren Nachweisen
Nachw	Nachweise
NRsp	Neue Rechtsprechung (Beilage in der ÖJZ)
ÖJZ	Österreichische Juristenzeitung (Jahr, Seite)
ÖJZ-LSK	Leitsatzkartei der ÖJZ (Jahr/Nummer)
OGH	Oberster Gerichtshof
Rsp	Rechtsprechung
Rz	Randzahl
RZ	Österreichische Richterzeitung (Jahr, Seite bzw Jahr/Nummer)

s	siehe
sog	sogenannt
SSt	Entscheidungen des Obersten Gerichtshofes in Strafsachen und Disziplinarangelegenheiten (Band/Nummer)
StGB	Strafgesetzbuch, BGBl 1975/60 idgF
u	und
ua	und andere
verst	verstärkter
vgl	vergleiche
zB	zum Beispiel
ZRG germ Abt	Zeitschrift der Savigny-Stiftung für Rechtsgeschichte, Germanistische Abteilung
ZStrR	Schweizer Zeitschrift für Strafrecht (Jahr, Seite)
ZStW	Zeitschrift für die gesamte Strafrechtswissenschaft (Band [Jahr], Seite)
ZVR	Zeitschrift für Verkehrsrecht (Jahr, Seite bzw Jahr/Nummer)

Einleitung

Ein deliktisches Verhalten zum thematischen Grundbestandteil einer Oper zu machen, war bei den Librettisten und Komponisten seit jeher sehr beliebt. Die Handlungen zahlreicher Opern bauen entweder auf einem geschehenen Verbrechen auf – man denke nur an Mussorgskys Boris Godunov – oder steuern als dramatischer Höhepunkt auf eine kriminelle Tat hin. Die Liste der Eifersuchsmorde als krönender Abschluß einer Oper ließe sich, beginnend bei Verdis Otello oder Maskenball über Leoncavallos Bajazzo, bis hin zu Bizets Carmen, um nur vier der wohl bekanntesten Beispiele herauszugreifen, beliebig fortsetzen.

Es fällt beinahe schwer, Opernwerke zu nennen, deren friedvolle Handlung auf die Schilderung krimineller Verhaltensweisen zur dramatischen Würze verzichtet. Leicht drängt sich bei manchen Dramen der Musikliteratur der Eindruck auf, daß die Textdichter den Ausweg aus einer dürftigen Handlung nur darin sahen, eine Person in das Geschehen einzubauen, die durch ihren Hang zum Gesetzesbruch hervorsticht. Verdis Troubadur sei an dieser Stelle genannt. Die Meisterschaft des Komponisten mag diesem Werk zwar in musikalischer Hinsicht seinen Stellenwert in der Opernliteratur sichern, der Inhalt verschwindet aber im Dunkel der Szenerie. Mord, Erpressung oder zumindest Nötigung sind zentrale Handlungselemente der meisten Opernlibretti.

Verbrechen, Schuld und Sühne gehören auch zu den klassischen Sujets der epischen und dramatischen Literatur[1]. Der Dichter, der im kriminellen Treiben ein dankbares Thema für seine Werke findet, fordert andererseits den Juristen heraus, die rechtlichen Aspekte der Dichtungen und Opern einer Deutung zu unterziehen. Zeugnis dafür ist eine Unzahl teils humoristischer, teils ernster juristischer oder rechtsphilosophischer Auseinandersetzungen mit Werken aus dem Bereich der Literatur und Musik[2].

---

1 *Müller-Dietz* Kriminalstrafe(n) und Literatur, in: 140 Jahre Goltdammer's Archiv, 1993, 160.

2 Ausführliche Nachweise bei: *Müller-Dietz* Kriminalstrafe(n) und Literatur, in: 140 Jahre Goltdammer's Archiv, 1993, 160; *ders* Grenzüberschreitungen, Beiträge zur Beziehung zwischen Literatur und Recht, 1990.
Die wahrscheinlich früheste dahingehende Abhandlung eines Werkes aus dem Bereich der Literatur ist die Monographie *Kohlers* „Shakespeare vor dem Forum der Jurisprudenz" aus dem Jahre 1883. Beleuchtet werden aus rechtlicher Sicht vor allem Shakespeares „Hamlet" und der „Kaufmann von Venedig", wobei bei letzterem gerade die geschichtliche Entwicklung des Schuldrechts im Vordergrund steht *(Kohler* Shakespeare vor dem Forum der Jurisprudenz, 7ff). Der Pakt zwischen Faust und Mephistopheles, der natürlich eine rechtliche Analyse nahelegt, wird von *Kohler* und *Landsberg* im Goethejahrbuch aus dem Jahre 1903 einer „Begutachtung" unterzogen („Fausts Pakt mit Mephistopheles in juristischer Beleuchtung", in Goethejahrbuch Band XXIV, 1903: *Landsberg* 114f; *Kohler* 119f).

Eine grundlegende Untersuchung über die Beziehung zwischen Recht und Dichtung wurde bereits im Jahre 1924 von Reichsgerichtsrat *G. Müller* verfaßt. Dabei wird speziell auf Werke deutscher Dichter, allen voran Goethe und Schiller, eingegangen[3]. Der Autor kommt zum Schluß, daß beim Versuch, ein Werk der Dichtung vollständig zu würdigen und zu beleuchten, seine rechtlichen Bezüge nicht unbeachtet bleiben dürfen[4]. Bei Wagners „Der Ring des Nibelungen" findet diese Schlußfolgerung eine ihrer besten Bestätigungen. Bei kaum einem anderen Werk der Literatur oder Oper kann eine Interpretation die Kernaussage des Stückes so weit verfehlen, wenn die rechtlichen Aspekte des Inhaltes außer Acht gelassen werden und der Interpret sich nur von Empfindungen leiten läßt.

Vielfach führt bei den Werken aus Literatur und Oper bereits eine laienhafte rechtliche Beurteilung, basierend auf einem nicht näher konkretisierbaren „natürlichen Rechtsgefühl" zum richtigen Ergebnis und es bedarf gar nicht des sachkundigen Urteils eines Juristen zum richtigen Verständnis. Können aus einer rechtlichen Analyse keine neuen interpretatorischen Erkenntnisse gezogen werden, bewegt sich diese eher im Bereich juristischer Spielerei.

Bei Richard Wagners Ring des Nibelungen liegt das juristische Urteil über die Handlungen der einzelnen Akteure nicht in jedem Fall auf der Hand. Besonderes Charakteristikum seiner Operndramen ist es, daß die Musik die Absicht des Dichters verdeutlichen soll und gleichsam den Kommentar zum Gesang liefert[5]. Mit dem Mittel der Musik versucht gerade der Komponist Richard Wagner vielfach die „objektiv richtige" rechtliche Sicht der Dinge zu verschleiern und dem Zuhörer ein fragwürdiges Rechts- und Unrechtsverständnis zu suggerieren.

Rechtsphilosophische Betrachtungen zum Thema Gerechtigkeit und Gnade stellt *Radbruch* anhand von Shakespeares Komödie „Maß für Maß" an *(Gustav Radbruch* „Shakespeare Maß für Maß" in Gestalten und Gedanken, 41).

Als jüngeres Beispiel einer rechtlichen Begutachtung von Werken aus dem Bereich der Literatur ist *Spendels* Abhandlung mit dem Titel „Schillers Wilhelm Tell und das Recht" zu nennen (ZStrR 1990, 154ff). Anhand dreier Stellen in Schillers Schauspiel werden grundlegende Fragen des Rechts angeschnitten, wobei sich das besondere Augenmerk des Autors freilich auf die strafrechtlichen Aspekte von Tells „Apfelschuß" richtet.

Im Bereich der Oper versucht *Zöchling* die Handlung einiger ausgewählter Werke weiterzuführen, nachdem der Bühnenvorhang gefallen ist. Anhand von fiktiven Prozessen wird das rechtswidrige Vorgehen der handelnden Personen herausgestellt und eine strafrechtliche Bewertung vorgenommen *(Zöchling* Freispruch für Tosca – Jago soll hängen[2], 1986).

3 *G. Müller* Recht und Staat in unserer Dichtung, 1924, 46ff; jüngeren Datums ist die Abhandlung von *Müller-Dietz* zu diesem Thema: Grenzüberschreitungen, Beiträge zur Beziehung zwischen Literatur und Recht, 1990.

4 *G. Müller* Recht und Staat in unserer Dichtung, 1924, 10.

5 *Wagner* Brief an August Röckel vom 25., 26. Januar 1854. Seine speziellen Vorstellungen in Bezug auf eine Neugestaltung der musikalischen Gattung „Oper" legt der Komponist und Dichter in seinem Werk: Oper und Drama, 1852, dar.

Zweifellos wird es bei kaum einem Werk der Literatur oder Oper eine einzig und allein „richtige Interpretation" geben. An dieser Erkenntnis soll nicht gerüttelt werden. Man wird aber Interpretationen eines Werkes in Zweifel ziehen müssen, bei denen dem Zuseher bzw Zuhörer ein allgemein anerkannt rechtswidriges Verhalten der handelnden Personen als positiv und ein den Gesetzen entsprechendes Vorgehen als verwerflich suggeriert werden soll. Eine in diese Richtung gehende Deutung erscheint nur dann angebracht, wenn der Autor mit seinem Werk erkennbar eine Kritik am herrschenden Rechts- oder Gesellschaftssystem beabsichtigt. Aus Richard Wagners Ring des Nibelungen ließe sich eine dahingehende Intention herauslesen. Dabei darf aber nicht der Suggestionskraft des Komponisten Richard Wagner gefolgt werden. Den Weg zum Verständnis des gesellschaftskritischen Aussagegehaltes des Werkes weist der Dichter Richard Wagner. Erst wenn man die Handlung seiner Operndichtungen einer juristischen Betrachtung unterzieht, wird die Kritik des Komponisten und Textdichters am herrschenden und seiner Meinung nach zum Untergang verurteilten Gesellschaftssystem[6] deutlich. Der Ring enthält ein sozialkritisches Zeitbild, welches auf einer mythologischen Grundlage dargeboten wird[7]. Wagner entnahm dem Mythos jene Bestandteile die er benötigte und komponierte sie zu einer für ihn stimmigen Welt um[8]. Dabei scheint Wagner sein Werk teilweise in einer Weise verstanden wissen zu wollen, die jeglichem „natürlichen" Rechts- und Unrechtsbewußtsein widerspricht. Zu diesem Schluß muß man kommen, wenn man sich Ausführungen in seinem regen Briefwechsel zur Deutung der Ringtetralogie vor Augen hält.

Unabhängig vom sozialen Werteverständnis und den individuellen rechtlichen Anschauungen des Komponisten, gelangt man im Wege der juristischen Analyse des Ringes zu einem zumindest „gesetzmäßigen" Verständnis dieses Werkes. Ob es sich dabei auch um die „richtige" Interpretation handelt, muß natürlich dahingestellt bleiben.

Ernst von Pidde hat einst den Versuch unternommen[9], auf unterhaltsame Art die Verhaltensweisen einiger Akteure in Richard Wagners Ringtetralogie einer strafrechtlichen Überprüfung zu unterziehen. Durch die an manchen Stellen unterlaufenen Fehlbeurteilungen, welche teilweise auf ein nur oberflächiges Textstudium zurückzuführen sind, entspricht sein juristisches Urteil jedoch bloß dem, was Wagner dem eiligen Hörer suggerieren wollte. Die tieferliegende verdeckte Aussage des Stückes,

---

6 Vgl *Wagner* Oper und Drama, Teil II/3, Das Schauspiel und das Wesen der dramatischen Dichtkunst, 200ff.
7 *Gregor-Dellin* Richard Wagner², 248.
8 *Gregor-Dellin* Richard Wagner², 368.
9 *Pidde* Richard Wagners „Ring des Nibelungen" im Lichte des deutschen Strafrechts³.

welche in prägnanter Weise Kritik an den Grundstrukturen der bestehenden hierarchischen Gemeinschaftsordnung und ihren hoch gehaltenen Werten übt, bleibt dabei leider verborgen. Der Ring des Nibelungen hat zwar bis heute eine Unzahl progressiver und „daher" zeitgemäßer Inszenierungen erfahren bzw erlitten, nur wenige konnten jedoch diesen Aspekt des Werkes hinreichend interpretatorisch verdeutlichen. Den Ring szenisch in einer Weise umzusetzen, wie es Wagner vorgesehen hatte, gilt als antiquiert und daher verpönt. Dahingehende Inszenierungen lassen aber wenigstens für jeden Zuseher eine individuelle Deutung offen und leiten ihn nicht bewußt oder unbewußt in eine falsche Richtung.

Zum Titel

Richard Wagners Tetralogie „Der Ring des Nibelungen" nimmt innerhalb der Opernliteratur aus musikalischer Sicht eine absolute Sonderstellung ein. Wagner bricht erstmals radikal mit allen herrschenden Konventionen und schafft die Gattung des sogenannten Musikdramas, welches sich durch eine weitgehend vollständige Symbiose von Musik und Dichtung auszeichnet[10]. Auch der Inhalt des Ringes weicht von den üblichen Opernsujets ab.

Das gerade aus der Sicht des Juristen wohl Bemerkenswerteste an der Handlung ist, daß sie ausschließlich auf einer Aneinanderreihung von Delikten aufbaut. Man gewinnt den Eindruck, Wagner wollte ein kriminelles Lehrstück schreiben, wenn er in seinem Brief an August Röckel ausführt: „*Der Nibelungenhort bildet ein ungemein bedeutsames Moment: Verbrechen aller Art haften an ihm.*"[11] Grundthematik der Tetralogie ist das Spiel um die Erlangung und Erhaltung von Macht und Reichtum. Die Handlung befaßt sich in zeitloser Gültigkeit mit den kriminellen Methoden und Wegen, wie diese beiden Ziele zu erreichen sind. Auf diesen einfachen Nenner ließe sich der Inhalt eines Werkes bringen, das zu den umfangreichsten der Musikliteratur zählt und dessen gesamte Aufführungslänge den Hörer, abhängig von der „Gnade oder Ungnade" des Dirigenten, bis zu 16 Stunden in Anspruch nehmen kann.

In Wagners Ringtetralogie ist die Planung und Ausführung von Delikten sowie die Schilderung von deren Folgen, die meistens in weiteren strafbaren Handlungen bestehen[12], nicht nur dramatische Würze, wie in den meisten anderen Werken der Opernliteratur, sondern wird zum inhalt-

---
10 *Wagner* Brief an Theodor Uhlig vom 12. November 1851: „*ich kann jetzt nicht mehr die marter des Halben durchmachen*".
11 *Wagner* Brief an August Röckel vom 24. August 1851.
12 Vgl Rheingold zweite und dritte Szene.

lichen Grundbestandteil erhoben. Der Komponist, der gleichzeitig auch Textdichter seiner Werke war, zeigt sich dabei bestrebt, oft bis ins kleinste Detail komplexe Tatpläne der einzelnen handelnden Personen darzustellen. Auch die Motivationen und Ziele, die jeweils mit den kriminellen Bestrebungen verbunden sind, werden dem Hörer in extenso offengelegt und lassen tiefe Blicke in das Seelenleben der einzelnen Akteure zu[13]. Daraus ergeben sich fein gezeichnete Charakterbilder, die in ihrer Ambivalenz einzigartig sind und ihresgleichen in der Opernliteratur suchen. Mit erschreckender Direktheit wird dem Zuhörer und Zuseher vor Augen geführt, wie die Gier nach Macht und Reichtum und der dadurch hervorgerufene Neid bei den weniger Erfolgreichen den Charakter eines Menschen verdirbt.

Den pauschal guten oder bösen Charakter gibt es bei Wagner nicht. Die meisten Personen handeln in gewisser Weise menschlich verständlich und ihr, wenngleich deliktisches Verhalten läßt sich nicht rundweg als moralisch verwerflich ablehnen. Bereits darin zeigt sich eine Besonderheit der Charakterdarstellung in Wagners Werk. Andere Komponisten lassen den Zuhörer meist sofort Partei für eine Seite ergreifen. Bei Wagner liegt das Werturteil über eine Person in der Regel nicht auf der Hand. Der Zuhörer wird gefordert, sich mit den Motivationen und Zielvorstellungen der einzelnen Akteure auseinanderzusetzen. Ein eindeutiges Charakterurteil wird aber dennoch vielfach nicht zu fällen sein.

Die Handlung von Wagners Ring kennt weder Gewinner noch Verlierer. In gewisser Weise könnten alle als Verlierer angesehen werden. Das Streben nach Macht und Reichtum reißt sie in den Untergang und beschwört die „Götterdämmerung" herauf. Die abschließende Botschaft der Götterdämmerung – der Dritte Tag der Tetralogie – besteht darin, daß die herrschende Ordnung nicht aufrecht erhalten werden kann und nur im Neuanfang die Chance für eine bessere Zukunft zu suchen ist. Den klischeehaften Sieg des Rechtes über das Unrecht kennt Wagners Werk nicht. Bis zu ihrem Untergang sind vordergründig Gewinner immer nur die, die sich durch unredliches Handeln ihre Vorteile zu verschaffen wissen. Verlierer sind hingegen jene, die ihre aufstrebenden Ambitionen auf dem Weg der Legalität verfolgen. Der Zwerg Alberich, Symbol des Emporkömmlings aus tiefer sozialer Schicht, muß bald erfahren, daß die Spielregeln der Mächtigen andere sind, als dies seiner redlichen Vorstellungswelt entspricht. Es kommt darin zwar Wagners pessimistische Weltsicht zum Ausdruck, doch beweist dies den zeitlosen Realitätsbezug des Werkes.

---

13 Vgl Mime in „Siegfried", I. Aufzug.

Die Lösung liegt nach Wagner im Ende der bestehenden und der möglichen Neuschaffung einer besseren Welt, bzw im übertragenen Sinn einer besseren Gesellschaftsordnung. Hier spricht der Revolutionär Richard Wagner, der sein Werk unter dem Eindruck der Revolution in den Jahren 1853-74 geschrieben hatte. Der Prosatext mit dem Titel „Die Nibelungensaga" wurde bereits im Oktober 1848 abgeschlossen[14]. Wenngleich Wagner nie einer politischen Partei beitrat, teilte er dennoch den Glauben an eine gänzliche Umgestaltung der politischen und sozialen Welt[15]. Mit dem Ring wollte der Komponist „*den menschen der Revolution*" die „*bedeutung dieser Revolution nach ihrem edelsten sinne*"[16] zu erkennen geben. Eine Aufführung seines großen „Revolutionsstückes" hat Wagner erst für die Zeit nach der Revolution ins Auge gefaßt, da das Publikum ihn erst dann verstehen würde[17]. Der Sieg der Revolution sollte nach Wagners Vorstellung eine vollständige Wiedergeburt der Kunst, der Gesellschaft, der Religion, eines neuen Theaters und einer neuen Musik bewirken[18]. Die „*nächste Revolution*" sollte daher der ganzen bestehenden „*theaterwirthschaft*" das Ende bringen[19].

Streng darauf bedacht, daß ihm sein politisches Engagement nicht Schaden könnte, war Wagner jedoch nur Revolutionär in der „Gesinnung", nicht aber in der „Tat". In seinem Brief an Eduard Devrient, Regisseur und Dramaturg in Dresden und später Direktor des Hoftheaters Karlsruhe, beteuert der Komponist eindringlich seine Untätigkeit während der Dresdener Maiaufstände: „*Nirgends bin ich aber thätig gewesen, weder mit den waffen noch mit öffentlicher rede.*"[20] Gleichzeitig gibt Wagner jedoch unumwunden zu, mit „*voller Sympathie*" die Dresdener Erhebung verfolgt zu haben. Seine Gesinnung habe er jedoch nur gegenüber „*manchem Einzelnen*", nie aber gegenüber der Menge (etwa als Redner) unverhohlen zu erkennen gegeben[21]. Ein „*ruhiger Beobachter des Kampfes*", so seine Selbstsicht[22].

Das Ende eines Systems schafft gleichzeitig den fruchtbaren Boden für einen Neuanfang. Die Götterdämmerung endet daher im gleichen

---

14 *Gregor-Dellin* Richard Wagner², 248.
15 *Wagner* Brief an König Johann von Sachsen vom 16. Mai 1856.
16 *Wagner* Brief an Theodor Uhlig vom 12. November 1851.
17 *Wagner* Brief an Theodor Uhlig vom 12. November 1851.
18 *Gregor-Dellin* Richard Wagner², 244.
19 *Wagner* Brief an Theodor Uhlig vom 12. November 1851.
20 *Wagner* Brief an Eduard Devrient vom 17. Mai 1849.
21 Eindrucksvolles Zeugnis dieser politischen Gradwanderung gibt *Wagner* in seinem Brief an Eduard Devrient vom 17. Mai 1849 ab.
22 *Wagner* Brief an Eduard Devrient vom 17. Mai 1849. In Wirklichkeit konnte natürlich ein politisch engagierter Mensch wie Richard Wagner nicht tatenlos zusehen. Zu seinen „Taten" während der Dresdener Unruhen: *Gregor-Dellin* Richard Wagner², 261ff.

friedvollen Ausklang, mit dem das Rheingold begonnen hatte. Die Welt entwickelt sich in einem Kreislauf. Diese Botschaft, welche in Teilaspekten in jeder Epoche der Geschichte ihre Gültigkeit besitzt, verleiht Wagners Ringtetralogie auch noch heute Aktualität und macht dieses Werk zum Kultobjekt der sogenannten „Wagnerianer".

Gegenstand des Nibelungengedichts ist daher die Darstellung der Wirklichkeit, wie Wagner in seinem Brief an Röckel resümierend festhält. Der Ring „*zeigt die Natur in ihrer unentstellten Wahrheit mit all ihren vorhandenen Gegensätzen, die in ihren unendlich mannigfachen Begegnungen auch das gegenseitig sich Abstossende enthalten*"[23]. Mit dem Ring des Nibelungen glaubte Wagner für seine ganze Weltanschauung einen vollendeten künstlerischen Ausdruck gefunden zu haben[24].

Richard Wagners Haltung zu herrschenden Wertvorstellungen

Richard Wagner vertraut nicht dem Urteil des unbefangenen *Zusehers*, wenn es gilt, die einzelnen Charaktere aufgrund ihrer Handlungsweisen zu bewerten. Durch Text und Musik suggeriert der Komponist ein bestimmtes Bild von seinen handelnden Personen und versucht auf diese Weise im *Zuhörer* Sympathien und Antipathien zu wecken. Jedem einzelnen Akteur sind bestimmte musikalische Motive zugeordnet. Als sogenannte „Leitmotive" (ver)leiten sie den Zuhörer zu einer bestimmten emotionalen Empfindung, die sich im Charakterurteil über die jeweilige Person niederschlägt. Jeder Takt ist nach Auffassung des Komponisten nur dadurch gerechtfertigt, daß er etwas über die Handlung oder den Charakter des Handelnden ausdrückt[25]. Wagner wollte auf diesem Weg seine dichterische Absicht in allen ihren wichtigen Momenten vollständig den Sinnen des Publikums mitgeteilt wissen[26]. Auffallend ist dabei das Bestreben des Komponisten, gerade jene Personen in ein günstiges Licht zu stellen, die es objektiv am wenigsten verdienen.

Ganz offensichtlich zeigt sich dies bei Wotan: Nach Wagner ist er Hüter der Verträge und Wahrer des Gesetzes. Dennoch schließt gerade Wotan Verträge nur zum Schein (Rheingold, zweite Szene) und verschafft sich durch Erpressung und Raub das nötige Vermögen, um seine Schulden zu tilgen (Rheingold dritte und vierte Szene). Der oberste Gott schreckt nicht einmal davor zurück, sich an der Ermordung seines eigenen Sohnes,

---

23 *Wagner* Brief an August Röckel vom 25., 26. Januar 1854.
24 *Gregor-Dellin* Richard Wagner[2], 353.
25 *Wagner* Brief an Franz Liszt vom 8. September 1850.
26 *Wagner* Brief an Franz Liszt vom 20. November 1851.

Siegmund, zu beteiligen, nachdem er erkannt hatte, daß ihm dieser nicht mehr nützlich sein kann und er sich damit zumindest den häuslichen Frieden mit seiner Ehefrau Fricka sichert (Walküre II. Aufzug, fünfte Szene).

Wotans Taten sollten selbst den unbefangenen juristischen Laien zu einem Unwerturteil veranlassen, da sie einerseits durch das Streben nach Macht und Machterhaltung, andererseits durch Neid und Gier nach Gold motiviert sind. Wotans Aktivitäten zählen bei objektiver Betrachtung zu den verwerflichsten der gesamten Tetralogie. Bezeichnend für Wotans Charakter ist sein gleichzeitiges Vorgeben, das Recht zu bewahren, um an der Seriosität seines Handelns erst gar keinen Zweifel aufkommen zu lassen.

Das positive Erscheinungsbild, welches Wagner ihm in seinem Werk verleiht, entspricht in keinem Punkt dem Charakterbild, das sich auf Grund einer rechtlichen Beurteilung seiner Handlungen ergeben würde. Gleiches gilt für Siegmund, einem Querulanten, der sich des mehrfachen Mordes sowie des Ehebruchs und der Blutschande schuldig macht. Er ist der Sohn Wotans. Zeugnis seiner Abstammung ist, daß auch ihm jegliche Skrupel oder Unrechtseinsicht fehlen. Er möchte hingegen seine Handlungen als im Dienste einer guten Sache geschehen verstanden wissen (Walküre, I. Aufzug; Siegmund-Monolog). Für Wagner ist Siegmund der tragische und bemitleidenswerte Held, der vergeblich versucht, der überlieferten und anerkannten rechtlichen und sittlichen Ordnung zu entfliehen. Dieses Charakterbild sollen Musik und Text dem Zuseher und Zuhörer vermitteln: Zu ekstatischer Euphorie steigert sich die dritte Szene des ersten Aufzuges der Walküre, als Siegmund in Sieglinde, der Frau Hundings, seine Schwester erkennt, sie zu seiner Geliebten erklärt und mit ihr im gegenseitigen Einvernehmen Blutschande und Ehebruch begeht.

Der Genialität des Komponisten ist es wohl zuzuschreiben, daß die Suggestion mit Hilfe der Musik vielfach sogar gelingt. Blickt man auf Wagners Schriften, wird dies verständlich. Der Komponist selbst hat Zeit seines Lebens alles Bestehende in Frage gestellt und das alleinige Heil in der radikalen und kompromißlosen Erneuerung gesehen. Richard Wagner in „Oper und Drama": *„Das Wesen des politischen Staates ist aber Willkür, während das der freien Individualität Notwendigkeit ist"*[27]. Diese Aussage versieht Wagner mit der Anmerkung: *„Unsere modernen Staatspolitiker drehen das um: sie nennen die Befolgung des Staatsgesetzes Notwendigkeit, während sie den Bruch desselben aus der Willkür des Individuums herleiten."* Im Untergang des Staates sah der Komponist bloß den *„Wegfall der Schranke, welche durch die egoistische Eitelkeit der*

---

[27] *Wagner* Oper und Drama, Teil II/3, Das Schauspiel und das Wesen der dramatischen Dichtkunst, 202.

Erfahrung als Vorurteil gegen die Unwillkür des individuellen Handelns sich errichtet hat"[28]. Wie auch in vielen anderen politischen Schriften Richard Wagners kommt darin sein „liebster Gedanke" zum Ausdruck: Die Rechtfertigung der Anarchie[29].

Dieser Grundhaltung vollkommen entsprechend wird von Wagner versucht, Personen in ein negatives Licht zu stellen, die an traditionellen Werten festhalten wollen. Soweit solche Personen ein kriminelles Verhalten setzen, unterstreicht der Komponist die Verwerflichkeit ihrer Handlungsweise, obwohl ihre Taten meist aus menschlich verständlichen Beweggründen heraus erfolgen und sich damit wesentlich von jenen Wotans unterscheiden.

Als signifikantes Beispiel sei die Person Hundings in der „Walküre" hervorgehoben. Hunding tötet Siegmund aus Rache, nachdem dieser mehrere seiner Verwandten ermordet und mit seiner Frau Ehebruch begangen hatte. Obwohl Hundings Tat als deliktisches Verhalten zweifellos abgelehnt werden muß, erscheint seine Reaktion auf die Kapitalverbrechen Siegmunds doch menschlich verständlich. Im Unwerturteil müßte Hundings Handlungsweise wohl in einem milderen Licht erscheinen als die Taten Siegmunds. Wenn Wagner Siegmund als tragisches und bemitleidenswertes „Opfer" präsentiert und Hunding als kaltblütigen Mörder, bringt er damit eine eigentümliche Sicht der Dinge zum Ausdruck.

Man könnte Wagner ein gestörtes Verhältnis zu allgemein anerkannten rechtlichen und sittlichen Werten unterstellen, soweit sich solche näher spezifizieren lassen. Es darf aber nicht außer Acht gelassen werden, daß Wagner in seinen Werken oft bewußt eine geltende rechtliche oder sittliche Ordnung in Zweifel zieht. Als Beispiel sei nur auf Wagners „Tristan" hingewiesen: Tristan beginnt ein Verhältnis mit der Frau, die er eigentlich für seinen König freien sollte. König Marke, der dadurch entehrt wäre, wird rechtzeitig von Melot, seinem treuen Gefolgsmann gewarnt. Wagner stellt nun Melot charakterlich als Verräter hin, obwohl dieser etwas sittlich Gebotenes tut. Der Komponist arbeitet jedoch in seinem „Tristan" den inneren Wertekonflikt deutlicher heraus, als in der Ringtetralogie. Traditionelle sittliche Werte werden dabei in so provokanter Weise in Frage gestellt, daß Wagner zu seiner Zeit offenbar sogar ein Aufführungsverbot des Werkes befürchtet hatte[30]. Wagners „Tristan" ist

---

28 *Wagner* Oper und Drama, Teil II/4, Das Schauspiel und das Wesen der dramatischen Dichtkunst, 212.
29 *Gregor-Dellin* Richard Wagner², 290.
30 *Wagner* Brief an Mathilde Wesendonck vom April 1859: *„Dieser Tristan wird was furchtbares! Dieser letzte Akt!!! Ich fürchte die Oper wird verboten – falls durch schlechte Aufführungen nicht das Ganze parodiert wird –: nur mittelmäßige Aufführungen können mich retten! Vollständig gute müssen die Leute verrückt machen – ..."*

wohl auch vor dem Hintergrund der Beziehung des verheirateten Komponisten zu Mathilde Wesendonck entstanden, die ebenfalls durch eheliche Bande gebunden war. Eine Liaison, die, obwohl sie zu damaliger Zeit mehr als anstößig empfunden worden sein muß, bei Wagner kaum moralische Bedenken verursachte[31].

In ähnlicher Weise, wenngleich auf anderem Gebiet, setzt sich der Komponist in seinem Werk „Die Meistersinger von Nürnberg" mit einer alten überlieferten Gesangstradition auseinander. Auch hier tritt eine Person auf, Walter Stolzing, die überlieferte Regeln hinsichtlich des Gesanges und der Dichtung in Frage stellt und ignoriert. Durch Stolzings Abweichen vom festen Geleise der Tradition zieht er sich die breite Ablehnung der sogenannten „Meistersinger" zu, was ihn jedoch nicht am eingeschlagenen Wege beirren kann. Die Rolle des Stolzing hat Wagner während seines ganzen Schaffens gespielt, was ihm heute seinen singulären Rang unter den Opernkomponisten einbringt. Die Einzigartigkeit seines Schaffens liegt darin, daß er alle traditionellen Regeln der musikalischen Gattung „Oper" über Bord geworfen hat. Nachdem er seine Vorstellungen über die gänzliche Verbindung von Dichtung und Musik zum „Operndrama" in seiner theoretischen Hauptschrift „Oper und Drama" zu Papier gebracht hatte[32], gelang ihm mit dem Ring des Nibelungen erstmals auch die vollständige praktische Umsetzung. Wagner revolutionierte die Kunstsprache. Neben der gesellschaftlichen Revolution erfolgte mit Wagner die Revolution in der Musik[33].

Wagner hat in seinen Werken immer bewußt alles Geltende und Überlieferte in Frage gestellt. So ist es auch erklärlich, daß er in seiner Ringtetralogie danach trachtete, allgemein gültige und anerkannte Rechtsgrundsätze und sittliche Wertvorstellungen in Zweifel zu ziehen.

Bemerkenswert ist in diesem Zusammenhang aber, daß der Komponist an manchen Stellen so große Überzeugungskraft entwickelt, daß selbst musikwissenschaftliche Deutungsversuche der Ringtetralogie den Widerspruch zwischen der Charakterdarstellung, die uns Wagner suggerieren will und allgemein anerkannten Wertvorstellungen und Rechtsgrundsätzen übersehen und insbesondere Wotan oft als „Opfer" seiner Umwelt darstellen. Alberich wird hingegen meist als machtgieriger Zwerg

---

31 Vgl *Wagner* Brief an August Röckel vom 25., 26. Januar 1854; *Wagner* Brief an Franz Liszt vom 15. Januar 1854. Seine freizügig „progressiven" Wertvorstellungen brachten Wagner auch Ärger mit seiner Frau Minna ein: Brief an Minna Wagner vom 23. April 1858; auslösend für diesen Konflikt war sein Werben um Mathilde Wesendonck, welches Minna aus einem abgefangenen Brief offenkundig wurde: *Wagner* Brief an Mathilde Wesendonck vom 7. April 1858; von weiteren inbrünstigen Briefen hat Wagner dies nicht abgehalten: *Wagner* Brief an Mathilde Wesendonck vom 6. Juli 1858.
32 *Wagner* Oper und Drama, 1852.
33 *Gregor-Dellin* Richard Wagner[2], 379.

gesehen, den es zur Erhaltung des gesellschaftlichen Wohles zu bekämpfen gilt. An Machtgier steht jedoch Wotan Alberich um nichts nach, nur hat der Zwerg sich seine Macht auf legalem Wege erkämpft und läßt sich auch in der gesamten Ringtetralogie kein einziges Delikt zuschulden kommen. Alberich ist vielmehr ein Opfer seiner sozialen Umwelt, die seinen Charakter verdorben hat und ihn nun ablehnt. Seine Umwelt weist zwar dieselben negativen Charaktereigenschaften auf, doch besitzt sie die Kunst der Verstellung, die Alberich noch nicht gelernt hat.

Die rechtliche, insbesondere die strafrechtliche Beurteilung der einzelnen Vorgänge in Wagners Ringtetralogie ist daher mehr als nur eine juristische Spielerei. Sie weist den Weg zu einer Interpretation, die den versteckten sozialkritischen Gehalt dieses genialen Werkes offenlegt und dessen zeitlose Gültigkeit dokumentiert.

Da die Handlung der Ringtetralogie großteils kaum einer geschichtlichen Epoche zuzuordnen ist, rechtfertigt dies auch das Heranziehen heute geltender Rechtsgrundsätze. Treffend spricht *B. Shaw* von einem „Drama der Gegenwart"[34]. Das Transferieren der Handlung des Ringes in die Gegenwart kann heutzutage bereits als interpretatorischer Standard angesehen werden. Dennoch ist bei einigen rechtlichen Vorgängen eine Beurteilung unter Zugrundelegen germanischer Rechtsgrundsätze sehr aufschlußreich, da dies teilweise zu einem anderen Ergebnis führt, als die heutige Rechtslage erwarten ließe. Das Heranziehen historischen Rechtsdenkens rechtfertigt sich damit, daß ein Teil der handelnden Personen der germanischen Götterwelt entnommen ist (Wotan, Fricka, Freia) und vor allem in der Walküre vielfach in detaillierter Weise auf das Rechtsdenken zu germanischer Zeit Bezug genommen wird. Wagner verwendet im Text Begriffe oder beschreibt Rechtsvorgänge, die ihren Ursprung im germanischen Recht haben. Viele Handlungen, die heute aus Rücksicht auf die Wahrung der öffentlichen Sicherheit und Ordnung (zB die Tötung im Zuge der Fehde, Walküre I. u II. Aufzug) strafbar sind, waren nach historischen Rechtsvorstellungen rechtmäßig und auch üblich. Bei der Beurteilung der Charaktere des Ringes im Hinblick auf den Unrechtsgehalt ihrer Handlungen darf dieser Aspekt nicht außer Acht gelassen werden.

Selbstverständlich kann man Wagners Werk auch unbeschwert als bloßes Spiel der Fabelwesen sehen, als Kleinkrieg der Zwerge, Riesen, Götter und Menschen[35]. Das Werk aus der Perspektive des Juristen zu beleuchten, um interpretatorische Rückschlüsse zu ziehen, würde sich dann erübrigen. Den Intentionen des Komponisten und dem Stellenwert

---

34 *B. Shaw* „The Perfect Wagnerite", deutsche Übersetzung: „Ein Wagner-Brevier", Kommentar zum Ring des Nibelungen[8] (1996), 21.
35 *Schild* GA 1994, 448.

seiner Tetralogie in der Musikliteratur wird man mit einer solchen simplifizierenden Sichtweise jedoch kaum gerecht. Wagners Ringtetralogie beinhaltet mehr: Ohne zeitlichen Bezug soll eine allgemein gültige Botschaft vermittelt und damit gleichzeitig Kritik am herrschenden Gesellschafts- und Wertesystem geübt werden[36]. *„Keiner kann dichten, ohne zu politisieren"*[37]. Wenngleich sich die Gesellschafts- und Werteordnung seit Wagner in vielen Bereichen gewandelt hat, sind die Grundstrukturen, an denen der Komponist offensichtlich Kritik üben wollte, bis heute gleich geblieben.

Die Geschichte der Zwerge, Riesen und Götter könnte man auch als eine Geschichte von den Mächtigen und Ohnmächtigen einer Gesellschaft umschreiben. Die Gewinner sind vorerst immer die Mächtigen, doch ist deren Macht vergänglich und der Zusammenbruch eines Gesellschaftssystem immer nur eine Frage der Zeit: *„Seit dem Bestehen des politischen Staates geschieht kein Schritt in der Geschichte, der, möge er selbst mit noch so entschiedener Absicht auf seine Befestigung gerichtet sein, nicht zu seinem Untergang hinleite."*[38] Diese Botschaft vermittelt uns die Götterdämmerung.

Mit jedem Ende wird aber auch der Grundstein für einen Neubeginn gelegt und so schließen die letzten Takte der Götterdämmerung thematisch mit dem Beginn des Rheingoldes. Jede gesellschaftliche Entwicklung ist ein Kreislauf, bzw symbolisch ausgedrückt ein Ring.

Wagners Ring des Nibelungen besteht aus vier Einzelwerken. Nach der Vorstellung des Komponisten sollen die Aufführungen im Rahmen eines eigens dafür veranstalteten Festes stattfinden. Die zusammenhängende Darbietung war Wagner ein ganz besonderes Anliegen. Massiv, doch leider vergeblich, wehrte sich der Komponist sogar gegen das Vorhaben, einzelne bereits fertiggestellte Teile vorweg uraufzuführen[39].

Die Tetralogie beginnt mit dem Rheingold, welches am „Vorabend" zu spielen ist. Am „Ersten Tag" des Bühnenfestspiels soll dann die

---

36 Treffend hat dies *B. Shaw* bereits im Jahre 1898 herauszustreichen versucht: „The Perfect Wagnerite", deutsche Übersetzung: „Ein Wagner-Brevier", Kommentar zum Ring des Nibelungen[8], 1996.

37 *Wagner* Oper und Drama, Teil II/2, Das Schauspiel und das Wesen der dramatischen Dichtkunst, 187.

38 *Wagner* Oper und Drama, Teil II/3, Das Schauspiel und das Wesen der dramatischen Dichtkunst, 200.

39 *Wagner* Brief an Franz Wüllner vom 10. September 1869, bezogen auf die Uraufführung des Rheingoldes als Einzeloper in München.
Einzig König Ludwig II. von Bayern sollte das Privileg besitzen, die Walküre vorweg, unter Ausschluß der Öffentlichkeit, zu sehen (*Wagner* Brief an König Ludwig II. von Bayern vom 15. Juni 1870). Der König verstand Wagners Intentionen jedoch nicht und setzte die Uraufführung am 26. Juni 1870 an, welche in verärgerter Abwesenheit des Komponisten über die Bühne ging.

Walküre folgen, am „Zweiten Tag" Siegfried und am „Dritten Tag" die Götterdämmerung.

Der Intention Wagners würde es entsprechen, die drei großen Bühnenwerke jeweils auf einen ganzen Tag aufzuteilen, so daß zwischen den einzelnen Aufzügen genügend Zeit der Regeneration und gedanklichen Verarbeitung gewidmet werden kann, was heute leider nur noch selten praktiziert wird. Gerade dies wäre jedoch sinnvoll, um die Werklänge erträglich erscheinen zu lassen und die Konzentration des Opernbesuchers nicht über Gebühr zu beanspruchen.

Vorabend

Das Rheingold

Das Rheingold soll als einleitendes „Vorspiel" am Vorabend des eigentlichen Bühnenfestspieles aufgeführt werden[40]. Dem ersten Teil der Tetralogie nur den Stellenwert eines Vorspieles einzuräumen, wäre jedoch sowohl in inhaltlicher als auch in musikalischer Hinsicht verfehlt. Blickt man bloß auf die Werklänge, ist das Rheingold der mit Abstand kürzeste Teil des Ringes. In gut zwei Stunden wird das musikthematische und inhaltliche Grundgerüst der darauffolgenden Operndramen präsentiert. Herausragendes musikalisches Charakteristikum der Ringtetralogie ist der ausgefeilte Einsatz der Leitmotivtechnik, wobei jeder Person, jedem Objekt, jeder Situation bestimmte Motive zugeordnet werden. Diese bilden gleichsam den musikalischen Kommentar zum gesprochenen Wort und geben dem Komponisten auch die Möglichkeit, unausgesprochene Gedanken der Akteure zu vermitteln. Sämtliche Leitmotive des Ringes stehen in einem systematischen Gesamtzusammenhang und lassen sich auf einige wenige Grundmotive zurückführen. Fast jeder Takt des Orchesters ist eine Entwicklung aus vorangegangenen Motiven[41]. Mit Hilfe der Musik können so dem aufmerksamen Zuhörer Zusammenhänge vermittelt werden, die sich im Text nicht mehr ausdrücken lassen. Die Darsteller schreiten mit ihrem Gesang auf dem Teppich einer „unendlichen Melodie", die den Weg vorzeichnet. Im Rheingold wird die musikalische Basis für dieses fein gewobene Geflecht aus Leitmotiven gelegt[42].

Das Rheingold gliedert sich in vier Szenen, die ohne Pause ineinander übergehen. Im Hinblick darauf, daß bei manchen Operndramen Richard Wagners einzelne Aufzüge fast die Länge des gesamten Rheingoldes erreichen (zB Götterdämmerung, Erster Aufzug), wird vielen seiner Werke eine gewisse Langatmigkeit vorgeworfen. Ein Vorwurf, der freilich für den erlauchten Kreis der „Wagnerianer" Deliktscharakter besitzt. Gegenüber dem Rheingold wäre jedenfalls diese Kritik unangebracht. Kein Werk Richard Wagners versteht es, die musikalische und inhaltliche Aussage in vergleichbarer Prägnanz und mit so wenigen Takten auf den Punkt zu bringen, wie das Rheingold. Die Dichte der Ereignisse, die als Grundlage für das weitere Werkverständnis vom Zuhörer und Zuseher verarbeitet werden müssen, sucht auch in der übrigen Opernliteratur ihresgleichen.

---

40 *Wagner* Brief an Franz Liszt vom 20. November 1851.
41 *Wagner* Brief an August Röckel vom 25., 26. Januar 1854.
42 Zu den Motivzusammenhängen und ihren Ableitungen ausführlich: *Donington* Richard Wagners Ring des Nibelungen und seine Symbole², Anhang.

Im übertragenen Sinn ist das Rheingold ein Spiegel der hierarchischen Gesellschaftsordnung. Von den unwirtlichen Tiefen der Schwefelklüfte, in denen die Masse der arbeitenden Gesellschaft, symbolisiert durch das Heer der Zwerge, sich mühsam ihr karges Brot verdient (Rheingold, dritte Szene), steigt der Zwerg Alberich hinauf in die heile, sonnige Welt der Rheintöchter, deren vergnüglicher Zeitvertreib darin besteht, die Annehmlichkeit der absoluten Untätigkeit zu genießen (Rheingold, erste Szene). Die Rheintöchter symbolisieren jene soziale Schicht, die das Arbeiten lieber denjenigen überläßt, die darin mehr Erfahrung haben. In genüßlichem Müßiggang versuchen sie erst gar nicht, die Gemeinschaft mit einem eigenen produktiven Beitrag zu belasten und zeigen daher auch keine Ambitionen, in irgendeiner Form den Lauf des Geschehens zu beeinflussen.

Die zweite und die vierte Szene spielt in der Welt der Götter. Sie sind die Denker und Lenker des Weltgeschehens und stehen symbolisch für die höchste gesellschaftliche Schicht. Gleichsam wie mit einem Aufzug wird der Zuseher bei offener Verwandlung der Szenerie durch alle Klassen dieses Sozialgefüges geleitet. Die Hierarchie des Gesellschaftssystems empfand der Revolutionär Wagner offenbar als Übel und seine politischen Schriften lassen deutlich das Eintreten für die Ideale einer klassenlosen Gesellschaft erkennen[43].

Erste Szene
Der Raub des Rheingoldes

„Der Raub des Rheingoldes" – so sollte ursprünglich der Titel dieses Vorspiels lauten[44]. Als „Raub" des Rheingoldes durch den Zwerg Alberich wird vielfach auch in verkürzter Form der Inhalt der ersten Szene wiedergegeben. Bewußt oder unbewußt kommt damit gleichzeitig eine Wertung der Charaktere der involvierten Personen zum Ausdruck. Auf der einen Seite der böse häßliche Zwerg Alberich als Täter und auf der anderen Seite die bemitleidenswerten Rheintöchter als Opfer. Ob diese Sichtweise, welche sich auch in der szenischen Umsetzung der ersten Szene vielfach niederschlägt, vom juristischen Standpunkt aus überhaupt vertretbar ist, gilt es zu untersuchen. Für die Interpretation der gesamten Tetralogie ist dies von entscheidender Bedeutung: Mit der Rechtmäßigkeit oder Rechtswidrigkeit von Alberichs Tat und dem damit einhergehenden Charakterurteil über seine Person ist untrennbar die Bewertung der meisten übrigen Charaktere verbunden.

---

43 Man vermutet hierbei einen Vertreter marxistischer Ideen, doch erscheint es fraglich, ob Wagner die Thesen Karl Marx bekannt gewesen sind: *Gregor-Dellin* Richard Wagner², 290.

44 *Wagner* Brief an Franz Liszt vom 20. November 1851.

Die Inbesitznahme des Goldes durch den Zwerg Alberich ist auslösend für den gesamten weiteren Handlungsverlauf. Mit dem vom Zwerg bekundeten Interesse am Rheingold wandelt sich radikal die Bedeutung, die von nun an dem Edelmetall Gold beigemessen wird. Erst mit der Tat Alberichs wird Gold zum Maßstab materieller Werte, den es in symbolisierter Form auch heute inne hat. Davor wurde Gold nur wegen seines auffallenden Glanzes bewundert. Alberich ist der erste, für den der Besitz von Gold Reichtum bedeutet, der wiederum die Grundvoraussetzung zur Erlangung von Macht ist. Sein Bestreben geht dahin, seinen Goldschatz von Tag zu Tag zu vergrößern, um damit als Endziel die Herrschaft über die ,,käufliche" Welt zu erlangen.

Alberichs Vorhaben erweckt in seiner Umwelt Gefühle des Neides und der Furcht, Erscheinungen die bis dahin unbekannt waren. Neid und Furcht veranlassen seine Mitmenschen dazu, Alberich mit allen zur Verfügung stehenden Mitteln seines Machtinstrumentes zu berauben, um selbst in den Besitz uneingeschränkter Macht zu gelangen. Wo legale Wege nicht weiterführen, müssen dabei die verschlungenen Pfade der Kriminalität beschritten werden. Die Ursache des heraufbeschworenen Unheils ist daher nicht die Inbesitznahme des Goldes durch den Zwerg Alberich, sondern dessen beabsichtigter Mißbrauch zur Verwirklichung egoistischer Herrschaftsansprüche. Ein solcher Mißbrauch kann jedoch nur erfolgen, wenn die Umwelt für dieses Unheil empfänglich ist, indem sie, gleich wie Alberich, in Gold ein Maß für Macht und Reichtum sieht und von Gefühlen des Neides und der Machtgier geplagt wird[45].

Die Mittel und Wege dieses Kampfes um Macht und Reichtum bestimmen die gesamte Handlung der Ringtetralogie, wobei auch die Folgen dieses Strebens nicht verschwiegen werden. Daß Wagner bereits mit dieser ersten Szene eine für jede Epoche der Weltgeschichte gültige Warnung aussprechen wollte, liegt auf der Hand.

Ort des Geschehens der ersten Szene ist das Flußbett des Rheins. Aus der Mitte des Flußgrundes ragt ein Felsriff empor, dessen Spitze aus einem goldhältigen Gestein besteht. Mit Einfallen der Sonne erstrahlt dieser, der Wasseroberfläche am nächsten liegende Teil, und wird für jedermann sichtbar. In ein warmes grünes Licht getaucht, wie dies Wagner als Inszenierungsanweisung vorgibt, vermittelt die Szene den Eindruck der Ruhe und des Friedens. Das Leuchten des Goldes im Sonnenlicht verleiht dieser friedlichen Welt die Ausstrahlung von Glanz und Schönheit. Die kaum modulierte Musik unterstreicht diese Stimmung[46].

---

45 Die Intention zu dieser Grundaussage des Ringes läßt sich auch aus *Wagners* Brief an August Röckel vom 25., 26. Januar 1854 erkennen.

46 Bei allen interpretatorischen Freiheiten ist es daher besonders wichtig, den Grundanweisungen des Komponisten zur szenischen Umsetzung zu folgen, um den von ihm intendier-

Drei Rheintöchter umschwimmen das in der Mitte der Szene befindliche Riff. Ihnen obliegt die vom Vater auferlegte Pflicht, das goldhältige Gestein der Riffspitze vor der Wegnahme durch einen Unberechtigten zu schützen.

Floßhilde[47]:

Der Vater sagt' es,
und uns befahl er,
klug zu hüten
den klaren Hort,
daß kein Falscher der Flut ihn entführe.

Vater der Rheintöchter und Eigentümer des Goldes ist die Natur, symbolisiert durch den Rhein. Verbleibt das Gold dort in unbearbeiteter Form, liegt sein Wert nur in der Schönheit seines Anblicks. Zum Reif geschmiedet ist es aber ein Mittel zur Erlangung von Macht. Im übertragenen Sinn ist damit jede Bearbeitung bzw Benützung des Goldes zur Erreichung eigennütziger Ziele gemeint.

Loge (zweite Szene):

Ein Tand ist's
in des Wassers Tiefe,
lachenden Kindern zur Lust:
doch, ward es zum runden
Reife geschmiedet,
hilft es zur höchsten Macht,
gewinnt dem Manne die Welt.

Der Frieden ist daher nur solange gewahrt, als sich das Gold, von Menschen unbeachtet, im Eigentum der Natur befindet. In Menschenhand wird es zur Unheil bringenden Waffe und birgt den Keim einer negativen Entwicklung in sich. Als Maßstab für Macht und Reichtum ruft es Neid und Mißgunst bei jenen hervor, die es nicht besitzen und fördert bei den Besitzenden die Gier und das gewinnsüchtige Bestreben, immer mehr von der Kostbarkeit in Händen zu halten. Es ist dies der „Fluch", der dem

---

ten Ausdruck zu erlangen: vgl dazu *Donington* Richard Wagners Ring des Nibelungen und seine Symbole², 12f.

47 Alle zitierten Textstellen sind, soweit nicht anders angegeben, der ersten Szene des Rheingoldes entnommen.

Gold, bzw im übertragenen Sinn allen materiellen Werten anhaftet und nach Wagners Vorstellung letztlich zum Untergang führen muß. Einträchtiger Frieden kann erst wieder einkehren, wenn das Gold den Fluten des Rheins und damit der Natur zurückgegeben wird (Götterdämmerung, III. Aufzug, dritte Szene)[48].

Die Inbesitznahme des Goldes durch Alberich und der hohe Wert, den er diesem glänzenden Metall beimißt, ruft auch in seiner Umwelt die Vorstellung hervor, daß Gold etwas Begehrenswertes sein muß. Daher die naive Frage Frickas an Loge (zweite Szene):

> Taugte wohl
> des goldnen Tandes
> gleißend Geschmeid
> auch Frauen zu schönem Schmuck?

> Loge:
> Des Gatten Treu
> ertrotzte die Frau,
> trüge sie hold
> den hellen Schmuck,
> den schimmernd Zwerge schmieden

Diese Aussage allein reicht bereits aus, um in Fricka das Begehren nach dem Gold der Zwerge zu erwecken:

> *(schmeichelnd zu Wotan, ihrem Gatten)*
> Gewänne mein Gatte
> sich wohl das Gold?

Die Fähigkeit zur Bearbeitung des Goldes erwirbt man nur mit Hilfe eines Fluches: Nur wer der Liebe Macht entsagt, ist im Stande, aus dem Gold einen Reif zu schmieden. Egoistische Machtambitionen sind nicht vereinbar mit Rücksichtnahme und verlangen das Zurückstellen anderer, dem friedlichen Zusammenleben förderlicher Bedürfnisse. Auch damit bringt Wagner im übertragenen Sinn eine ungeschriebene soziale Gesetzmäßigkeit zum Ausdruck. Wer nach Macht strebt, kann nicht gleichzeitig erwar-

---

48 *Wagner* Brief an August Röckel vom 25., 26. Januar 1854.

ten, daß er von seinen Mitmenschen geschätzt wird. Macht löst vielmehr Neid und Haß aus, der nach Wagners Vorstellung letztlich zum Verfall und Untergang jedes Gemeinschaftssystems führen muß. Geheimnisvoll verschlüsselt kündet Woglinde Alberich diese Weisheit, die dieser auch schnell versteht:

> Nur wer der Minne
> Macht versagt,
> nur wer der Liebe
> Lust verjagt,
> nur der erzielt sich den Zauber,
> zum Reif zu zwingen das Gold.

Alberich ist ein häßlicher Zwerg, der in die glänzende und ungestört friedliche Welt der Rheintöchter eingedrungen ist. Er ist ein Nachtalbe und kommt aus der Welt unter der Erde, fernab des Glanzes und der Schönheit. Alberich hegt keinen Haß oder Neid auf die Welt der Schönen, er möchte nur teilhaben an ihrem Leben. Dies wird ihm jedoch verwehrt. Vergeblich versucht der Zwerg, die Zuneigung der Rheintöchter zu gewinnen. Diese machen sich jedoch über sein abwegiges Ansinnen nur lustig. Im übertragenen Sinn beinhaltet die Szene eine plakative Darstellung des Klassenkonflikts und die daraus resultierenden Spannungen für ein Gesellschaftssystem[49]. Gerade in den Entstehungsjahren des Ringes (1853–1874), wobei der Prosatext, „Die Nibelungensaga", bereits 1848 fertiggestellt worden war[50], hat Wagner die Auswirkungen der Revolution am eigenen Leibe verspürt. Die idealisierte Vorstellung einer klassenlosen Gesellschaft findet sich auch in Wagners politischer Weltanschauung[51].

Alberich muß erkennen, daß er von der Gesellschaft, die im Lichte und Glanze der Sonne steht, aufgrund seiner Abstammung ausgesperrt ist. Die Rheintöchter verraten ihm aber, worin auch für ihn der Schlüssel zu einem sozialen Aufstieg im hierarchischen Gefüge liegen würde. Der Schlüssel sei das Gold und die damit leicht zu erlangende Macht.

Alberichs naive Vorstellung von der Einheit der Welt in Liebe und Frieden ist dadurch zerstört. Er nimmt sich jedoch die Belehrung der Rheintöchter zu Herzen, verflucht die Liebe und bemächtigt sich sofort des Goldes, indem er das goldhältige Gestein aus dem Riff bricht und

---

49 Wagners Engagement in gesellschaftspolitischen Angelegenheiten wird ua aus seinem Brief an August Röckel vom 25., 26. Januar 1854, sowie aus seinem Werk „Oper und Drama", Teil II, „Das Schauspiel und das Wesen der dramatischen Dichtkunst", deutlich.
50 *Gregor-Dellin* Richard Wagner[2], 248.
51 Vgl *Gregor-Dellin* Richard Wagner[2], 290.

Der Raub des Rheingoldes

Die unnahbaren Schönen der Champagnergesellschaft

damit in der Tiefe verschwindet. Die Entscheidung zum abverlangten Fluch wurde Alberich nicht sonderlich schwer gemacht, denn auch ohne Fluch konnte er mit seinem Liebeswerben die Zuneigung der Rheintöchter nicht erlangen. Der Zwerg hält damit den Schlüssel zur Macht in Händen. Er öffnet ihm das Tor zu einer Welt, die ihm bisher stets verschlossen war.

Die Rheintöchter:

Haltet den Räuber!

Mit diesen Worten und allgemeinen Wehklagen endet die erste Szene des Rheingoldes. Die Rheintöchter sind offensichtlich über Alberichs Vorgehen wenig erfreut und beklagen es lautstark als schändlichen „Raub". Der Zwerg hat ihnen den Glanz genommen, in dem sie sich bisher vergnüglich gesonnt hatten. Auch im Zuhörer und Zuseher ruft der dramatische Abschluß der ersten Szene meist Entsetzen über die Unverschämtheit des „widerlichen[52]" Zwerges und Mitleid mit den „beraubten" Rheintöchtern hervor. Ein solches Urteil zu provozieren, lag offenbar in der Absicht des Komponisten, wenn er in seinem Brief an Franz Liszt das Ende der ersten Szene des Rheingoldes damit umschreibt, daß der wütende Alberich das Gold „raubt" und in die Tiefe „entführt"[53]. Ob gegenüber dem Zwerg Alberich tatsächlich der Vorwurf eines abzulehnenden strafbaren Verhaltens erhoben werden kann, welches ein Unwerturteil über seinen Charakter zuließe, erscheint jedoch zweifelhaft.

Eines Raubes (§ 142 StGB) dürfte der Zwerg Alberich nur dann bezichtigt werden, wenn er mit Gewalt oder Drohung eine fremde, ihm nicht gehörende Sache, weggenommen hätte. Der Raub unterscheidet sich damit vom wesentlich leichter bestraften Diebstahl (§ 127 StGB), dem dieses Nötigungselement zur Erlangung der Sache fehlt. Ob der Textdichter Wagner sich des Unterschiedes zwischen Raub und Diebstahl bewußt war, kann dahingestellt bleiben. Dem Textwortlaut folgend wird die Anschuldigung eines Raubes erhoben und auch der Komponist selbst spricht in seinem Briefverkehr zum Inhalt des Rheingoldes nur vom „Raub" durch den Zwerg Alberich[54].

---

52 Diese Charakterisierung des Zwerges nimmt Wagner selbst vor: Brief an Franz Liszt vom 20. November 1851.
53 *Wagner* Brief an Franz Liszt vom 20. November 1851.
54 *Wagner* Brief an Franz Liszt vom 20. November 1851.

Alberich, ein kaltblütiger Räuber?

Notwendige Voraussetzung für die Annahme eines Raubes wäre, daß Alberich sich des Goldes unter Anwendung einer zumindest nicht unerheblichen physischen Kraft zur Überwindung eines geleisteten oder erwarteten Widerstandes[55] seitens der Rheintöchter bemächtigt hat. Die Annahme einer Drohung als Tatmittel scheidet mangels Anhaltspunkten im Sachverhalt von vornherein aus.

Unter Gewalt im Sinne eines Raubes (§ 142 StGB) wird der Einsatz physischer Kraft gegen eine Person verstanden. Eine Gewaltausübung gegenüber einer Sache würde nicht genügen[56]. Es ist nicht erforderlich, daß der Täter ein besonderes Maß an Kraftanstrengung einsetzt[57]. Bereits das Stellen eines Beines mit der Folge, daß der Angegriffene stürzt und keine Gegenwehr mehr leisten kann, reicht aus, um eine Gewaltanwendung im Sinne dieses Deliktstatbestandes anzunehmen[58]. Die eingesetzten körperlichen Mittel müssen nur eine gewisse Erheblichkeit aufweisen und geeignet sein, den Widerstand des Sachinhabers zu brechen. Ein bloßes Anstoßen oder Anrempeln wird demnach in der Regel nicht genügen[59].

Folgt man den Regieanweisungen des Textes, erscheint es bereits fraglich, ob Alberich überhaupt in irgendeiner Form Gewalt gegen eine Person angewendet hat. Dem Libretto ist kein Anhaltspunkt dafür zu entnehmen, daß es zu einem körperlichen Kontakt zwischen den Rheintöchtern und Alberich kommt. Ein mit der Gewaltanwendung verbundener unmittelbarer Körperkontakt ist zwar nicht Voraussetzung für die Annahme von Gewalt im Sinne des gesetzlichen Tatbestandes, in den außergewöhnlichen Fällen in denen es an einem körperlichen Kontakt mangelt, wird sich die eingesetzte Gewalt aber zumindest gegen einen Gegenstand, den der Angegriffene in Händen hält richten müssen.

Alberich wendet nur Gewalt beim Herausbrechen des Goldes aus dem Riff an. Sein Gewalteinsatz richtet sich damit nur gegen eine Sache, die mit dem Opfer in keinerlei direktem Kontakt steht.

Das Ziel seiner Gewaltanwendung müßte darin bestehen, einen widerstrebenden Willen des Angegriffenen zu brechen[60]. Dem Text und den Regieanweisungen folgend wird jedoch niemand von Alberich angegrif-

---

55 *Kienapfel* BT II³ § 142 Rz 26; *Foregger/Kodek* StGB⁶ § 142 Erl II; EvBl 1963/237; SSt 31/81.
56 *Leukauf/Steininger* StGB³ § 142 Rz 7; *Kienapfel* BT II³ § 142 Rz 26; EvBl 1963/237; RZ 1969, 128; SSt 40/8 = EvBl 1969/232.
57 SSt 55/4.
58 EvBl 1969/332; SSt 40/8.
59 *Kienapfel* BT II³ § 142 Rz 29; *Leukauf/Steininger* StGB³ § 142 Rz 6; SSt 51/50.
60 EvBl 1959/392 = SSt 39/66; EvBl 1974/131; EvBl 1974/200; ÖJZ-LSK 1984/106; JBl 1985, 175.

Alberich, ein kaltblütiger Räuber?

fen und auch ein gegen die Wegnahme des Goldes sich äußernder Wille, der erst durch Gewalt gebrochen werden müßte, ist nicht auszumachen.

Unter dem spöttischen Gelächter der Rheintöchter erklettert Alberich in „grausiger Hast" die Spitze des goldhältigen Riffs, was diese veranlaßt, kreischend auseinanderzufahren. Die Rheintöchter wissen zu diesem Zeitpunkt noch gar nicht, worauf es der Zwerg abgesehen hat. Aufgrund der vorangegangenen Geschehnisse liegt es ihnen auch fern, in Alberich einen potentiellen Anwärter für das Gold zu erblicken. Vielmehr halten sie den Zwerg für einen Wahnsinnigen, den das vergebliche Liebeswerben verrückt gemacht hat und sie lassen es sich daher auch nicht nehmen, ihre Heiterkeit darüber zum Ausdruck zu bringen.

  Wellgunde:
> Wohl sicher sind wir
> und sorgenfrei:
> denn was nur lebt, will lieben;
> meiden will keiner die Minne.

  Woglinde:
> Am wenigsten er,
> der lüsterne Alp:
> vor Liebesgier
> möcht er vergehn!

  Die Rheintöchter:
> Heia! Heia! Heiajahei!
> Rettet euch!
> Es raset der Alp!
> In den Wassern sprüht's,
> wohin er springt:
> die Minne macht ihn verrückt!
> *(Sie lachen im tollsten Übermut.)*

Erst nach Erreichen der Spitze des Riffs gibt Alberich sein wahres Ziel kund, indem er den geforderten Fluch leistet, mit „furchtbarer Gewalt" das Gold aus dem Riff bricht und in der Tiefe verschwindet.

  Alberich *(gelangt mit einem letzten Satze zur Spitze des Riffes):*
> Bangt euch noch nicht?
> So buhlt nun im Finstern,
> feuchtes Gezücht!
> *(Er streckt die Hand nach dem Golde aus.)*

> Das Licht lösch ich euch aus;
> entreiße dem Riff das Gold,
> schmiede den rächenden Ring;
> denn hör es die Flut:
> so verfluch ich der Liebe!

Diese Wendung im Geschehen ruft großes Entsetzen bei den Rheintöchtern hervor, obwohl die Reaktion des Zwerges eigentlich auf der Hand gelegen ist. Die Rheintöchter selber haben durch ihren Spott dem häßlichen Zwerg deutlich zu verstehen gegeben, daß er auf Liebe nicht zu hoffen brauche. Was lag für Alberich daher näher, als die von den Rheintöchtern kundgemachte, einzig verbleibende Alternative zu ergreifen? Auf die Liebe zu verzichten mußte für den Zwerg als kein allzu großes Opfer erscheinen, da ihm aufgrund seiner Abstammung und seines Aussehens die Ablehnung der Mitmenschen gewiß war. Sein Liebeswerben wird nur zum Anlaß genommen, ihn der Lächerlichkeit preiszugeben. Man könnte darin eine Kritik Wagners an den in der damaligen und auch heutigen Gesellschaft hochgehaltenen rein äußeren Werten sehen. Macht, Reichtum und Schönheit bestimmen die Stellung in einer Gemeinschaft. Das Maß emotionaler Zuneigung richtet sich nach diesen Kriterien. Diese Erkenntnis hat auch Alberich rasch gewonnen, nachdem ihn die Rheintöchter von seiner Naivität befreit hatten: In der Welt ist alles käuflich, auch die Liebe.

> Alberich *(die Augen starr auf das Gold gerichtet):*
>
> Der Welt Erbe
> gewänn ich zu eigen durch dich?
> Erzwäng' ich nicht Liebe,
> doch listig erzwäng' ich mir Lust?

Eine dahingehende versteckte Kritik ist aber vom Komponisten wohl nicht beabsichtigt gewesen, wenn er selbst vom *„widerlichen Liebeswerben"*[61] des Zwerges, das von den Rheintöchtern zurückgewiesen wurde, *„was diesen ganz natürlich war"*[62], spricht.

Die Rheintöchter sind von der Schnelligkeit des Geschehens so überrascht, daß sie gar nicht in der Lage sind, das Gold zu verteidigen. Vor wem sollten sie es auch verteidigen? Alberich hat den geforderten Fluch geleistet. Würden die Rheintöchter einen Behauptungswillen auf die

---
61 *Wagner* Brief an Franz Liszt vom 20. November 1851.
62 *Wagner* Brief an August Röckel vom 25., 26. Januar 1854.

weggenommene Sache entwickeln, wie dies in manchen Inszenierungen vorkommen mag, müßte dies unlogisch erscheinen. Alberich muß sich somit nicht einmal die Mühe machen, einen bestehenden Widerstand der Rheintöchter zu brechen.

Der strittige Fall[63], in dem jemand durch plötzliches Entreißen eine Sache an sich bringt, liegt nach den Regieanweisungen des Textes ebenfalls nicht vor. Ein Entreißen setzt begrifflich zumindest voraus, daß das Opfer einen unmittelbaren Kontakt zur Sache hat, indem es zum Beispiel diese in den Händen hält. Die Rheintöchter haben aber weder einen Kontakt zum Riff, noch zum Gold. Alberich „entreißt" das Gold dem Riff, nicht den Rheintöchtern, woran der Text keinen Zweifel läßt[64].

Die einzige Gewaltanwendung zu der es in der ersten Szene des Rheingoldes kommt, ist das gewaltsame Herausbrechen des goldhältigen Gesteins. Bei dieser bloßen Sachgewalt scheidet die Annahme eines Raubes in jedem Fall aus[65]. Der phantasievolle Kunstgriff, den Rhein zu personifizieren, ohne auf den tieferliegenden mythologischen Aspekt hier einzugehen[66], erscheint weit hergeholt. Es würde dies auch nicht der Vorstellung Wagners entsprechen, für den der Rhein nur als Symbol für die Natur steht, der es gilt, das Gold wieder zurückzugeben, um dessen unheilstiftende Wirkung zu beenden[67]. Vor allem ließe sich bei dem hier eingeschlagenen Interpretationsweg durch Phantasie wohl kaum eine akzeptable juristische Grundlage schaffen. Es würde sich damit nämlich unweigerlich die Frage verbinden, in welcher Form ein Fluß einen Verteidigungswillen, den es zu brechen gilt, äußern könnte.

Eine für die Verwirklichung eines Raubes notwendige Gewalt gegen Personen, auch wenn sie nach dem Willen mancher Regisseure auf der Bühne vorkommen mag, ist an Hand des von Wagner wohl verbindlich verfaßten Librettotextes nicht auszumachen.

Die Rheintöchter:

Haltet den Räuber!
Rettet das Gold!

Der erste Ausruf beinhaltet somit einen ungerechtfertigten Vorwurf gegenüber dem Zwerg Alberich und ist allzuleicht geeignet, den unbefange-

---

63 Vgl *Wegscheider* ÖJZ 1975, 517f; *Kienapfel* BT II³ § 142 Rz 39f; EvBl 1973/258; EvBl 1974/131; SSt 30/66.
64   Alberich:
entreiße dem Riff das Gold
65 *Kienapfel* BT II³ § 142 Rz 38; *Leukauf/Steininger* StGB³ § 142 Rz 7.
66 Hier sei verwiesen auf: *Donington* Ring des Nibelungen und seine Symbole², 12ff.
67 Vgl *Wagner* Brief an August Röckel vom 25., 26. Januar 1854.

nen Zuhörer zu einer falschen Deutung des Geschehens und damit verbunden zu einem unrichtigen Charakterurteil zu verleiten. Auch der zweite Ausruf erweist sich als schwer nachvollziehbar. Vor wem soll das Gold gerettet werden? Vor Alberich?

Dieser Hilferuf hätte wohl nur dann seine Berechtigung, wenn Alberich die Aneignung des Goldes zum Vorwurf gemacht werden könnte, da sie rechtswidrig erfolgt ist. Alberich wäre dann zwar kein Räuber, aber möglicherweise ein Dieb.

Alberich, ein gemeiner Dieb?

Wer eine fremde bewegliche Sache einem anderen wegnimmt und dies mit dem Vorsatz tut, sich oder einen Dritten durch deren Zueignung unrechtmäßig zu bereichern, begeht nach österreichischem Recht einen Diebstahl (§ 127 StGB). Das von der Wegnahme betroffene Objekt muß demnach eine fremde bewegliche Sache sein, die im Gewahrsam eines anderen steht. Der Sachbegriff des Zivilrechts (§ 285 ABGB) ist sehr weit und erfaßt alles, was keine Person ist und zum Gebrauche des Menschen dient. Das Strafrecht geht in Bezug auf den Diebstahl (§ 127 StGB) von einem engeren Sachbegriff aus. Der Tatbestand des § 127 StGB verlangt nämlich, daß der Täter mit dem Vorsatz handelt, sich durch die Zueignung der Sache unrechtmäßig zu bereichern. Eine solche Bereicherung ist jedoch nur denkbar, wenn die weggenommene Sache einen nicht unerheblichen Tauschwert aufweist[68]. Im Gegensatz zu § 285 ABGB steht beim Diebstahl somit der wirtschaftliche Wert einer Sache als wesentliches Kriterium für das Vorliegen der Sacheigenschaft im Vordergrund.

Außer Zweifel steht, daß Gold in der heutigen Zeit eine Wertträgereigenschaft besitzt. In nicht zu verkennender Weise versucht Richard Wagner mit seinem Werk Kritik an der Bedeutung materieller Werte, symbolisiert durch das Gold, zu üben. Die unheilstiftende Macht, welche mit Hilfe des dazu mißbrauchten Goldes zu erlangen versucht wird, ist seiner Meinung nach das *„eigentliche Gift der Liebe"*[69]. Der Komponist selbst war freilich Zeit seines Lebens materiellen Werten gegenüber nie abgeneigt, was ihm vielfach den Vorwurf des Größenwahns einbrachte: „*Vor Allem muß ich aber auch Geld haben*" schreibt Wagner in einem Brief an Franz Liszt, nachdem ein exzessiver Kaufrausch ihn in finanzielle Nöte gebracht hatte. Wer sich nach eigener Aussage alles zueignet, was er sich nur erdenken kann, alles was einen *„angenehmen Eindruck"* oder eine

---

68 EvBl 1986/63; SSt 54/32; *Kienapfel* BT II³ § 127 Rz 18; *Lewisch* BT I, 154.
69 *Wagner* Brief an August Röckel vom 25., 26. Januar 1854.

Alberich, ein gemeiner Dieb?

„*wohlige Stimmung*" bereiten könnte[70], verbraucht rasch seine Mittel. Die ersten Erfolge mit seiner Oper Tannhäuser veranlaßten Wagner jedoch, nicht mehr zu fragen, „*ob etwas Geld koste*": Seine Einnahmen schienen ihm etwas „*ganz Unfehlbares*" zu sein[71].

Die Wertträgereigenschaft des Goldes zum Zeitpunkt der Wegnahme durch den Zwerg Alberich steht jedoch in Zweifel. Für die Rheintöchter hat das Metall Gold keinen näher zu spezifizierenden Wert, sie erfreuen sich lediglich am Glanz, den es im Sonnenlicht verbreitet. Im Stadium der ersten Szene wird ein wirtschaftlicher Wert zu verneinen sein, da niemand damit etwas anzufangen weiß, worauf Loge in der zweiten Szene des Rheingoldes unmißverständlich hinweist:

> Loge (zweite Szene):
>
> Ein Tand ist's
> in des Wassers Tiefe,
> lachenden Kindern zur Lust:
> doch ward es zum runden
> Reife geschmiedet,
> hilft es zur höchsten Macht,
> gewinnt dem Manne die Welt.

In unbearbeiteter Form ist Gold ein schlichter „Tand". Erst für den, der daraus einen Reif schmieden kann, besitzt es einen Wert. Die Fähigkeit, das Gold zu bearbeiten und seine Eigenschaften zu nutzen, erlangt aber nur jener, der so wie Alberich, die Liebe verflucht.

Darin liegt eine wichtige Aussage des Rheingoldes: Gold allein besitzt keinen Wert. Erst der Mensch, der es zu einem begehrenswerten Objekt macht, indem er es besitzen will und danach trachtet, diesen Besitz immer weiter zu vergrößern, schafft daraus einen materiellen Wert. Durch das Besitzstreben wird Gold zum Maß für Reichtum und Macht. Die Fähigkeit, das Gold zu bearbeiten und zum Reif zu schmieden ist symbolisch für die Kunst, Vermögen und Besitz möglichst rasch zu vermehren. Die dritte Szene des Rheingoldes führt eindrucksvoll vor Augen, wie Alberich es in dieser Kunst rasch zur Meisterschaft gebracht hat.

Das Streben nach Reichtum und Macht erweckt jedoch unausweichlich Haß und Neid bei all jenen, die in dieser Kunst weniger bewandert und damit erfolgloser sind. Besitztum schafft nicht Liebe und Anerkennung sondern Mißgunst. Die Fähigkeiten Alberichs lassen Wotan und seine Sippschaft in der zweiten Szene erschaudern. Sie müssen um ihre

---

70 *Wagner* Brief an Franz Liszt vom 15. Januar 1854.
71 *Wagner* Brief an Franz Liszt vom 15. Januar 1854.

Stellung im hierarchischen Gesellschaftsgefüge bangen und fürchten, daß der Zwerg die traditionelle Ordnung auf den Kopf stellen könnte. Bis zu diesem Zeitpunkt war der Zwerg Alberich zu klein und unbedeutend, um in das Bewußtsein der etablierten Klasse zu gelangen. Nach Erkennen des Ernstes der Lage beginnt man im Kreise der herrschenden Götter Pläne zu schmieden, wie dem machthungrigen Zwerg das Handwerk zu legen sei.

Einerseits entdecken nun auch die Götter Gefallen daran, sich im Glanze des Goldes zu sonnen, andererseits gilt es, dem Streben von Emporkömmlingen, die das bestehende System durchbrechen wollen und offen Machtansprüche kundtun, rechtzeitig Einhalt zu gebieten. In diesem Sinne weist Wagner darauf hin, daß Ring und Gold den Göttern nicht schaden könnten, wenn sie nicht für das damit verbundene Unheil empfänglich wären[72]. Die Götter sind jedoch empfänglich für die Reize des Goldes und nach dem anfänglich friedvollen Beginn des Rheingoldes wandelt sich die bisher heile Welt in eine Welt, gezeichnet von der Gier der Besitzenden und vom Neid der Besitzlosen. Die von Alberich „verfluchte Liebe" steht symbolisch für alle positiven Tugenden, die im Kampf um Macht und Reichtum zurückgestellt werden müssen. Materielle Werte zu mehren verlangt vollständige Hingabe. Emotionale Ausschweifungen können dabei nur hinderlich sein.

Nach Ableisten des Fluches stellt das Rheingold für Alberich einen beträchtlichen Wert dar. Er kann den Reif schmieden und damit die von ihm angestrebte Machtstellung einnehmen. Mit Hilfe des Ringes macht er sich die Nibelungen untertan und läßt sie nach neuen Goldvorkommen suchen, um seinen Besitz zu vergrößern (Rheingold, dritte Szene). Alberich entdeckt als erster im Gold einen Maßstab für materielle Werte und es wird für ihn zum Symbol für Reichtum und Macht. Nachdem ihm die Rheintöchter die Augen geöffnet hatten, wurde ihm bewußt, daß mit dem Gold untrennbar auch seine Stellung im hierarchischen Sozialgefüge und seine Anerkennung durch die Mitmenschen verbunden ist. Um erfolgloses Liebeswerben zu kompensieren, verfällt er der Gier nach Macht und beginnt den Nibelungenhort anzuhäufen.

Allein aus dieser Tatsache läßt sich jedoch noch nicht ableiten, daß das Rheingold bereits zum Zeitpunkt der Wegnahme eine Werteigenschaft aufweist, die es zum tauglichen Objekt eines Diebstahls machen würde. Ein Wert im wirtschaftlichen Sinn wird nur dann angenommen werden können, wenn die weggenommene Sache nicht nur für den Täter, sondern objektiv einen Wert repräsentiert (Tauschwert)[73]. Besitzt die Sache nur für

---

72 *Wagner* Brief an August Röckel vom 25., 26. Januar 1854.
73 *Kienapfel* BT II[3] § 127 Rz 21ff; *Bertel* WK § 127 Rz 3; *Foregger/Kodek* StGB[6] § 127 Erl I; EvBl 1975/193 = RZ 1975/39 = ÖJZ-LSK 1975/24; EvBl 1976/132; EvBl 1986/63; SSt 54/32; JBL 1962, 336; JBl 1967, 580; JBl 1977, 604.

den Täter einen subjektiven Wert (Sammlerwert), ist eine Tauschwerteigenschaft zu verneinen.

Für die Rheintöchter besitzt Gold nicht den Wert, den Alberich ihm beimißt. Für sie ist es nur Tand und damit wertlos. Daraus ergibt sich der etwas ungewöhnliche Fall, daß zum Zeitpunkt der Tat das Tatobjekt nur für den Täter einen Wert darstellt, alle anderen es aber für wertlos im Sinne von unverwertbar halten. Einen Tauschwert, wie er für die Annahme eines Diebstahls zu fordern ist[74], kann das Rheingold im Moment der Tat noch nicht aufweisen. Das generelle Desinteresse am Gold zum Zeitpunkt der Wegnahme durch den Zwerg ist jedoch bloß darauf zurückzuführen, daß sich offensichtlich die Möglichkeiten, welche mit dem Besitz des Goldes verbunden sind, bis dato noch nicht herumgesprochen hatten. Die Vorzüge eines Produktes müssen in geeigneter Weise herausgestrichen werden, um die Begehrlichkeit daran zu erwecken. Jedes gewinnorientierte Wirtschaftssystem wäre dem Untergang geweiht, würde nicht die Werbung unwissende Konsumenten darüber in Kenntnis setzen, worauf ihre unbewußten Bedürfnisse gerichtet sind. Erst die Aufklärungsarbeit Loges in der zweiten Szene beendet die allgemein herrschende Naivität und erweckt bei den Göttern und Riesen das Verlangen nach dem Rheingold.

> Loge (zweite Szene):
> Das (Rheingold) dünkt ihm (Alberich) nun
> das teuerste Gut,
> hehrer als Weibes Huld.

Diese Aussage allein reicht bereits aus, in den Riesen Neid und Mißgunst zu erwecken, ohne noch zu wissen, was sie selbst mit dem Rheingold anfangen sollten. Auch hier liegt versteckte Kritik an einem weit verbreiteten Charakterzug unserer Zeit: Man neidet dem anderen den Besitz, ohne ein eigenes Bedürfnis daran zu haben. Die Riesen benötigen das Gold nicht. Sie werden es auch, wenn sie es in Hände halten, nicht zu verwenden wissen. Fafner zieht sich mit dem Hort einsam in eine Höhle zurück, nachdem er aus reiner Besitzgier seinen Bruder Fasolt des Goldes wegen erschlagen hatte[75].

> Fasolt zu Fafner:
> Nicht gönn ich das Gold dem Alben

---

[74] Vgl SSt 54/32; *Kienapfel* BT II³ § 127 Rz 18.
[75] Rheingold, vierte Szene; Siegfried, II. Aufzug.

Fafner:

Du da, Loge!
Sag ohne Lug:
was Großes gilt denn das Gold,
daß es dem Niblung genügt?

Einzig Wotan scheinen schon früher Gerüchte zu Ohren gekommen zu sein, welche Bewandtnis es mit dem Golde auf sich hat.

Wotan *(zweite Szene)*:

Von des Rheines Gold
hört' ich raunen:
Beute-Runen
berge sein roter Glanz,
Macht und Schätze
schüf ohne Maß ein Reif.

Erst die Ausführungen Loges lösen die allgemeine Begierde nach dem glänzenden Naturprodukt aus: Das Rheingold wird zum Zahlungsmittel für Wotans Schulden gegenüber den Riesen (Rheingold, vierte Szene). Fricka erkennt im Gold ein Material, das auch zum Schmuck der Frauen verwendet werden kann und drängt Wotan, das Gold zu gewinnen (Rheingold, zweite Szene). Ein ganz wichtiger Motivationsfaktor für alle ist jedoch, daß man sich in den Besitz des Goldes setzen muß, um nicht die angestammte Macht an Alberich zu verlieren.

Die Sachlage stellt sich demnach so dar, daß mit dem Schmieden des Ringes und mit der Anhäufung des Hortes durch Alberich auch andere Personen vermeinen, im Gold ein begehrenswertes und zum Zahlungsverkehr taugliches Gut zu erkennen. Ab der zweiten Szene besitzt Gold damit zweifellos den von der Rechtsprechung geforderten Tauschwert. Diese spezifische Sacheigenschaft ist jedoch zum Zeitpunkt der Wegnahme durch Alberich in der ersten Szene zu verneinen. Der herrschenden Rechtsmeinung folgend, könnte Alberich daher mangels eines tauglichen Diebstahlsobjektes gar nicht der Vorwurf eines strafbaren Handelns gemacht werden[76]. Die Aufregung der Rheintöchter ist demnach vollkommen unbegründet.

---

[76] Von einem Teil der Lehre wird das allgemein anerkannte Tauschwertkriterium in Zweifel gezogen *(Bertel/Schwaighofer* BT I^5 § 127 Rz 6). Dieser Standpunkt ist überzeugend, wenn man bedenkt, daß die geforderte Werteigenschaft der gestohlenen Sache aus dem vom Gesetz verlangten Bereicherungsvorsatz abgeleitet wird. Daraus müßte sich eigentlich der

Das „Verbrechen", welches Alberich nach Meinung seines sozialen Umfelds begeht, liegt vielmehr darin, daß er einen Weg gefunden hat, zu Macht und Reichtum zu gelangen und damit die herrschenden Machtverhältnisse auf den Kopf stellen würde. Ein Nachtalbe, der im bisherigen Gesellschaftsgefüge keinen Stellenwert für sich beanspruchen konnte, darf nicht zum Herrscher über die herrschende Klasse werden.

Zweifelhaft erscheint auch das Vorliegen der übrigen Voraussetzungen für die Annahme eines Diebstahls. Die von § 127 StGB verlangte Beweglichkeit der weggenommenen Sache wird man im konkreten Fall noch bejahen können. Relevant ist dabei nämlich nicht die Beweglichkeit im Rechtssinne, sondern es wird auf die natürliche Beweglichkeit abgestellt. Objekt des Diebstahls können auch Teile von unbeweglichen Sachen sein, die zum Zweck der Wegnahme erst losgelöst werden[77]. In dem Moment, in dem Alberich das Gold aus dem Riff bricht, wird es zur beweglichen Sache im Sinne des § 127 StGB[78].

Weniger eindeutig läßt sich die Frage beantworten, ob das Gold für Alberich eine fremde Sache darstellt. Eigentümer der Sache ist nach dem Text offensichtlich der „Rhein". Sieht man den Fluß und damit die Natur als „Eigentümer" an, so wäre von einer herrenlosen Sache auszugehen, die noch in niemandes Eigentum steht. Nur Rechtspersönlichkeiten können Eigentümer einer Sache sein. Gerade an dieser Eigenschaft mangelt es aber einem „Fluß". Man wird im Gold auch keinen verborgenen Schatz, dessen Eigentümer unbekannt ist, sehen können (§ 398 ABGB). Das Rheingold liegt nicht im Verborgenen, sondern erstrahlt bei Sonneneinfall an der obersten Spitze des Riffs in einem Glanz, der jeden, auch Alberich, in seinen Bann zieht. Da das Gold noch keinen Eigentümer hat, ist es für Alberich auch keine fremde Sache. Einen Diebstahl könnte man ihm damit nicht zum Vorwurf machen: Wer würde bestohlen? Das Rheingold ist vielmehr ein frei zugänglicher „Tand", der herrenlos herumliegt. Wenn Alberich das Gold wegnimmt macht er sich damit zum Eigentümer des Goldes.

Einzig wenn man aus der Bewachungsfunktion, die den Rheintöchtern von ihrem Vater zugeteilt worden ist, ein (Mit)eigentumsrecht der

---

naheliegende Schluß ergeben, daß der Wert einer Sache primär aus der Sicht des Täters zu beurteilen ist. Dem folgend wäre es unerheblich, ob das Gold für die Rheintöchter oder irgendwelche andere Personen zum Zeitpunkt der Tat von Wert ist oder nicht, wenn zumindest Alberich als Täter darin einen Wert sieht und sich auch um diesen bereichert fühlt. Doch selbst wenn man zu dem, von der herrschenden Rechtsmeinung abweichenden Schluß kommt, daß eine Werteigenschaft des Goldes anzunehmen ist, wird man eine Strafbarkeit wegen Diebstahls verneinen müssen, da es auch an den übrigen Tatbestandsvoraussetzungen dafür mangelt.

77 *Kienapfel* BT II[3] § 127 Rz 33; *Leukauf/Steininger* StGB[3] § 127 Rz 5; SSt 17/14.
78 SSt 19/74; SSt 17/105 (Absägen eines Dachbalkens).

Rheintöchter ableitet, würde das Erfordernis der Fremdheit angenommen werden können. Von dieser Prämisse ausgehend, wäre Alberichs Handlungsweise als Bruch bestehender und Begründung neuer Gewahrsame anzusehen[79]. Unter Gewahrsam im strafrechtlichen Sinn wird die tatsächliche und unmittelbare Herrschaft über eine Sache verstanden, verbunden mit dem Willen, darüber zu verfügen[80]. Die Rheintöchter, die das Riff umschwimmen und im Auftrag ihres Vaters das Gold behüten, weisen unter dem oben genannten Gesichtspunkt sowohl die geforderte Sachherrschaft als auch den notwendigen natürlichen Herrschaftswillen auf. Die Tatsache, daß sie keinen unmittelbaren Kontakt zum Gold haben, schadet nicht, da für das Vorliegen von Gewahrsam nicht eine greifbare Nähe zur Sache gefordert wird[81].

Zusammenfassend kann daher festgehalten werden, daß es aufgrund der Sachlage bereits an fast allen objektiven Komponenten des Diebstahlstatbestandes mangelt: Einerseits ist die Wertträgereigenschaft des Goldes zum Zeitpunkt der Tat zu verneinen, da ein Tauschwert, wie er von der herrschenden Rechtsmeinung gefordert wird, nicht vorhanden ist. Andererseits könnte mit gleicher Stichhaltigkeit das Rheingold als herrenlose, nicht diebstahlsfähige Sache angesehen werden, die sich bis zur Wegnahme durch Alberich nur im Eigentum der Natur befindet. Ein strafbares Handeln des Zwerges müßte daher schon aus diesen Gründen zu verneinen sein. Die notwendigen objektiven Voraussetzungen für einen Diebstahl wären nur gegeben, wenn man dem Gold bereits zum Zeitpunkt der Wegnahme durch Alberich einen Wert beimißt und die Rheintöchter als Eigentümer dieses Goldes betrachtet. Beide Prämissen sind jedoch aus dem Text nur schwer abzuleiten. Doch selbst in diesem Fall, könnte Alberich nur dann der Vorwurf eines strafbaren Handelns gemacht werden, wenn er die Fremdheit der Sache erkannt hatte und ein Unrechtsbewußtsein besaß.

Gerade im Hinblick auf den zuletzt genannten Punkt muß es verwundern, wie leicht es dem Komponisten gelingt, Alberich als kriminellen Übeltäter und die Rheintöchter als bemitleidenswerte Opfer hinzustellen. Bereits für jeden juristischen Laien wäre leicht erkennbar, daß der Wille des Zwerges nie auf das Begehen einer Straftat ausgerichtet war. Dennoch versucht Wagner, dem Zuhörer und Zuseher den negativen Charakter einer Person zu suggerieren, die weder strafbar gehandelt hat, noch je den Willen zur Ausführung einer Straftat besaß.

---

79 *Kienapfel* BT II[3] § 127 Rz 100.
80 *Leukauf/Steininger* StGB[3] § 127 Rz 21; EvBl 1975/230 = RZ 1975/42 = ÖJZ-LSK 1975/19.
81 EvBl 1973/299; EvBl 1984/65; EvBl 1981/93.

Wollte sich der Zwerg unrechtmäßig bereichern?

Einen Diebstahl begeht nur, wer mit dem erweiterten Vorsatz handelt[82], sich oder einen Dritten durch Zueignung der Sache „unrechtmäßig" zu bereichern.

Mit der Wegnahme und seinem raschen Verschwinden gibt Alberich deutlich zu verstehen, daß er das Gold in sein Vermögen überführen und den Rheintöchtern für immer entziehen will. Darüber hinaus ist es Alberichs Absicht, sein Vermögen um den Wert des weggenommenen Goldes zu vermehren. Dies gilt natürlich nur unter der Voraussetzung, daß man die Werteigenschaft des Rheingoldes bereits zu diesem Zeitpunkt bejaht.

Ob der Vorsatz des Zwerges auch auf eine „unrechtmäßige" Bereicherung, wie sie von § 127 StGB verlangt wird, gerichtet war, kann jedoch bezweifelt werden. Unrechtmäßig bereichert sich nur, wer keinen Anspruch auf die durch die Tat bewirkte Vermehrung seines faktischen Vermögens hat[83]. Ein darauf gerichteter Vorsatz fehlt, wenn der Täter glaubt, einen rechtmäßigen Anspruch auf die Sache zu haben.

Nur wer den Fluch ableistet, erwirbt die Fähigkeit, aus dem Rheingold den Ring zu schmieden, der maßlose Macht verleiht. Zugesagt wird diese Möglichkeit vom Rheinvater.

Wellgunde:

Der Welt Erbe
gewänne zu eigen,
wer aus dem Rheingold
schüfe den Ring,
der maßlose Macht ihm verlieh'.

Floßhilde:

Der Vater sagt' es,
und uns befahl er,
klug zu hüten
den klaren Hort,
daß kein falscher der Flut ihn entführe.

---

[82] *Bertel/Schwaighofer* BT I⁵ § 127 Rz 17ff; EvBl 1975/282 = ÖJZ-LSK 1975/54; EvBl 1979/119; EvBl 1985/177; JBl 1977, 604; SSt 48/89; SSt 50/8.
[83] *Foregger/Kodek* StGB⁶ § 127 Erl II; *Leukauf/Steininger* StGB³ § 127 Rz 56; *Lewisch* BT I, 157.

Wellgunde:

> Weißt du denn nicht,
> wem nur allein
> das Gold zu schmieden vergönnt?

Woglinde:

> Nur wer der Minne
> Macht versagt,
> nur wer der Liebe
> Lust verjagt,
> nur der erzielt sich den Zauber,
> zum Reif zu zwingen das Gold.

Geht man vom reinen Wortlaut der Dichtung aus, wird mit der Ableistung des Fluches nur die Möglichkeit der Bearbeitung des Goldes zugesagt. Der Fluch alleine wäre aber zwecklos, würde nicht derjenige, der ihn leistet, gleichzeitig die Menge Gold zur Verfügung gestellt bekommen, welche er zur Schaffung des Reifes benötigt.

Die mit Ableistung des Fluches erfolgte Zusage der Fähigkeit zur Bearbeitung des Rheingoldes impliziert wohl auch das Zurverfügungstellen des notwendigen Materials. Andernfalls müßte man die Sinnhaftigkeit des Fluches in Zweifel ziehen.

Diese Schlußfolgerung läßt sich auch direkt aus dem Text ableiten. Indem der Vater die Rheintöchter beauftragt, das Gold zu hüten, damit kein ,,*Falscher*" es entführe, gibt er zu verstehen, daß er sehr wohl bereit wäre, dem ,,*Richtigen*", demjenigen der den Fluch leistet, das Gold zu überlassen, damit dieser daraus den Reif schmieden kann. Den Rheintöchtern kommt daher nur die Aufgabe zu, zu verhindern, daß jemand sich am Gold vergreift, der die zitierte Voraussetzung nicht erfüllt.

Die Bewachung sollte offenbar mit den ,,Mitteln der Frauen" erfolgen: So schreibt Wagner an Franz Liszt, ,,*wer ihnen* (den Hüterinnen) *nahe, begehre gewiß nicht das Gold*"[84]. Diese Rechnung wäre auch aufgegangen, wenn sich die Rheintöchter gegenüber dem Liebeswerben des Zwerges nicht derart spröde erwiesen hätten. Als Hüterinnen des Goldes haben die Rheintöchter gänzlich versagt. Genau genommen ist nicht die Wegnahme des Goldes durch Alberich auslösend für die unheilvolle Entwicklung des weiteren Geschehens, sondern das lieblose Verhalten der Rheintöchter. Ihr abweisendes Verhalten bewirkt, daß der Zwerg

---

84 *Wagner* Brief an Franz Liszt vom 20. November 1851.

in der Macht eine Ersatzbefriedigung sucht: Der Mensch wird durch seine Umwelt geprägt. Die Machtambitionen des Zwerges rufen allgemeine Neidgelüste hervor, welche eine Kettenreaktion auslösen, die direkt in den Untergang führt.

Nach Ableistung des Fluches durch Alberich hat dieser einen Anspruch auf das Rheingold erworben. Die Rheintöchter würden dem offensichtlichen Willen ihres Vaters zuwider handeln, wenn sie den Zwerg an der Wegnahme des Goldes hindern.

Ernst von Pidde behandelte Alberichs Wegnahme des Goldes unter Anwendung des deutschen StGB[85]. Der Autor kommt zu dem seiner Meinung nach unzweifelhaften Schluß, daß Alberich einen Diebstahl (§ 242 dStGB) zu verantworten hätte. Er begründet seine Ansicht damit, daß Alberich durch den Fluch nur die Möglichkeit hätte, den Ring anzufertigen, nicht aber berechtigt wäre, den Hort zu entführen[86]. Dabei verkennt der Autor gänzlich, daß der Fluch alleine vollkommen zwecklos wäre, wenn Alberich nicht das nötige Material zum Schmieden des Ringes zur Verfügung gestellt bekäme.

Pidde geht davon aus, daß Alberich einen ganzen Hort entwendet hat[87]. Unter Hort wird in der Regel ein angehäufter Schatz verstanden. Gold in diesem Umfang wäre mehr als Alberich für die Fertigung des Ringes benötigt und damit mitnehmen darf. Tatsächlich existiert aber zu diesem Zeitpunkt noch kein Hort, auch wenn das Wort im Text schon an früherer Stelle von den Rheintöchtern gebraucht wird. Der Hort wird erst in der dritte Szene des Stückes von den Nibelungen angehäuft, die sich Alberich mit Hilfe der Macht des angefertigten Ringes zu Untertanen gemacht hat. In der ersten Szene ist bloß ein Riff vorhanden, dessen Spitze aus goldhältigem Gestein besteht. Alberich bricht mit bloßen Händen in sehr kurzer Zeit einen Brocken davon heraus. Die Goldmenge kann kaum mehr sein, als er für die Fertigung des Ringes benötigt.

Auf das in diesem Fall entscheidende Problem des Vorsatzes wird von *Pidde* erst gar nicht eingegangen. Auch nach § 242 dStGB muß der Täter den Vorsatz haben, sich die Sache rechtswidrig zuzueignen[88]. Die Absicht der rechtswidrigen Zueignung ist auch nach deutschem Strafrecht dann zu verneinen, wenn der Täter einen fälligen Anspruch auf die weggenommene Sache hat oder zumindest zu haben glaubt[89].

Wenn Richard Wagner mit den Äußerungen der Rheintöchter dem Zuhörer eine Straftat Alberichs suggerieren will, besitzt er offenbar so

---
85 *Pidde* Ring des Nibelungen im Lichte des deutschen Strafrechts³, 16ff.
86 *Pidde* Ring des Nibelungen im Lichte des deutschen Strafrechts³, 17 FN 8.
87 *Pidde* Ring des Nibelungen im Lichte des deutschen Strafrechts³, 17 FN 8.
88 *Schönke/Schröder* StGB[25] § 242 Rz 46, 59.
89 *Schönke/Schröder* StGB[25] § 242 Rz 59, 65; Wessels BT/2[20], 48 Rz 190.

große Überzeugungskraft, daß selbst der „objektiv" denkende Jurist – *v. Pidde* war seines Zeichens Amtsrichter – dadurch geblendet wird. Welchen Vorwurf will man Musikwissenschaftlern, Regisseuren und anderen Interpreten der Ringtetralogie machen, wenn sie in Alberich den schlimmen Bösewicht und in den Rheintöchtern die bemitleidenswerten Opfer zu erkennen glauben.

Ob diese Deutung von Wagner beabsichtigt war, sei dahingestellt. In jedem Fall muß ein außenstehender Dritter wie Alberich die Worte der Rheintöchter wohl so verstehen, daß mit Ableistung des Fluches nicht nur eine spezielle Fähigkeit der Goldbearbeitung sondern auch ein Anspruch auf das Rheingold erworben wird. Offensichtlich hatten die Rheintöchter nicht bedacht, daß auch „häßliche Zwerge" die erforderliche Bedingung erfüllen könnten. Hätten bestimmte Personengruppen von der Zusage ausgenommen werden sollen, wäre es an den Rheintöchtern gelegen, dies gegenüber Alberich deutlich zu machen. Da für eine sachlich unbegründete Einschränkung keine Anhaltspunkte zu erkennen sind, ist die allgemeine Aufregung unverständlich. Man wird daher bei Alberich keinen Vorsatz annehmen können, sich durch Zueignung des Goldes unrechtmäßig bereichern zu wollen.

Rechtlich ließe sich der Anspruch Alberichs am ehesten auf eine Art Auslobung (§ 860 ABGB) durch den Rheinvater stützen[90]. Viele der dafür nötigen Voraussetzungen erscheinen allein aus dem Text heraus gegeben.

Die oben beschriebene Zusage der Rheintöchter ist an jeden gerichtet, der die Voraussetzung erfüllt und nicht an eine bestimmte Person[91]. Wie das Geschehen der folgenden Szenen zeigt, sollte aber offensichtlich die Macht nicht jedem zuteil werden können, schon gar nicht einem Nachtalben wie Alberich. Entsetzt zeigen sich die Götter und Riesen bei dem Gedanken, daß in Zukunft ein Emporkömmling wie Alberich Macht über sie besitzen könnte. Aus den Äußerungen der Rheintöchter ist jedoch eine Differenzierung hinsichtlich des Adressatenkreises der Zusage nicht zu entnehmen.

Verbindlichkeit erlangt eine Auslobung durch ihre öffentliche Bekanntmachung: Es ruft bei den Rheintöchtern großes Erstaunen hervor, daß Alberich keine Kenntnis vom Rheingold besitzt.

> Wo bist du Rauher denn heim,
> daß vom Rheingold nie du gehört?

---

90 Vgl *Gschnitzer* in *Klang* IV/1², 43ff; *Apathy* in *Schwimann* ABGB² V, § 860.
91 *Gschnitzer* Schuldrecht AT², 28; *Apathy* in *Schwimann* ABGB² V, § 860 Rz 1.

Die Rheintöchter gehen scheinbar davon aus, daß das Wissen um die Existenz des Rheingoldes Allgemeingut ist. Die genauen Ziele, die mit dem Besitz des Goldes verfolgt werden können, sind jedoch, wie die zweite Szene zeigt, nicht unbedingt jedem geläufig. Was die Verbindlichkeit der Auslobung für den Auslobenden betrifft, hat dies keine Bedeutung, da die Rheintöchter von einer allgemeinen Kenntnis ausgehen und auch gegenüber Alberich den Inhalt der Auslobung kundmachen.

Durch eine Auslobung können fast alle Leistungsinhalte erfaßt werden[92]. Sowohl in der Bestimmung der Leistung, als auch der Belohnung ist der Auslobende völlig frei[93]. Es wird nicht unbedingt eine Dienstleistung als Handlung verlangt. Die Leistung kann auch in einem Unterlassen bestehen[94]. Selbst ohne Leistung kann ein einseitiges Versprechen verbindlich sein, solange keine Umgehung einer Schenkung vorliegt[95]. Das Verfluchen der Liebe kann demnach Leistungsinhalt einer Auslobung und das Rheingold die Belohnung dafür sein.

Mit Hilfe der rechtlichen Konstruktion der Auslobung (§ 860 ABGB) ließe sich demnach sogar ein rechtlicher Anspruch Alberichs auf das Rheingold begründen. Der Anspruch auf die Belohnung wird mit der Erbringung der Leistung erworben[96]. Dies läßt natürlich Alberichs Charakter in einem ganz anderen Licht erscheinen. Die Inbesitznahme des Goldes ist dann nicht nur keine Straftat, sondern sogar ausdrücklich als rechtmäßig zu beurteilen.

Natürlich hätte Alberich warten müssen, bis ihm das Eigentum vom bisherigen Eigentümer durch einen rechtlichen Übergabemodus (§§ 425–428 ABGB) übertragen wird[97]. Aus welchem Grund der Zwerg dieses Grundprinzip der Eigentumsübertragung ignoriert hat, sei dahingestellt, denn für das strafrechtliche Ergebnis ist es nicht von Bedeutung.

Alberich fehlt in jedem Fall der Vorsatz, durch eigenmächtige Zueignung des Rheingoldes eine unrechtmäßige Vermehrung seines Vermögens herbeizuführen. Die Inbesitznahme erfolgt nur mit dem Ziel, sich auf schnellstem Weg die Erfüllung der fälligen Forderung zu verschaffen.

Alberich, der von Wagner und vielen, die seine Werke interpretieren, oft als übler Charakter dargestellt wird, begeht weder einen Diebstahl noch einen Raub. Für den Raub mangelt es bereits an dem dafür nötigen Gewaltmittel (bzw einer Drohung) bei der Sacherlangung. Wenn die

---

92 *Ehrenzweig/Mayerhofer* Schuldrecht AT[3], 154.
93 RZ 1960, 81; *Rummel* in Rummel ABGB[2] § 860 Rz 4; *Gschnitzer* in *Klang* IV/1[2], 43.
94 *Gschnitzer* Schuldrecht AT[2], 28; *Ehrenzweig/Mayerhofer* Schuldrecht AT[3], 228.
95 EvBl 1969/136.
96 *Koziol/Welser* Grundriß I[10], 204.
97 *Baier* ÖJZ 1971, 422f; *F.Bydlinski* JBl 1975, 148; *Klang* in Klang II[2], 306ff; *Gschnitzer* Sachenrecht[2], 17ff, 104; *Klicka* in Schwimann ABGB[2] II, § 425 Rz 1.

Rheintöchter ihn als „Räuber" titulieren, bezichtigen sie ihn bewußt eines schwerwiegenden Deliktes, für das aber jede Sachverhaltsgrundlage fehlt. Dieser Umstand würde vielmehr zu einem negativen Charakterurteil über die Rheintöchter berechtigen, die immerhin Alberich sogar durch Spott und Hohn über sein unverschuldetes Äußeres zu dieser Reaktion veranlaßt haben. Auch für einen Diebstahl mangelt es an beinahe allen objektiven und subjektiven Tatbestandsvoraussetzungen.

Der viel zitierte „Raub des Rheingoldes" ist damit weder ein Raub (§ 142 StGB) noch ein Diebstahl (§ 127 StGB). Das eigentliche Opfer dieser ersten Szene sind nicht die Rheintöchter, sondern Alberich. Sein naiv sympathisches Auftreten wird zum Anlaß für Hohn und Spott genommen. Die Erkenntnis von den „wahren" Werten in der lichten Welt ober der Erde wandelt die Persönlichkeit des Nachtalben zum gefürchteten Zwerg, der nach Macht und Reichtum strebt. Das Verschulden für diese negative charakterliche Entwicklung liegt jedoch im lieblosen Verhalten der Rheintöchter. Sie sind nicht Opfer, sondern Täter.

Alberich, der aufgrund seiner gesellschaftlichen Bedeutungslosigkeit bisher nur abgelehnt wurde, wird nun mit allen Mitteln bekämpft. Der Zwerg, der auf legalem Weg zu Macht und Ansehen gelangen wollte, muß nun erfahren, daß diese Ziele mit unredlichen und kriminellen Methoden leichter und schneller zu erlangen sind. Die Lehrmeister dafür findet er im Kreise der ehrenwerten Gesellschaft – der Götter.

Alberichs Handlung bringt das bestehende hierarchische Gefüge ins Wanken und die bis dahin in Eintracht und Frieden lebende Gesellschaft beginnt ihrem Untergang zuzusteuern, eine Vision, die Wagner immer sehr beschäftigt hatte[98]. Der Zusammenbruch des traditionellen Systems ist Thema der weiteren Szenen des Rheingoldes sowie der übrigen drei Teile der Tetralogie. Der Ring des Nibelungen beginnt daher bereits mit dem Vorspiel zum Finale.

Zweite Szene

Unter „seriösen" Geschäftsleuten

Nach erfolglosem Liebeswerben hat Alberich seine diesbezüglichen Interessen zurückgestellt. Die Durchsetzung der unverhohlen kundgetanen Machtansprüche verlangt nun seine uneingeschränkte Aufmerksamkeit. Immerhin ist es sein Ziel, der „Welt Erbe" anzutreten. Das Spiel um die

---

[98] *Wagner* Oper und Drama, Teil II/3, Das Schauspiel und das Wesen der dramatischen Dichtkunst, 200.

Macht kann daher beginnen. Zum Symbol und Maß für Macht und Reichtum wird das Gold erhoben. Die Quantität des Besitzes gibt den Rang der einzelnen Mitspieler an. Die Spielregeln sind einfach: Es gilt das Gold zu erlangen oder zumindest zu verhindern, daß es ungeliebten Personen in die Hände fällt. Die Spieltaktik ist diffizil. Sie bildet das inhaltliche Handlungsgerüst für den gesamten weiteren Geschehensablauf. Das Spielende ist nach Wagners Weltsicht immer vorgegeben: Der Untergang der macht- und besitzgierigen Gesellschaft.

Die zweite Szene des Rheingoldes stellt uns die „ehrenwerte Gesellschaft" vor, die bisher die Geschicke der Welt in Händen hielt. Allen voran Wotan, der sich nach eigener Darstellung als „Hüter der Verträge" und damit als Wahrer des Rechtes sieht.

> Wotan:
>
> Verträge schützt
> meines Speeres Schaft

Die zielstrebig verfolgten Machtambitionen Alberichs versetzen Wotan in Unruhe. Er weiß aus eigener Erfahrung, wie rasch ein rücksichtsloser, verbissener Gegner gefährlich werden kann. Auch Wotan hat in einem inneren Reifungsprozeß rasch erkannt, daß es nach naiver Liebeslust höhere Ziele im Leben zu erreichen gilt und sein Liebesbedürfnis mit zielstrebiger Machtgier kompensiert. In dieser Hinsicht gleichen sich Wotan und Alberich. Ob auch für Wotan ein traumatisches Erlebnis dafür ausschlaggebend war, läßt seine Erzählung offen.

> Wotan (Walküre, II. Aufzug, zweite Szene):
>
> Als junger Liebe
> Lust mir verblich,
> verlangte nach Macht mein Mut:
> von jäher Wünsche
> Wüten gejagt,
> gewann ich mir die Welt.

Der Weg, den Wotan zur Erlangung allumfassender Herrschaft einschlug, ist jedoch ein gänzlich anderer als jener Alberichs. Der Zwerg will sich die Macht durch Reichtum sichern, symbolisiert durch das Gold, das er mit allen Mitteln zu vermehren sucht.

Wotan hingegen baut seine Macht auf Verträgen auf, mit denen er mögliche Kontrahenten an sich bindet. Auch seine „Helden", die ihn im Fall des Falles vor der Schar rebellierender Zwerge schützen sollen, hat Wotan durch Verträge zu blindem Gehorsam verpflichtet: Eine Söldnertruppe, die nicht frägt, für wen sie kämpft. Die Zeichen der Verträge sind als tiefe Kerben in Wotans Speer der Macht geschnitzt. Verträge schaffen jedoch Abhängigkeiten und darauf weist ihn Fasolt allzu deutlich hin, als er merkt, daß Wotan beabsichtigt, vertragsbrüchig zu werden.

> Fasolt:
>
> Verträgen halte Treu!
> Was du bist,
> bist du nur durch Verträge

Alberichs Weg zur Macht ist erfolgversprechender: Mit Geld und Reichtum, symbolisiert durch den angehäuften Hort, lassen sich nämlich „Wunder" bewirken. In seiner Weisheit hat Alberich rasch erkannt, daß alles käuflich ist, und sei es die „ganze Welt".

> Alberich (Rheingold, dritte Szene):
>
> Doch mit dem Hort,
> in der Höhle gehäuft,
> denk ich dann Wunder zu wirken:
> die ganze Welt
> gewinn ich mit ihm mir zu eigen.

Das Band des Goldes bindet fester als das Band der Verträge. Mit Hilfe des Goldes wird jeder leicht zum treuen Gefolgsmann gewonnen. Auch die Söldnertruppe Wotans ist nur an der Höhe des Soldes interessiert und nicht an der Hand, die ihn auszahlt. Hat Alberich einmal die Gier nach Gold geweckt, verfallen ihm alle. Dieser Tatsache ist sich Wotan bewußt und darin liegt seine große Furcht vor Alberichs Machtambitionen begründet.

> Wotan zu Brünnhilde (Walküre, II. Aufzug, zweite Szene):
>
> Doch scheu ich nun nicht
> seine mächtigen Scharen,
> meine Helden schüfen mir Sieg.
> Nur wenn je den Ring
> zurück er gewänne,
> dann wäre Walhall verloren:
>
> ...
>
> der Helden Mut
> entwendet' er mir;
> die Kühnen selber
> zwäng' er zum Kampf;
> mit ihrer Kraft
> bekriegte er mich.

Die Verträge verleihen Wotans Machtbestrebungen den Anschein der Seriosität und verhindern, daß die Rechtmäßigkeit seiner singulären Stellung auch nur angezweifelt werden könnte. Mit Gold seine Anhängerschaft zu gewinnen, wie dies Alberich anstrebt, erscheint hingegen moralisch verwerflich, auch wenn fast alle den glänzenden Reizen verfallen. Relevantes Kriterium zur charakterlichen Beurteilung sollte vielmehr die angewandte Methode zur Machterlangung sein: Bei der Vorgangsweise, mit der Wotan den Abschluß seiner Verträge erreicht, ist dieser nämlich frei von jeglichem Skrupel. Ein Vertrag, der beiden Seiten gleichen Vorteil schafft, könnte ihm für seine Zielsetzungen nicht dienlich sein, denn er würde auch die Stellung des Vertragspartners aufwerten. Wotans Verträge sind daher undurchschaubar („trüb") und sollen nur ihm einen Vorteil bringen:

> Wotan (Walküre, II. Aufzug, zweite Szene):
>
> Unwissend trugvoll,
> Untreue übt' ich
> Band durch Verträge,
> was Unheil barg
> ...
> die Männer, denen
> den Mut wir gewehrt,
> die durch trüber Verträge
> trügende Bande
> zu blindem Gehorsam
> wir uns gebunden.

Wichtig erscheint für Wotan nur, daß nach außen der Schein der Rechtmäßigkeit gewahrt wird, denn dies sichert ihm die allgemeine Akzeptanz vertraglicher Bindungen. Solange er seiner Umwelt suggerieren kann, daß seine Machtposition auf dem Fundament der rechtmäßigen Erlangung ruht, wähnt er sich sicher.

Wotans wirkliches Charakterbild offenbart sich jedoch nicht bloß aus seinen „Qualitäten" als Vertragspartner. Dinge, die er sich mittels Verträgen nicht verschaffen kann, bringt er durch Raub und Erpressung in seinen Besitz. Doch auch hier ist sein Augenmerk immer darauf gerichtet, gegenüber Dritten sein Verhalten zu rechtfertigen, um den Anschein der Rechtstreue zu wahren.

Mit dieser Lebensphilosophie hat es der oberste Gott in seiner selbstgeschaffenen gottgewollten Ordnung weit gebracht. Bis zum Auftauchen des lästigen und machthungrigen Zwerges Alberich ist er Inhaber uneingeschränkter Macht. Gegenüber den wenigen, die noch nicht zur Autoritätsgläubigkeit bekehrt werden konnten, gilt es, die hierarchische Stellung durch ein monumentales Prunkwerk zu dokumentieren, um diese zumindest in ehrfurchtsvolles Staunen versetzen zu können. Wotan gibt daher bei den Riesen Fafner und Fasolt den Bau einer Burg in Auftrag.

> Wotan:
>
> Vollendet das ewige Werk:
> Auf Berges Gipfel
> die Götterburg,
> prächtig prahlt
> der prangende Bau!
> Wie im Traum ich ihn trug,
> wie mein Wille ihn wies,
> stark und schön
> steht er zur Schau;
> hehrer, herrlicher Bau!

Als Werklohn ist die Göttin Freia ausbedungen und angesichts dieser anmutigen Gegenleistung errichten die Riesen auch rasch und mängelfrei zur Zufriedenheit aller das in Auftrag gegebene Bauwerk. Der „Hüter der Verträge" denkt natürlich keinen Moment lang daran, seinen Teil der eingegangenen Verpflichtung zu erfüllen.

> Wotan zu Fricka:
>
> Und Freia, die gute,
> geb ich nicht auf:
> nie kann dies ernstlich mein Sinn.
> ...
> Der zum Vertrage mir riet,
> versprach mir Freia listig zu lösen:
> auf ihn verlaß ich mich nun.

Der intime Vertrauensmann, der Wotan zum Vertrage riet, ist Loge. Wotan ist bei Wagner kein „weiser" Gott und versucht auch gar nicht erst, einen solchen Anschein zu erwecken. Wotans Qualitäten liegen eher im Bereich des Handfesten, wenn es gilt, mit Gewalt Standpunkte durchzusetzen. Sind Klugheit, diplomatisches Einfühlungsvermögen und vorausschauende Überlegungen gefragt, überläßt er das Agieren lieber anderen.

Wotan:

> Wo freier Mut frommt,
> allein frag ich nach keinem;
> doch des Feindes Neid
> zum Nutz sich fügen,
> lehrt nur Schlauheit und List,
> wie Loge verschlagen sie übt.

Loge, der „weise Denker" in Wagners Ring, hat offensichtlich damit spekuliert, daß sich bei jedem Auftragswerk Mängel finden lassen würden, die entweder eine gute Absprungbasis aus dem Vertrag oder zumindest Anlaß zu einer Neuverhandlung über die Gegenleistung abgeben könnten. Dieser, im Hinblick auf das weitere Geschehen fast noch seriöse Gedankengang läßt sich jedoch leider nicht realisieren.

Loge:

> die selige Burg,
> sie steht nun fest gebaut;
> das Prachtgemäuer
> prüft' ich selbst;
> ob alles fest,
> forscht' ich genau:
> Fasolt und Fafner
> fand ich bewährt;
> kein Stein wankt im Gestemm.

Loge erkennt, daß es keinen rechtlich vertretbaren Ausweg aus diesem Vertrag gibt und als aufrichtiger Rechtsberater gibt er dies auch unumwunden zu. Mit einer juristisch inkorrekten Lösung, die einen Vertragsbruch beinhalten würde, möchte Loge nichts zu tun haben.

Loge:

> Mit höchster Sorge
> drauf zu sinnen,
> wie es zu lösen,
> das – hab ich gelobt.
> Doch daß ich fände,
> was nie sich fügt,
> was nie gelingt,
> wie ließ' sich das wohl geloben?

Mit gutem Grund fordern die fleißigen Bauarbeiter Fasolt und Fafner von Wotan den Lohn für ihre hervorragende Arbeit. In entwaffnender Offenheit erklärt der „Hüter der Verträge" jedoch, den Vertrag nur zum Schein geschlossen zu haben. Nie habe er daran gedacht, Freia als Gegenleistung zu geben. Mit dieser Schamlosigkeit hat Wotan den Bogen überspannt und seine Autorität vollständig untergraben. Indem er geschlossene Verträge bricht, verstößt er gegen die Gesetze, die er selbst geschaffen hat und auf denen seine gesamte Herrschaft begründet ist. Das Ende seiner Ära steht damit an dieser Stelle bereits fest. Auch die einlenkende Geste, mit der Wotan sich konziliant bereit erklärt, über eine andere Form der Entlohnung zu verhandeln, kann seinen Untergang nicht mehr abwenden.

> Wotan:
> Wie schlau für Ernst du achtest,
> was wir zum Scherz nur beschlossen!
> ....
> Sinnt auf andern Sold!

Die Riesen sind verärgert und pochen auf die Einhaltung ihres Vertrages. Dabei haben sie jedoch nicht mit den Methoden der ehrenwerten Gesellschaft gerechnet, die es bereits als Unverschämtheit ansieht, überhaupt eine Gegenleistung für mühevolle Arbeit zu verlangen. In den erlauchten Kreisen sah man offenbar in der Errichtung der Burg nur die Erfüllung einer Huldigungspflicht gegenüber der herrschenden Klasse. Die Einforderung des Werklohnes läßt Donner, Wotans Mann fürs „Grobe", gleich handgreiflich werden. Er bevorzugt offenbar grundsätzlich andere Zahlungsmodalitäten.

> Donner:
> Fasolt und Fafner,
> fühltet ihr schon
> meines Hammers harten Schlag?

> Fasolt:
> Was dringst du her?
> Kampf kiesten wir nicht,
> verlangen nur unsern Lohn.

> Donner:
> Schon oft zahlt' ich
> Riesen den Zoll;
> Des Lohnes Last
> Wäg ich mit gutem Gewicht!
> *(Er schwingt den Hammer.)*

> Wotan:
>
> **Nichts durch Gewalt!**

Donner pflegt, seinem Gemüt entsprechend, mit dem Hammer zu zahlen. Wotan ist in seiner charakterlichen Entwicklung noch nicht so weit. Er greift daher sofort friedensstiftend ein. Der pazifistische Schein trügt jedoch. Mit seinem Ordnungsruf meint Wotan lediglich, daß vorläufig keine Gewalt eingesetzt werden solle, solange noch andere zielführende Wege offen stehen. Bald wird auch der weise Gott erkennen, daß man mit Gewalt schneller zum Ziel kommt und jegliche diesbezügliche Skrupel über Bord werfen. Der vorsichtige, noch ungeübte Kriminelle versucht es anfangs nur mit Gewalt gegenüber den Schwachen und scheut Konfrontationen mit Riesen. Opfer in der zweiten und dritten Szene ist daher vorerst nur der arme Zwerg Alberich, dem durch Raub und Erpressung der Nibelungenhort entrissen wird. Das gute Gelingen dieser Aktion veranlaßt Wotan, dann nach einem geeigneten Mann für die Ermordung Fafners Ausschau zu halten (Walküre, II. Aufzug; Siegfried, II. Aufzug).

Wotans Verhalten läßt die Riesen rasch erkennen, daß der Hüter der Verträge offenbar nicht bereit ist, seinen Teil der vertraglichen Verpflichtung freiwillig zu erfüllen. Als Kompromiß schlagen sie daher vor, das Rheingold, anstatt der Göttin Freia als alternative Gegenleistung zu akzeptieren. Die Motivation der Riesen liegt aber nicht darin, mit dem Rheingold Macht zu erlangen. Auf allgemeinen Frieden bedacht, wollen sie damit nur verhindern, daß ihnen eine Machtstellung des Zwerges Alberich Schwierigkeiten bereiten könnte.

> Fafner:
>
> **Neue Neidtat
> sinnt uns der Nibelung,
> gibt das Gold ihm Macht.**

Auch auf diesen Alternativvorschlag will Wotan nicht eingehen, indem er vermeintliche Skrupel vorgibt, etwas als Gegenleistung zu zahlen, das er selbst noch nicht besitzt.

> Wotan:
>
> **Seid ihr bei Sinn?
> Was nicht ich besitze,
> soll ich euch Schamlosen schenken?**

Ein Einwand, der freilich nicht einmal die einfältigen Riesen zu überzeugen vermag, zumal es „auch" legale Wege geben würde, sich etwas zu verschaffen, was einem noch nicht gehört. „*Schamlos*" nennt Wotan die

Riesen. Der „Schamhafte" hat später (dritte, vierte Szene) jedoch keine Scham, sich mit Raub und Erpressung von Alberich das Gold zu verschaffen. Schnell erkennen die Riesen, daß sich Wotan offenbar von jeglicher Bezahlung drücken will und nehmen daher verärgert Freia, die als Werklohn vereinbart war und es auch noch immer ist, als Pfand. Wotan hat bis zum Abend Zeit zu entscheiden, ob er das Rheingold beschaffen und als alternative Gegenleistung zahlen will oder die Göttin den Riesen überläßt.

Die Pfandnahme einer Person ist nicht gerade der konventionelle Weg, um vertragliche Ansprüche durchzusetzen. Wenngleich das Verhalten Donners gezeigt hat, daß man im Kreise der ehrwürdigen Götter mit Gewalt nicht gerade zimperlich ist, erweckt die Vorgangsweise der Riesen dennoch auf den ersten Blick den Anschein einer erpresserischen Entführung (§ 102 StGB).

Unkonventionelle Methoden zur Durchsetzung vertraglicher Ansprüche

Eine Frau als „Pfand"

Ziel der Riesen ist es, von Wotan den Werklohn für die errichtete Burg zu erhalten. Um dieser Forderung Nachdruck zu verleihen, entführen sie die Göttin Freia und nehmen damit die vereinbarte Gegenleistung als „Pfand" für die Erlangung des Rheingoldes. Sie entführen bzw. bemächtigen sich damit einer Person, was die Tathandlung einer erpresserischen Entführung (§ 102 StGB) beinhalten würde[99].

Eine erpresserische Entführung liegt jedoch nur dann vor, wenn mit dieser Vorgangsweise das Ziel verfolgt wird, einen Dritten, im konkreten Fall Wotan, zu einer Handlung, Duldung oder Unterlassung zu nötigen. Ein besonderes Naheverhältnis zwischen dem Opfer und dem Genötigten ist dabei nicht notwendige Voraussetzung[100].

Mit der Entführung der Göttin üben die Riesen auf Wotan einen psychischen Druck aus: Ist ihm Freia lieb und teuer, muß er das Rheingold beschaffen, um damit die Göttin wieder auszulösen. Die Tatsache, daß die Riesen einen gültigen Anspruch gegen Wotan zu besitzen glauben, ist ohne Bedeutung, da § 102 StGB nicht verlangt, daß der Täter den Vorsatz besitzt, sich unrechtmäßig zu bereichern[101]. Eine erpresserische Entfüh-

---

99 *Stigelbauer* ÖJZ 1974, 648; *Foregger/Kodek* StGB⁶ § 102 Erl II; *Kienapfel* BT I⁴ § 102 Rz 6.
100 *Foregger/Kodek* StGB⁶ § 102 Erl III; *Kienapfel* BT I⁴ § 102 Rz 15; EvBl 1978/82 = JBl 1978, 270 = ÖJZ-LSK 1978/46; JBl 1985, 433 = ÖJZ-LSK 1985/5; SSt 55/73.
101 *Kienapfel* BT I⁴ § 102 Rz 17; EvBl 1978/82 = JBl 1978, 270 = ÖJZ-LSK 1978/46; SSt 49/47.

rung sollte nach Meinung des Gesetzgebers kein Weg sein, um berechtigte Ansprüche durchzusetzen.

Erpresserische Entführung wird vom Gesetz als sehr schwerwiegendes Delikt angesehen. Daher ist die Strafdrohung des § 102 StGB (10 bis 20 Jahre Freiheitsstrafe) auch vergleichsweise hoch. Den Täter für seine Tat so streng zu bestrafen, erscheint jedoch nur angebracht, wenn seine Handlung mehr als ein bloßes Verbringen des Opfers von einem Ort zu einem anderen beinhaltet. Die Entführung muß mit gravierenden Begleitumständen verbunden sein, die gegenüber Dritten den Eindruck der Herrschaft über Leib und Leben der Geisel erwecken, wie dies zB bei Flugzeugentführungen der Fall ist[102]. Der Tatbestand der erpresserischen Entführung (§ 102 StGB) wurde geschaffen, um besonders gefährlichen Formen der modernen Schwerkriminalität begegnen zu können. Gedacht wurde dabei an die internationale Terrorismusbekämpfung[103]. Sind Fasolt und Fafner Terroristen?

Bei den Riesen erscheint es mehr als zweifelhaft, daß sie mit der Entführung Freias bei Wotan, bzw Dritten den Eindruck einer Herrschaft über Leib und Leben des „Pfandes" erwecken. Die Riesen müßten mit der Entführung das Leben oder körperliche Wohl Freias in Gefahr bringen, wobei es bereits als ausreichend angesehen werden könnte, wenn der Eindruck einer derartigen Bedrohung zumindest beim Betroffenen entsteht, selbst wenn dies vom Täter gar nicht beabsichtigt ist[104]. Die Rechtsprechung kennt schwerwiegende Fälle, in denen der Täter sich die Herrschaft über seine Geisel durch Todesdrohung mit einer Schußwaffe oder einem Messer verschafft[105].

Freia hat zu keinem Zeitpunkt ein derartiges Übel durch die Riesen zu befürchten. Ein solcher Eindruck kann weder bei Freia noch bei Wotan, dem Genötigten, entstehen. Vielmehr liegt die Annahme nahe, daß Freia von den Riesen bestens umsorgt wird. Bis zum Abend erklären die Riesen, Freia als Pfand zu pflegen und auf die Zahlung des Rheingoldes als alternativen Werklohn zu warten. Doch auch wenn die Frist ungenützt verstreichen sollte und Wotan nicht in der Lage wäre, seine Schuld mit dem geforderten Gold zu bezahlen, würde die Göttin nicht um ihr Leben bangen müssen. Genau Gegenteiliges wäre der Fall:

Fasolt und Fafner würden dann im Liebreiz Freias eine Abgeltung ihrer schweren Dienste sehen, wie dies auch vertraglich mit Wotan ursprünglich vereinbart war und auch noch immer vereinbart ist. Wotan hat nämlich in die von den Riesen vorgeschlagene Umänderung des Vertrages

---

102 *Kienapfel* BT I⁴ § 102 Rz 7, 10.
103 *Linke* ÖJZ 1977, 234; *Stigelbauer* ÖJZ 1974, 645; *Foregger/Kodek* StGB⁶ § 102 Erl I.
104 EvBl 1981/63; EvBl 1990/86.
105 SSt 55/73; SSt 50/23; SSt 49/47; SSt 47/33.

nicht eingewilligt, da er sich außer Stande sah, das Rheingold zu beschaffen. Es bleibt daher bei dem, was vor dem Bau der Burg beschlossen worden war: Freia ist das Entgelt für das Repräsentationsgebäude.

Gerade Fasolt scheint eine tiefe emotionelle Zuneigung für Freia zu empfinden. Da Freia diese Empfindung nicht zu teilen scheint, könnte man im übertragenen Sinn von einer Art „Geschäftsehe" sprechen. Die Göttin wird als Preis für gute Dienste dazu verpflichtet, bei den Riesen zu „wohnen". Ein dahingehender Vertrag ist zwar nach § 879 ABGB zweifellos sittenwidrig[106], doch entstünde mit seiner erzwungenen Erfüllung wohl kaum eine Gefahr für das leibliche Wohl Freias. Bereits die Idee, einen derartigen Vertrag zu schließen, zeigt deutlich, daß den Riesen offenbar wesentlich mehr an Freia liegt als den Göttern und es ihr eigentlich bei Fasolt und Fafner nur besser gehen kann.

Fasolt zu Wotan:

Die ihr durch Schönheit herrscht,
schimmernd hehres Geschlecht,
wie törig strebt ihr
nach Türmen von Stein,
setzt um Burg und Saal
Weibes Wonne zum Pfand!
Wir Plumpen plagen uns
schwitzend mit schwieliger Hand,
ein Weib zu gewinnen,
das wonnig und mild
bei uns Armen wohne.

Gerade aus diesem Gesichtspunkt ließe sich gegenüber den Riesen nicht der Vorwurf einer erpresserischen Entführung erheben. Die Rechtsprechung kennt ähnlich gelagerte Fälle, in denen ein geschiedener Vater sein Kind entführt, um eine für ihn günstigere Besuchs- oder Unterhaltsregelung zu erreichen, das Kind sich aber verständlicher Weise nie in einer lebensbedrohlichen Lage befindet[107].

Es wäre auch eine zu positive Sicht der Dinge, würde man Wotan unterstellen, seine Sorge gelte dem körperlichen und seelischen Wohlbefinden Freias. Dann hätte er bereits von einem derartigen Vertrag mit den Riesen Abstand genommen. Aufschlußreich für Wotans Rechtsverständnis ist, daß er das Rheingold als Alternativleistung mit dem Hinweis ablehnt, er könne nicht geben, was er selbst nicht besitze. Für gerade

---

106 *Gschnitzer* in *Klang* IV/1², 187f.
107 EvBl 1987/62; EvBl 1979/209.

"schamlos" hält er ein solches Ansinnen[108]. Die Göttin Freia zählt Wotan offenbar zu seinem Besitz und glaubt daher, frei über sie disponieren und sie zum Gegenstand vertraglicher Vereinbarungen machen zu können. Wenn sich Wotan nun vor der Erfüllung seiner vertraglich eingegangenen Verpflichtung sträubt, liegt der Grund darin, daß er offenbar erst jetzt seine eigene Abhängigkeit von Freia erkennt: Die junge, von den „tölpelhaften"[109] Riesen heiß begehrte Freia ist Garant für die „ewige Jugend" der Götter, auf die natürlich keiner verzichten will. Das Fehlen dieses „personifizierten Jungbrunnens" läßt Wotan und seine Sippschaft am Ende der zweiten Szene rasch alt aussehen.

Die Vorgangsweise der Riesen veranlaßt den Zuhörer und Zuseher zu einem vorschnellen negativen Charakterurteil über die beiden. Die Leitmotive, die Fasolt und Fafner von Wagner zugeordnet worden sind, suggerieren nicht gerade Sympathie und der dramatische Schluß der zweiten Szene scheint die „vermeintliche Verwerflichkeit" der Tat nur noch zu unterstreichen. Das schwerwiegende Delikt einer erpresserischen Entführung (§ 102 StGB) wird man den Riesen aber nicht zur Last legen können.

Welchem Zweck dient die „Pfandnahme"?

Die Riesen nehmen als „Pfand", was ihnen vertraglich bereits „zusteht". Es fragt sich daher, was Fasolt und Fafner mit dieser „Pfandnahme" überhaupt bezwecken. Wollten sie sich damit einen unberechtigten Vorteil verschaffen, liegt die Annahme einer Erpressung (§ 144 StGB) nahe.

Erpressung wäre eine spezielle Form der Nötigung (§ 105 StGB). Durch Gewalt oder durch Ausübung eines psychischen Zwanges soll der Genötigte zu einer Handlung, Duldung oder Unterlassung gezwungen werden. Die ausgeübte Gewalt kann sich dabei gegen den Genötigten selbst oder gegen einen Dritten, wie im konkreten Fall die Göttin Freia, richten. Die gefährliche Drohung in Form eines angekündigten Übels wird sich sogar häufig auf eine Sympathieperson des Genötigten beziehen[110].

Die Erpressung unterscheidet sich von der wesentlich leichter bestraften Nötigung darin, daß bei ihr das abgenötigte Verhalten das Opfer oder

---

[108]   Wotan:
  Was nicht ich besitze,
  soll ich euch Schamlosen schenken?
[109]   Wotan:
  Die liebliche Göttin,
  licht und leicht,
  was taugt euch Tölpeln ihr Reiz?
[110] *Kienapfel* BT II³ § 144 Rz 19, 24; EvBl 1984/106; SSt 53/44.

Ein Jungbrunnen belebt die Sinne

einen Dritten am Vermögen schädigt und der Täter mit dem Vorsatz handelt, sich dadurch unrechtmäßig zu bereichern[111].

Eine Intention, sich durch die Handlungsweise unrechtmäßig zu bereichern, dürfte den Riesen Fasolt und Fafner jedoch kaum zu unterstellen sein. Das Ziel der Riesen ist es, gerechten Lohn für gute Arbeit zu erhalten. Wenn sie sich Freias gewaltsam bemächtigen, üben sie Selbsthilfe, um von Wotan die Erfüllung seines Teils der vertraglichen Verpflichtung zu erwirken. Als sie erkennen, daß der oberste Gott sich von Freia nur schwer trennen kann, geben sie ihm jedoch noch die Möglichkeit einer Barzahlung: Das Rheingold. Eine ,,unrechtmäßige" Bereicherung bezwecken die Riesen damit keineswegs.

Das Versprechen, eine Person als Preis für eine Leistung zu zahlen, widerspricht nach heutigem Rechtsverständnis zweifellos den guten Sitten (§ 879 ABGB) und macht die vereinbarte Gegenleistung zu einem nichtigen Vertragsbestandteil[112]. Sich eine Frau als Lohn für schwere Arbeit versprechen zu lassen, war daher nicht korrekt. Zurückzuführen ist dies jedoch auf den im Laufe der Geschichte stetig steigenden Stellenwert des weiblichen Geschlechts. Bereits an dieser Stelle sei angemerkt, daß zB das germanische Recht die Möglichkeit einer vertragsmäßigen Eheschließung kannte. Wie noch zu zeigen sein wird, erfolgte diese durch Austausch von Leistung und Gegenleistung, wobei der eine Leistungsteil die Übergabe der Frau zur Ehe darstellte. Der Einwilligung der betroffenen Frau bedurfte es nicht, da diese rechtlich unmaßgeblich war. Wegen ihrer bestehenden Ähnlichkeit zum heutigen Kauf wurde diese Form der Eheschließung von der älteren rechtshistorischen Lehre auch treffend als ,,Kaufehe" bezeichnet. Nach gegenwärtigen Rechtsvorstellungen muß dies freilich als mit der Willensfreiheit der einzelnen Person unvereinbar angesehen werden, wenngleich es in verdeckter Form die sogenannte Geschäftsehe auch noch heute gibt.

Die Tatsache, daß Wotans Vertrag mit den Riesen einen nichtigen Vertragsbestandteil enthält, der diesen Vertrag ungültig macht, kann jedoch nicht die Konsequenz nach sich ziehen, daß Wotan zwar der Vorteil der erbrachten Werkleistung zugute kommt, er von jeglicher Gegenleistung aber nun befreit ist[113]. Gesetzt den Fall, daß die Vereinbarung eines Werklohns bei Vertragsabschluß unterlassen worden wäre, würde nach § 1152 ABGB zumindest die Zahlung eines angemessenen Entgelts ge-

---

111 *Foregger/Kodek* StGB[6] § 144 Erl II; *Bertel/Schwaighofer* BT I[5] § 144 Rz 1.
112 *Gschnitzer* in *Klang* IV/1[2], 187f; *Koziol/Welser* Grundriß I[10], 147.
113 *Gschnitzer* in *Klang* IV/1[2], 168f. Die analoge Anwendung des § 878 zweiter Satz ABGB ist zulässig, wenn die Nichtigkeit nur einen Teil des Vertrages betrifft. Bei Nichtigkeit wegen Verbots- oder Sittenwidrigkeit muß jedoch auch auf den Zweck des Verbots Bedacht genommen werden.

schuldet. Die ausgehandelte Gegenleistung ist im konkreten Fall rechtlich unzulässig. Es liegt damit im Ergebnis die gleiche Situation vor, wie bei gänzlichem Unterlassen einer Entgeltvereinbarung. Wotan schuldet gemäß § 1152 ABGB zumindest die Bezahlung eines angemessenen Werklohns.

Die Riesen schlagen als alternative Zahlung das Rheingold vor. Dieses besitzt Wotan zwar nicht, doch steht es ihm offen, es auf legalem Weg zu beschaffen. Es muß davon ausgegangen werden, daß der Wert des Goldes nicht überhöht, sondern angemessen ist. Immerhin wurde von den Riesen ein monumentales Prunkwerk errichtet.

Fasolt und Fafner besitzen damit zwar noch keinen Anspruch auf das Gold, denn einerseits ist Wotan selbst noch nicht dessen Eigentümer und andererseits hat er auch nicht in eine dahingehende Änderung des Vertrages eingewilligt. Die Riesen verfügen jedoch über einen gültigen Anspruch auf einen angemessenen Werklohn, den sie nun mit der Entführung Freias geltend machen wollen. Sie haben daher nicht die Intention, sich durch ihre Vorgangsweise unrechtmäßig zu bereichern. Eine Erpressung ist daher nicht gegeben (§ 144 StGB).

Der Gesetzgeber erklärt es jedoch auch für strafbar, wenn mit Gewalt oder gefährlicher Drohung ohne Bereicherungsvorsatz versucht wird, auf den freien Willen eines Menschen einzuwirken und ihn zu einem bestimmten Handeln, Dulden oder Unterlassen zu veranlassen[114]. Man spricht dann von einer Nötigung (§ 105 StGB), welche wesentlich milder bestraft wird als die Erpressung (§ 144 StGB).

Das rauhe Vorgehen der Riesen läßt am Vorliegen einer Gewalt im Sinne des § 105 StGB keinen Zweifel: Die Riesen ergreifen Freia und zwingen sie gegen ihren Willen, ihnen zu folgen.

     Fafner:
   Fort von hier
   sei sie entführt!
  Bis Abend, achtet's wohl,
  pflegen wir sie als Pfand:
   wir kehren wieder;
   doch kommen wir,
 und bereit liegt nicht als Lösung
 das Rheingold licht und rot-

---

114 *R. Seiler* in *Triffterer* StGB-Kommentar § 105 Rz 7.

Fasolt:

Ju End ist die Frist dann,
Freia verfallen:
für immer folge sie uns!

Das Tatmittel richtet sich zwar nicht unmittelbar gegen Wotan, sondern gegen Freia, doch ist dies rechtlich ohne Bedeutung. In bezug auf das Tatmittel der gefährlichen Drohung stellt das Gesetz ausdrücklich eine gefährliche Drohung gegenüber einem Dritten einer Drohung gegenüber dem Genötigten selbst gleich, solange es sich dabei um einen Angehörigen oder um eine diesem sonst persönlich nahestehende Person handelt (§ 74 Z 5 StGB). Für den Zwang, der auf den Willen des Genötigten ausgeübt wird, macht dies nämlich keinen Unterschied. Auch bei Anwendung des Tatmittels der Gewalt ist die Situation im Grunde gleich, wenn sich diese gegen eine Sympathieperson richtet[115].

Für Wotan ist das Verweilen des „Jungbrunnens" Freia im Kreis der Götter von größter Wichtigkeit, da nur sie in der Lage ist, ihnen ewige Jugend zu schenken. Freia ist aber nicht nur eine Sympathieperson Wotans, sondern, wie aus dem Text hervorgeht, sogar seine Angehörige (§ 72 StGB).

Fricka:

So ohne Scham
verschenktet ihr Frechen
Freia, mein holdes Geschwister.

Wenn Fricka die Gemahlin Wotans ist[116], dann ist Freia dessen Schwägerin. Daß Freia „geschenkt" wurde, ist natürlich eine maßlose Übertreibung. Freia wurde für eine aufwendige Werkleistung gleichsam als Entgelt versprochen. Ob das Prachtgemäuer damit überbezahlt ist oder nicht, sei dahingestellt. Es hängt dies wohl vom Wert ab, den Wotan und seine Sippschaft der Person Freias beimessen. Da man aber vertraglich offensichtlich schnell überein kam, kann der Wert Freias nicht allzu hoch veranschlagt worden sein. Wer, wie Wotan, in der listigen Vertragsschließung geübt ist, wird wohl kaum Verträge zu seinen Ungunsten schließen, schon gar nicht, wenn der Vertragspartner ein einfältiger Riese ist.

---

115 *R. Seiler* in *Pallin*-FS, 393; EvBl 1978/82; EvBl 1987/62.
116   Fricka: Wotan Gemahl!

An der Ernsthaftigkeit der von den Riesen ausgesprochenen Drohung, Freia auch zu behalten, kann kein Zweifel bestehen. Doch was wollen die Riesen mit dieser Gewaltaktion erreichen? Die einfache Antwort: Am liebsten gar nichts!

Auf den ersten Blick entsteht bei jedem unbefangenen Beobachter der Eindruck, die Riesen wollten damit ihrer Forderung auf Zahlung des Werklohnes Nachdruck verleihen. Doch welche Leistung soll damit erzwungen werden? Als Lohn war Freia vereinbart. Nachdem der zahlungsunwillige Vertragspartner sich gesträubt hatte, haben Fasolt und Fafner zur Selbsthilfe gegriffen. Sieht man von der etwas unkonventionellen Methode ab, sind beide Vertragsteile damit zufriedengestellt. Ein Entgegenkommen der Riesen ist es, daß sie Wotan noch die Möglichkeit geben, im nachhinein Freia wieder zurückzulösen, indem er eine andere Leistung, nämlich das Rheingold erbringt. Die Riesen zeigen sich flexibel und kulant, eine Eigenschaft, die man Wotan nicht nachsagen kann.

Gerade dieser Umstand deutet auf das Fehlen eines Nötigungsvorsatzes bei Fasolt und Fafner hin. Fasolt liegt viel mehr an Freia als am Rheingold. Der den materiellen Dingen des Lebens mehr zugeneigte Fafner muß ihn erst mühevoll davon überzeugen, daß das Rheingold als akzeptable Alternativlösung in Betracht zu ziehen wäre.

Fafner zu Fasolt:

> Glaub mir, mehr als Freia
> frommt das gleißende Gold.

Und selbst als in der vierten Szene Freia gegen das Rheingold eingetauscht wird, kann sich Fasolt nur schwer von der Göttin trennen.

Fasolt (vierte Szene):

> Das Weib zu missen,
> wisse, gemutet mich weh:
> soll aus dem Sinn sie mir schwinden,
> des Geschmeides Hort
> häufet denn so,
> daß meinem Blick
> die Blühende ganz er verdeck'!

Es besteht daher von Beginn an kein Zweifel, daß es Fasolt lieber wäre, Wotan würde von der Möglichkeit eines Rücktausches keinen Gebrauch machen. Seine Intention ist daher nicht darauf gerichtet, mit der Entführung Freias die Übergabe des Rheingoldes und damit eine bestimmte Handlung von Wotan zu erzwingen. Ob die vereinbarte Leistung sittenwidrig ist und die unkonventionelle Vorgangsweise der Vertragsdurchsetzung rechtswidrig, kann dahingestellt bleiben. In jedem Fall scheidet eine Strafbarkeit wegen Nötigung mangels deliktspezifischen Vorsatzes aus.

Zu einem ähnlichen Schluß kommt auch *Ernst von Pidde*, wenn er die Möglichkeit einer Subsumierung der Tat von Fasolt und Fafner unter den Tatbestand der Erpressung (§ 253 dStGB) prüft[117]. Seiner Auffassung nach mangelt es den Riesen sowohl am Nötigungs-, als auch am Schädigungsvorsatz. Im Ergebnis ist dieser Standpunkt zutreffend, die dafür gelieferte Begründung kann jedoch nicht überzeugen: Nach *Pidde* fehlt es am deliktspezifischem Vorsatz, da die Riesen irrtümlich der Meinung sind, ein vertragliches Recht auf Freia zu besitzen[118]. Der Autor übersieht dabei offensichtlich, daß die Riesen mit ihrer Handlungsweise wohl nur das Ziel haben können, von Wotan die Zahlung des Rheingoldes zu erreichen, nicht aber, ihn zur Übergabe Freias zu veranlassen. Welchen anderen Zweck sollten die Riesen mit der Entführung Freias und der Stellung eines Ultimatums sonst verfolgen wollen? Ein Nötigungsvorsatz läßt sich daher nur unter Hinweis darauf verneinen, daß Fasolt und Fafner in erster Linie am ursprünglich vereinbarten Werklohn nichts ändern wollen und sich daher Freias bemächtigen, Wotan aber die Möglichkeit einer Alternativleistung geben, mit der Freia wieder ausgelöst werden könnte. Nur der Schädigungsvorsatz, der bei Annahme einer Erpressung relevant wäre, ließe sich damit verneinen, daß die Riesen der Meinung sind, einen Anspruch auf Freia zu besitzen.

Festzuhalten ist an dieser Stelle, daß sich die Riesen gegenüber Wotan keiner strafbaren Handlung schuldig gemacht haben. Dies zu erkennen ist wichtig, da das Handeln von Fasolt und Fafner gegenüber ihrem Vertragspartner Wotan damit in einem ganz anderen Licht erscheint. Wenngleich die vereinbarte Gegenleistung sittenwidrig war und die Riesen daher keinen gültigen Anspruch auf Freia erwerben konnten, ist es ihnen dennoch zugute zu halten, daß sie sich hinsichtlich der Änderung des Vertrages konziliant zeigen. Die Vorgangsweise Wotans, der diesen Vertrag bereits mit der Absicht geschlossen hat, seinen Teil der vertraglichen Verpflichtung gar nicht zu erfüllen, ist in diesem Fall weitaus mehr ablehnungsbedürftig. Das negative Charakterurteil müßte daher zu Lasten Wotans und nicht zu Lasten der Riesen gefällt werden, auch wenn die Musik und viele Interpretationen, die sich von ihr offensichtlich beeinflussen lassen, Gegenteiliges suggerieren wollen.

---

117 *Pidde* Ring des Nibelungen im Lichte des deutschen Strafrechts³, 21ff.
118 *Pidde* Ring des Nibelungen im Lichte des deutschen Strafrechts³, 23.

Freia, die Unfreie

Die unkonventionelle Art und Weise, in der die Riesen versuchen, die Erfüllung des Vertrages durchzusetzen, macht sie dennoch strafrechtlich verantwortlich. Auch berechtigte Forderungen verlangen nämlich ein gewisses Stilgefühl bei ihrer Durchsetzung. Freia, ohne ihre Zustimmung von Wotan zum Vertragsgegenstand gemacht, zeigt sich nicht gerade erfreut über die Handlungsweise Fasolts, obwohl dieser ihr ganz offensichtlich emotional sehr zugeneigt ist. Sie findet sein Liebeswerben jedoch gar nicht nett. Gegen ihren Willen wird sie von ihm zum Mitgehen gezwungen, was einen klassischen Fall der Freiheitsentziehung (§ 99 StGB) darstellt.

Ein Gefangenhalten iS des § 99 StGB wird im konkreten Fall allerdings zu verneinen sein, weil dazu Voraussetzung wäre, daß Freia nicht die Möglichkeit hätte, ein abgegrenztes Raumgebilde (zB ein Zimmer) verlassen zu können[119]. Die Göttin wird nur dazu gezwungen, die Riesen zu begleiten und mit ihnen bis zum Abend zu warten, ob die Forderung durch Wotan erfüllt wird.

Man wird daher eher die Generalklausel des § 99 StGB heranziehen müssen, nach der auch eine Entziehung der persönlichen Freiheit auf andere Weise den Tatbestand erfüllt. Dabei müßte die Tathandlung aber hinsichtlich der Art, Schwere und Dauer einem Gefangenhalten gleichwertig sein[120]. Eine bestimmte Dauer der Freiheitsberaubung erfordert das Gesetz nicht, doch werden von der Rechtsprechung schon 10–15 min. als ausreichend[121] angesehen. Das Festhalten Freias erstreckt sich über mehrere Stunden und erfüllt damit zweifellos den Tatbestand der Freiheitsentziehung.

An der Widerrechtlichkeit der Freiheitsentziehung besteht auch dann kein Zweifel, wenn die festgehaltene Person als ursprünglicher Werklohn vereinbart war, denn eine dahingehende Vereinbarung ist nichtig.

Die Riesen nehmen auch nicht irrtümlich einen Sachverhalt an, der die Rechtswidrigkeit der Tat ausschließen würde (§ 8 StGB, zB ein Anhalterecht gemäß § 86 Abs 2 StPO).

Zu überlegen wäre allenfalls, ob Fasolt und Fafner das Unrecht ihrer Tat aufgrund eines Rechtsirrtums nicht bewußt war (§ 9 StGB). Dies käme dann in Betracht, wenn die Riesen nicht erkannt hätten, daß eine Person nicht als Entgelt vereinbart oder als Pfand genommen werden darf. Sie würden dann einem indirekten Verbotsirrtum unterliegen, da man wahrscheinlich davon ausgehen kann, daß ihnen zwar die grundsätzliche

---

119 *Bertel/Schwaighofer* BT I⁵ § 99 Rz 2; *Lewisch* BT I, 98; EvBl 1976/172; EvBl 1979/145.
120 JBl 1982, 269; JBl 1979, 551; EvBl 1976/172; *Leukauf/Steininger* StGB³ § 99 Rz 6.
121 EvBl 1976/172; JBl 1979, 551; SSt 56/20.

Widerrechtlichkeit von Freiheitsentziehungen bekannt ist, sie aber im konkreten Fall einen gesetzlich nicht existierenden Rechtfertigungsgrund („Pfandnahme einer Person für eine Schuld") annehmen. Ein solcher Rechtsirrtum wirkt sich jedoch nur dann für den Täter günstig aus, wenn er nicht vorwerfbar ist (§ 9 Abs 2 StGB). Die Tat wäre dann nicht schuldhaft begangen und damit straffrei.

Vorgeworfen könnte der Rechtsirrtum den Riesen dann werden, wenn das Unrecht für jedermann leicht erkennbar ist. Das StGB geht davon aus, daß es einen im allgemeinen Bewußtsein der Bevölkerung fest verankerten Grundstock einheitlicher und eindeutiger rechtlicher Wertüberzeugungen gibt[122].

Wenn man den Ring des Nibelungen einer Prüfung nach geltendem Strafrecht unterzieht, muß man auch fingieren, daß die Personen in unserer Zeit handeln. In der heutigen Gesellschaft gehört es zweifellos zum allgemeinen Rechtsverständnis, daß eine Person nicht Gegenstand des Handelsverkehrs sein kann. Ein eventuell vorliegender Rechtsirrtum der Riesen ist demnach aus heutiger Sicht in jedem Fall vorzuwerfen. Fasolt und Fafner hätten daher ihr unkonventionelles Vorgehen gegenüber der so „geliebten" Freia als strafbare Freiheitsentziehung (§ 99 Abs 1 StGB) zu verantworten.

Das Geschehen ist jedoch anders zu beurteilen, wenn man davon ausgeht, daß die Tat der Riesen in historischer Zeit gesetzt wurde, da es im alten germanischen Recht unter bestimmten Voraussetzungen durchaus möglich war, eine Person für eine bestehende Schuld in Geiselhaft zu nehmen.

Das Handeln der Riesen nach historischem Rechtsverständnis

Die Vertragsehe als mögliche Form der Eheschließung im germanischen Recht

Was Recht war, muß nicht immer Recht bleiben. Wotans Vereinbarung mit den Riesen, Freia ohne deren Einwilligung als Lohn für die Erbringung einer Werkleistung zur Ehe zu geben, widerspricht nach heutigen Rechtsgrundsätzen zweifellos den guten Sitten (§ 879 ABGB) und macht diese vereinbarte Gegenleistung zu einem nichtigen Vertragsbestandteil.

Dennoch muß der Gedanke, einen Vertrag mit derartigem Inhalt zu schließen, nicht in jeder Hinsicht abwegig erscheinen. Beurteilt man diese Frage unter Zugrundelegung alter germanischer Rechtsvorstellungen, er-

---

122 *Kienapfel* ÖJZ 1976, 117; *Schick* ÖJZ 1980, 601; *Foregger/Kodek* StGB[6] § 9 Erl III.

weist sich eine diesbezügliche Verpflichtungserklärung nicht von vornherein als rechtsunwirksam.

Das germanische Recht kannte als Form der Eheschließung neben der Raubehe die Möglichkeit einer vertraglichen Ehevereinbarung. Es handelte sich dabei ursprünglich um ein Geschäft zwischen der Sippe des Mannes und jener der Frau. In späterer Folge traten nur mehr deren Vertreter nach außen hin auf. Die Vereinbarung wurde dann zwischen dem Bräutigam und seiner Sippe auf der einen Seite und dem Muntwalt der Frau als Vertreter ihrer Sippe auf der anderen Seite geschlossen[123].

Die Braut mußte dabei nicht um ihre Einwilligung gefragt werden, da der Bestand einer solchen rechtlich unmaßgeblich war. Sie hatte keine Eigenpersönlichkeit und war bloßes Objekt[124] des Vertrages. Selbst wenn die Vereinbarung zwischen Wotan und den Riesen ohne die Zustimmung Freias erfolgt ist, wäre dies rechtlich ohne Belang[125].

Erscheint es heute undenkbar, Frauen eine eigenständige Willensbildung und Willensäußerung abzusprechen, wurde in historischer Zeit gerade die heutige Auffassung als abwegig empfunden. Die Geschichte der formalen rechtlichen Gleichstellung reicht nicht weit zurück. Die Geschichte der tatsächlichen (materiellen) Gleichstellung muß überhaupt erst geschrieben werden. Wenn auch in germanischer Vorzeit die Braut nicht an der eigentlichen Vertragsvereinbarung beteiligt war, wird es vor allem mit dem zunehmenden Einfluß des Christentums dennoch zumindest Brauch gewesen sein, ihre Zustimmung einzuholen[126].

Da Wotan nie beabsichtigt hatte, Freia als Gegenleistung den Riesen zu geben, ließe sich bei wohlwollender Auslegung sogar vermuten, daß Freia in diesen bloßen Scheinvertrag eingewilligt hatte. Wotan und seine Sippenangehörigen haben offensichtlich darauf vertraut, daß der Rechts-

---

123 *Köstler* Raub- Kauf- Friedelehe bei den Germanen, ZRG germ Abt 63. Bd, 95; *Amira/Eckhardt* Germanisches Recht Bd II[4], 74; *Brunner* Grundzüge der deutschen Rechtsgeschichte[5], 222; *Schröder/Künßberg* Lehrbuch der deutschen Rechtsgeschichte[7], 74; *Conrad* Deutsche Rechtsgeschichte, Bd I[2], 36; *Planitz/Eckhardt* Deutsche Rechtsgeschichte[4], 55; *Mitteis/Lieberich* Deutsches Privatrecht[9], 56; *Köbler* Deutsche Rechtsgeschichte[5], 72.

124 *Würdinger* Einwirkung des Christentums auf das angelsächsische Recht, ZRG germ Abt 55. Bd, 109; *Köstler* Raub- Kauf- Friedelehe bei den Germanen, ZRG germ Abt 63. Bd, 97; *Schröder/Künßberg* Lehrbuch der deutschen Rechtsgeschichte[7], 75; *Hübner* Grundzüge des deutschen Privatrechts[5], 630; *Floßmann* Österreichische Privatrechtsgeschichte[3], 77f.

125 Ein begründeter Widerspruch der Braut wird aber wohl meist beachtet worden sein, da aus einer von Anfang an verfehlten Ehe kein Heil zu erwarten war: *Mitteis/Lieberich* Deutsches Privatrecht[9], 57.

126 *Brunner* Grundzüge der deutschen Rechtsgeschichte[5], 222; *Hübner* Grundzüge des deutschen Privatrechts[5], 633; *Conrad* Deutsche Rechtsgeschichte, Bd I[2], 36; *Mitteis/Lieberich* Deutsches Privatrecht[9], 55ff, sieht die Ansicht, daß die Frau dabei nur willenloses Objekt gewesen ist als von der neuen Lehre überholt an.

berater Loge eine Möglichkeit finden werde, aus der getroffenen Vereinbarung wieder auszusteigen.

> Wotan, bezogen auf Loge:
>
> Der zum Vertrage mir riet,
> versprach mir Freia zu lösen:
> auf ihn verlaß ich mich nun.

Betrachtet man die Grundsätze der vertraglichen Eheschließungsform zur Zeit der Germanen, erscheint Wotans Verhalten beinahe in einem positiven Licht. In seiner Stellung als oberster Gott innerhalb der Sippe der Götter ist er zweifellos Muntwalt Freias im Sinne germanischer Rechtsauffassung. Wotan ist daher berechtigt, als Vertreter seiner Sippe und damit auch als Vertreter Freias bei den Verhandlungen mit den Riesen aufzutreten. Diese „Hilfestellung" muß dem obersten Lenker vor allem dann angebracht erscheinen, wenn Entscheidungen von großer Tragweite zu treffen sind, bei denen es gilt, vergängliche emotionale Irrungen in geordnete rationale Bahnen zu lenken. Freia in Ehefragen eine eigenständige Dispositionsbefugnis zuzugestehen, war dem obersten Gott wohl in jeder Hinsicht ein zu unsicheres Unterfangen. Der „Heiratszwang" war ein typisches Recht des Muntwaltes[127]. Zweifellos wäre es netter gewesen, die Betroffene vor Vertragsabschluß um ihre Meinung zu fragen. Aus der Perspektive rauher germanischer Sitten dürfte ihm aus einem solchen Unterlassen jedoch kein Vorwurf gemacht werden.

Als Vertragspartner stehen Wotan Fasolt und Fafner gegenüber. Man gewinnt dabei vorerst den Eindruck, daß Fasolt und Fafner für sich gemeinsam eine Frau erwerben wollen, was selbst in grauer Vorzeit in unseren Breiten wohl ungewöhnlich gewesen wäre. Der weitere Verlauf der zweiten Szene macht jedoch deutlich, daß nur Fasolt der holden Weiblichkeit erlegen ist. Sein Bruder Fafner scheint hingegen den materiellen Reizen mehr abgewinnen zu können und würde daher das Rheingold als Lohn für die erbaute Burg bevorzugen. Mehrere Anhaltspunkte des Librettotextes der zweiten Szene lassen erkennen, daß nur Fasolt als zukünftiger Bräutigam Freias in Betracht kommt. Fafner begründet damit auch den ungleichen Aufteilungsmodus, als man sich auf Seite der Götter für eine alternative Barzahlung entschließt und mit dem Rheingold Freia auslöst.

---

127 *Floßmann* Österreichische Privatrechtsgeschichte³, 66f.

Fafner zu Fasolt *(vierte Szene):*

Mehr an der Maid als am Gold
lag dir verliebtem Geck:
...
Ohne zu teilen
hätteſt du Freia gefreit:
teil ich den Hort,
billig behalt ich
die größte Hälfte für mich.

Zug um Zug wurden bei den Germanen Ehegeschäfte abgeschlossen: Bei einer vertraglichen Eheschließung verpflichtete sich der Muntwalt der Frau, die Braut an den Bräutigam zu übergeben. Die Muntgewalt des Hausherrn sollte so an den Ehemann übertragen werden[128]. Für diese „Gabe" hatte nach dem germanischen Entgeltlichkeitsprinzip der Bräutigam eine Gegengabe an die Sippe der Frau zu leisten („jede Gabe schaut auf Gegengabe"). Sie diente dazu, das Freundschaftsband zwischen den beiden Sippen zu festigen[129].

Diese Form der vertraglichen Eheschließung entwickelte sich neben der Raubehe. Auch der Raub einer Frau aus der Nachbarsippe war nach damals geltenden Rechtsvorstellungen nichts Ungewöhnliches und bedurfte in den älteren Aufzeichnungen der Volksrechte nicht einmal einer besonderen Regelung[130]. In der Raubehe liegen die historischen Wurzeln für die sich später entwickelnde Vertragsehe. Der Raub der Frau hatte in der Regel die Fehde mit der beleidigten Sippe zur Folge. Das war natürlich kein guter Start für eine glückliche Ehe. Wollte sich der Mann das Eingreifen der betroffenen Sippe ersparen und seiner Ehe von Haus aus den vollen Bestand sichern, mußte er im voraus mit der Sippe der Frau eine Abfindung treffen. Daraus entwickelte sich die Möglichkeit, einen Vertrag zwischen den beiden Sippen zu schließen[131]. Durch Zahlung einer

---

128 *Würdinger* Einwirkung des Christentums auf das angelsächsische Recht, ZRG germ Abt 55. Bd, 109; *Planitz/Eckhardt* Deutsche Rechtsgeschichte[4], 55; *Köbler* Deutsche Rechtsgeschichte[5], 72, sieht darin einen Verlobungsvertrag.
  Gegenstand des Kaufgeschäftes war später nicht mehr die Person der Braut selbst sondern die Muntgewalt über sie: *Hübner* Grundzüge des deutschen Privatrechts[5], 633.
129 *Conrad* Deutsche Rechtsgeschichte, Bd I[2], 36; *Planitz/Eckhardt* Deutsche Rechtsgeschichte[4], 55; *Amira/Eckhardt* Germanisches Recht Bd II[4], 74.
130 *Köstler* Raub- Kauf- Friedelehe bei den Germanen, ZRG germ Abt 63. Bd, 115; *v. Schwerin* Deutsche Rechtsgeschichte[2], 126; *Hübner* Grundzüge des deutschen Privatrechts[5], 627.
131 *Köstler* Raub- Kauf- Friedelehe bei den Germanen, ZRG germ Abt 63. Bd, 97, 119; *v. Schwerin* Deutsche Rechtsgeschichte[2], 126; *Köbler* Deutsche Rechtsgeschichte[5], 72.

Ablöse an die Sippe der Frau konnte der Bräutigam die nachteiligen Folgen einer Fehde vermeiden[132].

Die ältere Lehre bezeichnete noch diese Form der Eheschließung als Kaufehe[133] Das Wort „Kauf" ist dabei aber nicht im Sinne des heutigen Rechts zu verstehen, sondern in seiner allgemeinen Bedeutung von „Vertrag schließen"[134]. Der sogenannte Kaufpreis entsprach der Wertung des Mädchens in der Sippe. Man erkennt die Vorteile eines Wirtschaftssystems ohne Unklarheiten: Alles hatte seinen fixen Preis, auch die Frauen. Wie die Sache, so besaß auch jedes einzelne Sippenmitglied einen in Geld ausdrückbaren Wert. Dieser wurde vor allem bei der Zahlung eines Wergeldes deutlich. Der Kaufpreis wurde einerseits als Wertersatz bzw Entschädigung, andererseits zur Erhaltung und Förderung des Friedens gezahlt[135].

Bei der Form der Kaufehe (Vertragsehe) handelte es sich demnach um einen Veräußerungsvertrag, der in mancher Hinsicht der Sachveräußerung ähnlich ist[136]. Es ist dabei strittig, ob es sich wirklich um einen Sachkauf gehandelt hat. Die ältere Lehre trat noch teils für diese Ansicht ein[137]. Dagegen wird eingewendet, daß die Frau nicht Sache war, ein derartiger Sachverkauf den Verkauf in die Knechtschaft bedeutet und dem Manne nur die Eingehung einer Kebsehe ermöglicht hätte[138]. Diese Form der Eheschließung wird daher teilweise als personenrechtlicher Vertrag zwischen den beiden beteiligten Sippen bezeichnet[139]. Dabei geht man davon aus, daß es neben dem sachenrechtlichen Kauf auch einen personen- oder familienrechtlichen Kauf gegeben hat, der die Rechtspersönlichkeit der „verkauften Braut" wahrte[140]. Dennoch läßt sich kaum übersehen, daß die

---

132 *Köstler* Raub- Kauf- Friedelehe bei den Germanen, ZRG germ Abt 63. Bd, 97, 113.
133 *Brunner* Grundzüge der deutschen Rechtsgeschichte[5], 222; *Hübner* Grundzüge des deutschen Privatrechts[5], 630; *Schröder/Künßberg* Lehrbuch der deutschen Rechtsgeschichte[7], 75 u FN 61, mit Einschränkung zustimmend, da es sich nicht um einen Kauf im allgemeinen Sinn handelt bei dem „gemarktet" wurde.
134 *Köstler* Raub- Kauf- Friedelehe bei den Germanen, ZRG germ Abt 63. Bd, 97; *v. Schwerin* Deutsche Rechtsgeschichte[2], 127; *Mitteis/Lieberich* Deutsches Privatrecht[9], 57.
Amira sieht in diesem Geschäft eine „Vergabe" (Schenkung) der Braut. Auch diese erfordert aber wie jede „Gabe" zu ihrer Beständigkeit eine Gegengabe des Bräutigams: *Amira/Eckhardt* Germanisches Recht Bd II[4], 74.
135 *Köstler* Raub- Kauf- Friedelehe bei den Germanen, ZRG germ Abt 63. Bd, 121.
136 *Meyer* Friedelehe und Mutterrecht ZRG germ Abt 47. Bd, 200.
137 *Schröder/Künßberg* Lehrbuch der deutschen Rechtsgeschichte[7], 75, spricht zwar ebenfalls von einem Kauf, meint damit aber keinen Sachkauf sondern einen familienrechtlichen Kauf, der als eine Hingabe der Braut in Adoption aufgefaßt wurde; *Hübner* Grundzüge des deutschen Privatrechts[5], 630f; *Brunner* Grundzüge der deutschen Rechtsgeschichte[5], 222.
138 *Köstler* Raub- Kauf- Friedelehe bei den Germanen, ZRG germ Abt 63. Bd, 119.
139 *Wührer* ZRG germ Abt 74. Bd, 233; *Schröder/Künßberg* Lehrbuch der deutschen Rechtsgeschichte[7], 75.
140 *Meyer* Friedelehe und Mutterrecht ZRG germ Abt 47. Bd, 202; *Köstler* Raub- Kauf- Friedelehe bei den Germanen, ZRG germ Abt 63. Bd, 119.

Ein Wirtschaftssystem ohne Unklarheiten:
Alles hat seinen fixen Preis, auch die Frauen

vertragliche Eheschließung weitgehend dem Sachkauf glich, da die Frau willensmäßig daran nicht beteiligt war.

Zwischen Wotan und den Riesen wurde als Gegengabe für Freia die Erbringung einer Werkleistung, nämlich die Errichtung einer Burg, vereinbart. Gerade zu germanischer Zeit wurde unter Gegenleistung nicht ausschließlich eine Geldleistung im heutigen Sinn verstanden. Diese war auch mangels vorhandener Münzen unmöglich. Größere Beträge, wie zum Beispiel das Wergeld, wurden zum Teil in Vieh und Waffen bezahlt. Gabe und Gegengabe glichen viel mehr der heutigen Form des Tausches[141]. Der von den Riesen errichtete Prunkbau stellt zweifellos eine faire Gegenleistung für Freia dar. Wotan lag viel an seinem Repräsentationsbau und nur wenig an der jungen Göttin. Bei den Riesen ist es genau umgekehrt. Sie halten Wotans Geltungssucht für abwegig. Mit dem geschlossenen Vertrag war daher beiden bestens gedient.

Fasolt zu Wotan:

Die ihr durch Schönheit herrscht,
schimmernd hehres Geschlecht,
wie törig strebt ihr
nach Türmen von Stein,
setzt um Burg und Saal
Weibes Wonne zum Pfand!

Die Übernahme des mängelfreien Bauwerks, man könnte es als ,,Freundesgabe" oder ,,Muntschatz"[142] bezeichnen, verpflichtet Wotan als Vertreter der Brautsippe gleichzeitig nach dem germanischen Entgeltlichkeitsprinzip (,,jede Gabe schaut auf Gegengabe") zur Gegenleistung, nämlich zur Übergabe der Braut[143].

Die Abmachung zwischen Wotan und den Riesen ist nach historischer Rechtsauffassung also durchaus möglich gewesen und war zu dieser Zeit sogar eine übliche Form der Eheschließung. In verdeckter Form gibt es zweifellos das Institut der ,,Vertragsehe" noch heute. Neuzeitlich spricht man von ,,Geschäftsehen", wobei in rechtlicher Hinsicht nur insofern eine Änderung eingetreten ist, als die eigentliche Motivation des Eheschlusses nicht mehr zum Vertragsgegenstand gemacht werden kann. Gewährleistungsmängel oder die Nichterfüllung zugesagter Gegenleistungen lassen

---

141 *Köstler* Raub- Kauf- Friedelehe bei den Germanen, ZRG germ Abt 63. Bd, 122ff u FN 141.
142 *Würdinger* Einwirkung des Christentums auf das angelsächsische Recht, ZRG germ Abt 55. Bd, 109; *Mitteis/Lieberich* Deutsches Privatrecht^9, 56: Entgelt des Freiers für die Übertragung der Munt.
143 *Conrad* Deutsche Rechtsgeschichte, Bd I^2, 36; *Hübner* Grundzüge des deutschen Privatrechts^5, 633; *Amira/Eckhardt* Germanisches Recht Bd II^4, 74.

daher kaum ein Entrinnen aus den vertraglichen Banden zu. Einmal gebunden, sind die Betroffenen auf den Weg eines umständlichen Scheidungsverfahrens angewiesen.

Aus dem Blickwinkel des historischen Rechts erscheinen die Handlungsweisen in der zweiten Szene des Rheingoldes in einem gänzlich anderen Licht. Die Riesen, insbesondere Fasolt hätten danach mit der Errichtung des Auftragswerkes einen rechtmäßigen Anspruch auf Freia erworben. Die Vertragsbrüchigkeit Wotans hätte zu germanischer Zeit unausweichlich den Zorn der Sippe der Riesen heraufbeschworen. Der „Hüter der Verträge" hätte es geradezu als seine oberste Pflicht ansehen müssen, die von ihm geschlossene gültige Vereinbarung auch einzuhalten.

Einer Beleuchtung aus historischer Sicht bedarf auch der Weg, den die Riesen zur Durchsetzung ihres vertraglichen Anspruches gewählt haben.

Die „Pfandnahme" einer Person aus der Sicht des germanischen Rechts

Ausgangspunkt muß dabei der gültig geschlossene Vertrag zwischen Wotan und den Riesen sein, aus dem diese einen rechtmäßigen Anspruch auf Freia ableiten können. Die Riesen wollen mit der Verschleppung Freias offensichtlich nur vorläufig auf dem Wege der Selbsthilfe die Befriedigung ihrer Forderung erlangen. Daher nehmen sie Freia vorerst nur als „Pfand" für eine offene Schuld.

> Fasolt zu Freia:
>
> Hierher, Maid!
> In unsre Macht!
> Als Pfand folgst du uns jetzt,
> bis wir Lösung empfahn.

In germanischer Zeit wurden bei den meisten Rechtsgeschäften Leistung und Gegenleistung unmittelbar ausgetauscht. Aus der Annahme der Leistung entstand die Verpflichtung zur Gegenleistung[144]. Wotan hat zwar die Übergabe Freias zur Ehe als Gegenleistung versprochen, ist aber nicht bereit, seinen Teil des Vertrages einzuhalten.

Die friedfertigen Riesen wären in kulanter Weise auch mit dem Rheingold als Barzahlung einverstanden. Dieser Vorschlag wird von Wotan jedoch nicht angenommen. Damit bleibt weiterhin ausschließlich Freia geschuldet und nicht das Rheingold.

---

[144] *Conrad* Deutsche Rechtsgeschichte, Bd I², 44; *Planitz/Eckhardt* Deutsche Rechtsgeschichte⁴, 59.

Fasolt und Fafner sprechen davon, Freia als „Pfand" für die ausstehende Schuld zu nehmen. Diese Äußerung bringt ein gewisses rechtliches Unverständnis der Riesen zum Ausdruck. Eine „Pfandnahme" wäre nämlich nur denkbar, wenn Wotan in eine alternative Gegenleistung eingewilligt hätte und Freia nun der Garant sein sollte, daß diese auch wirklich erbracht wird. Diese Annahme wäre jedoch nur zulässig, wenn man in Wotans hilfloser Untätigkeit während der Verschleppung Freias eine konkludente Zustimmung zur Alternativleistung sieht, was jedoch weit hergeholt erscheint. Wotan entschließt sich erst später dazu, das Rheingold zu beschaffen, als er merkt, daß durch das Fehlen Freias seine jugendliche Frische Schaden nimmt (zweite Szene, Schluß). Es ändert sich aber nichts am bestehenden Vertrag und er schuldet somit auch weiterhin nur die Übergabe Freias, nicht aber des Rheingoldes. Die sich rasch wandelnden Ereignisse haben das Auffassungsvermögen der einfältigen Riesen offensichtlich überfordert: Sie nehmen Freia als Pfand für eine Gegenleistung, die gar nicht zugesagt wurde.

Indem sich die Riesen Freias bemächtigen, führen sie im Wege der Selbsthilfe eine Zwangsvollstreckung auf die vereinbarte Gegenleistung durch. Die Äußerung Fasolts, Freia einstweilen als Pfand zu hüten, läßt nur darauf schließen, daß sie in ihrer Handlungsweise noch nicht eine endgültige Befriedigung ihrer Forderung sehen, sondern gegen Übergabe des Rheingoldes bereit sind, einen Rücktausch vorzunehmen.

Die Vorstellung einer Zwangsvollstreckung im heutigen Sinn war dem germanischen Recht fremd. Schuldrechtliche Ansprüche waren zu dieser Zeit nicht erzwingbar[145]. Es gab nur eine freiwillige Schulderfüllung. Im Falle einer vertraglichen Ehevereinbarung wäre eine erzwungene Erfüllung wohl selbst in rechtsgeschichtlicher Urzeit nur schwer vorstellbar gewesen. Die Nichterfüllung wurde aber als strafrechtliche Handlung gesehen und hatte als strafrechtliches Zwangsmittel die Fehde zur Folge[146]. Der Schuldner durfte dann vom Gläubiger getötet, verknechtet oder sein Vermögen gewüstet werden[147]. Dies wären schlimme Aussichten für den obersten Gott gewesen und es ist der außergewöhnlichen Friedfertigkeit, um nicht zu sagen Trägheit der Riesen zu verdanken, daß sie „nur" Freia als „Pfand" nehmen.

---

145 *Beyerle* Der Ursprung der Bürgschaft, ZRG germ Abt 47. Bd, 571; *Planitz/Eckhardt* Deutsche Rechtsgeschichte[4], 59; *Hübner* Grundzüge des deutschen Privatrechts[5], 499.
146 *Planitz/Eckhardt* Deutsche Rechtsgeschichte[4], 59; *Conrad* Deutsche Rechtsgeschichte, Bd I[2], 44; *Hübner* Grundzüge des deutschen Privatrechts[5], 503; *Mitteis/Lieberich* Deutsches Privatrecht[9], 128; *Amira/Eckhardt* Germanisches Recht Bd II[4], 108; *Köbler* Deutsche Rechtsgeschichte[5], 74; *Floßmann* Österreichische Privatrechtsgeschichte[3], 224.
147 *Mitteis/Lieberich* Deutsches Privatrecht[9], 128.

Wotan hätte sonst durch einen speziellen Haftungsvertrag versuchen müssen, der strafrechtlichen Haftung zu entgehen[148]. Dem Schuldner, der nicht leisten konnte oder wollte, war zu germanischer Zeit die Möglichkeit gegeben, den Straffolgen zu entgehen, indem er freiwillig dem Gläubiger anderweitige Sicherheiten gewährte[149].

Das ältere Recht traf eine eindeutige Unterscheidung zwischen Schuld und Haftung. Schuld war rechtliches Sollen. Der Schuldner sollte freiwillig leisten[150]. Um den Folgen der Fehde im Falle der Nichterfüllung zu entgehen, stand es ausschließlich in der Macht des Schuldners, die Bereitschaft zum Abschluß eines Haftungsgeschäftes mit dem Gläubiger zu zeigen. Wie bei jeder vertraglichen Vereinbarung mußte jedoch der Gläubiger damit erst einverstanden sein. Der Schuldner konnte dann durch Pfandsetzung oder durch Stellung einer Geisel anderweitige Sicherheiten gewähren[151]. Erst durch diese spezielle Haftungsvereinbarung erlangte der Gläubiger eine ausdrückliche Zugriffsmacht auf konkrete Haftungsobjekte[152].

Gerade diese geforderte alternative Sicherheitsleistung, nämlich das Rheingold, verweigert Wotan jedoch mit schwächlicher Argumentation. In Freia ein „Pfand" zu sehen, wie dies die Riesen offensichtlich tun, erscheint widersinnig, denn die geschuldete Leistung kann nicht gleichzeitig als Pfand genommen werden.

Es muß an dieser Stelle jedoch angemerkt werden, daß die Übergabe einer Person zur Sicherung an den Gläubiger im Grunde nicht unrechtmäßig sein mußte. Das germanische Recht kannte die Möglichkeit der Geiselschaft, die eine Pfandsetzung einer Person darstellte. Die Geisel trat dabei in den Gewahrsam des Gläubigers[153]. Geiselschaft stellte die Übernahme persönlicher Haftung für eine fremde Schuld dar. Die Geisel war zwar Faustpfand in der Gewalt des Gläubigers, sie blieb aber ein „freier Mann". Erst wenn der Schuldner in Leistungsverzug geriet, verlor sie ihre Freiheit und wurde Eigentum des Gläubigers, der sie dann verknechten oder sogar töten konnte[154]. Als Geisel konnte vom Schuldner ein Gefolgs-

---

148 *Conrad* Deutsche Rechtsgeschichte, Bd I², 44.
149 *Mitteis/Lieberich* Deutsches Privatrecht⁹, 128; *Planitz/Eckhardt* Deutsche Rechtsgeschichte⁴, 59.
150 *Conrad* Deutsche Rechtsgeschichte, Bd I², 44; *Hübner* Grundzüge des deutschen Privatrechts⁵, 500; *Planitz/Eckhardt* Deutsche Rechtsgeschichte⁴, 59.
151 *Floßmann* Österreichische Privatrechtsgeschichte³, 225.
152 *Beyerle* Der Ursprung der Bürgschaft, ZRG germ Abt 47. Bd, 571; *Hübner* Grundzüge des deutschen Privatrechts⁵, 500.
153 *Beyerle* Der Ursprung der Bürgschaft, ZRG germ Abt 47. Bd, 572; *Amira/Eckhardt* Germanisches Recht Bd II⁴, 110, 112; *Schröder/Künßberg* Lehrbuch der deutschen Rechtsgeschichte⁷, 68; *Ogris* Die persönlichen Sicherheiten im Spätmittelalter, ZRG germ Abt 82. Bd, 143.
154 *Planitz/Eckhardt* Deutsche Rechtsgeschichte⁴, 60.

mann, Muntling oder auch ein Unfreier übergeben werden[155]. Da es dem Mann in einer Notlage sogar möglich war, Weib und Kinder zu verkaufen, wird es ihm auch, wie im konkreten Fall, möglich gewesen sein, eine Frau als Pfand auszusetzen[156]. Im Hinblick auf den geringen Stellenwert, den man Frauen in dieser Zeit beimaß, hätte jedoch die Übergabe Freias als Pfand wohl kaum ausreichende Sicherheit geboten. Immerhin schuldete Wotan den Werklohn für die Errichtung eines ,,Prachtgemäuers" (Loge, zweite Szene).

Alle diese Formen der Sicherheitsleistung setzen aber grundsätzlich die Einwilligung des Schuldners voraus. Nur in ganz bestimmten Fällen war eine eigenmächtige Inbesitznahme des Pfandes (das ,,genommene Pfand") durch den Gläubiger zulässig[157]. Wenn die Schuld offenkundig war, konnte der Gläubiger im Zuge der Fehde nach mehrfacher Aufforderung zur Leistung alle Fahrhabe des Schuldners aufgreifen und so eigenmächtig auch ein Pfand nehmen[158].

Die Schuld Wotans ist zwar offenkundig, doch liegt in der ,,Pfandnahme" Freias eine eigenmächtige Verschaffung der vereinbarten Gegenleistung. Eine Pfandeigenschaft ließe sich bloß darin erblicken, daß diese Zwangsvollstreckung im Selbsthilfeweg befristet ist und Wotan die Option gegeben wird, Freia mit dem Rheingold wieder auszulösen.

Weiters wird man in diesem Zusammenhang auch die Art des Pfandes berücksichtigen müssen. Nur Unfreie galten als Rechtsobjekte bzw Sachen, an denen eine Person Eigentum haben konnte. Freia steht zwar unter der Muntgewalt Wotans, doch sollte dies nicht bedeuten, daß sie damit als Sache gesehen werden kann, die in seinem Eigentum steht und auf die ein Gläubiger, wie auf jede andere Fahrhabe[159], eigenmächtig greifen konnte. Es würde wohl den Stellenwert einer Göttin allzu sehr herabsetzen, wollte man dies annehmen.

Gegenstand einer eigenmächtigen Pfandnahme war in erster Linie nur die Fahrhabe des Schuldners. Auch wenn das germanische Recht die Setzung einer Geisel zur Sicherung einer Forderung kannte, wird der

---

155 *Mitteis/Lieberich* Deutsches Privatrecht[9], 128.
156 *Beyerle* Der Ursprung der Bürgschaft, ZRG germ Abt 47. Bd, 572; *Hübner* Grundzüge des deutschen Privatrechts[5], 507.
157 *Amira/Eckhardt* Germanisches Recht Bd II[4], 112; *v. Schwerin* Deutsche Rechtsgeschichte[2], 110f; *Hübner* Grundzüge des deutschen Privatrechts[5], 507: Wenn die Schuld unleugbar ist (wegen vorhandener Zeugen), kann der Gläubiger eigenmächtig auch mit Gewalt auf das Haftungsobjekt greifen. Eine dritte, außenstehende Person wie Freia, wird jedoch durch den Gläubiger nicht unfreiwillig zum Haftungsobjekt gemacht werden können.
158 *Planitz/Eckhardt* Deutsche Rechtsgeschichte[4], 64; *Mitteis/Lieberich* Deutsche Rechtsgeschichte[19], 46; *ders* Deutsches Privatrecht[9], 122, 128; *Schwerin* Deutsche Rechtsgeschichte[2], 110.
159 *Planitz/Eckhardt* Deutsche Rechtsgeschichte[4], 53f.

Gläubiger in erster Linie gehalten sein, seine Sicherheiten in der Fahrhabe des Schuldners zu suchen.

Man wird daher das Verhalten der Riesen wohl als rechtswidrig bezeichnen müssen. Sieht man in ihrer Handlungsweise eine Zwangsvollstreckung, ist dem entgegenzuhalten, daß nach germanischem Recht der Schuldner freiwillig zu leisten hatte[160]. Wenn Wotan, wie im vorliegenden Fall die vereinbarte Gegenleistung verweigert, wäre die rechtlich richtige Vorgangsweise der Riesen die Fehde gewesen. In rechtlichen Dingen sind Fasolt und Fafner aber offensichtlich nicht sattelfest und daher sprechen sie von „Pfand" und meinen in Wirklichkeit „eigenmächtige Zwangsvollstreckung".

Dritte Szene

Alberichs Aufstieg zum Großunternehmer

Die Szene verwandelt sich bei offener Bühne zu einem unterirdischen, unwirtlichen Bergwerkssystem, in dem das Heer der Zwerge unter dem Diktat Alberichs nach Gold schürft. Wotan und Loge fahren gleichsam wie mit einem Aufzug in die sozialen Untiefen der arbeitenden Klasse.

Alberich hat rasch gelernt, die Macht des Goldes zu nutzen. Aus der Masse des Nibelungenvolkes ist er herausgetreten und hat die übrigen Nibelungen zu seinen Untergebenen gemacht. Der bedeutungslose Zwerg ist zum Großunternehmer gewachsen. Dem beschaulichen Müßiggang der übrigen Zwerge wurde damit ein Ende gesetzt. Nun gilt es, Ziele zu erreichen. Als despotischer Arbeitgeber befiehlt Alberich den Nibelungen, nach Gold zu schürfen, um so seinen Reichtum und damit auch seine Macht stetig zu vergrößern.

Mime:
wir lachten lustig der Müh.
Nun zwingt uns der Schlimme,
in Klüfte zu schlüpfen,
für ihn allein
uns immer zu mühn.
...
ohne Ruh und Rast
dem Herrn zu häufen den Hort

---

[160] *Beyerle* Der Ursprung der Bürgschaft, ZRG germ Abt 47. Bd, 571; *Mitteis/Lieberich* Deutsches Privatrecht[9], 128; *Planitz/Eckhardt* Deutsche Rechtsgeschichte[4], 59; *Mitteis/Lieberich* Deutsche Rechtsgeschichte[19], 46.

Alberich:

> Ruh und Rast
> ist euch zerronnen;
> ...
> Träges Heer,
> dort zu Hauf
> schichtet den Hort!

Sein Ziel: Mit Geld die ganze (käufliche) Welt zu gewinnen.

(zu Wotan und Loge):

> doch mit dem Hort,
> in der Höhle gehäuft,
> denk ich dann Wunder zu wirken:
> die ganze Welt
> gewinn ich mit ihm mir zu eigen.

Die Nibelungen fügen sich diesem Diktat widerspruchslos und finden sich mit der neuen hierarchischen Ordnung ab. Als freie Zwerge haben sie zwar in der bestehenden gesellschaftlichen Ordnung keine Rolle gespielt und kaum jemand hat Notiz von ihnen genommen, sie lebten aber dennoch glücklich. Nun sind sie zu unterdrückten Arbeitnehmern Alberichs geworden, die dieser ausbeutet, um seinen eigenen Reichtum zu vermehren, ihnen aber nichts davon abgibt. Dennoch wagt es keiner, sich gegen dieses neue System aufzulehnen. ,,Staunend", um nicht zu sagen bewundernd, zittern sie vor der Macht ihres Arbeitgebers, symbolisiert durch den Ring, den dieser aus dem Rheingold geschaffen hat.

Mime:

> Mit arger List
> schuf sich Alberich
> aus Rheines Gold
> einen gelben Reif:
> seinem starken Zauber
> zittern wir staunend.

Die dritte Szene vermittelt das Horrorszenario einer zukünftigen Entwicklung. Alberich präsentiert sich als rücksichtsloser Unterdrücker der Schwachen und verliert damit selbst bei jenen, die den zurückgewiesenen

Zum Großunternehmer gewachsen

Liebhaber noch in der ersten Szene bemitleidet haben, seine letzten Sympathien. Es ist jedoch nichts anderes als eine gesellschaftliche Realität des industriellen Zeitalters, die hier plakativ vor Augen geführt wird. Die bestehenden politischen und sozialen Umstände waren für Richard Wagner Ursache für die herrschende „Kunstunfähigkeit"[161]. Die Vorgänge in der dritten Szene lassen Alberichs Charakter in einem denkbar schlechten Licht erscheinen, doch darf nicht vergessen werden, welche Umstände ihn zu dieser Handlungsweise gebracht haben. Das Ausbeuten von Arbeitnehmern, um den eigenen Gewinn zu mehren, wird auch heute in einem sehr weiten rechtlichen Rahmen sozial akzeptiert.

Alberichs zielbewußter Gang zur Erlangung der Weltherrschaft ruft jedoch Neid und Angst hervor. Es ist nicht die Angst der Besitzlosen, denn diese haben nichts zu verlieren, sondern die Angst jener, die bisher die Macht inne hatten und nun um ihre Rangordnung in der gesellschaftlichen Hierarchie fürchten müssen.

Das Verhindern aufstrebender Existenzen

Wotan und sein Ratgeber Loge suchen nun nach Wegen, die Machtbestrebungen Alberichs zu unterbinden. Der Ernst der Lage, der ihnen in der dritten Szene bewußt wird, als sie Zeugen werden, wie Alberich bereits das gesamte Nibelungenvolk unterjocht hat, läßt keine Zurückhaltung bei der Wahl der Mittel zu. Mit Erpressung und Raub setzen sie sich in den Besitz des Goldes und haben damit gleich zwei Ziele erreicht: Alberich ist entmachtet und gegenüber den Riesen kann die Schuld beglichen werden, ohne auf Freia verzichten zu müssen. Der hehre Grundsatz: „Nichts durch Gewalt" (Wotan, zweite Szene) muß dem Prinzip weichen: Der Zweck heiligt die Mittel.

Alberich ist Opfer dieser Verbrechen und bleibt auf der Strecke. Das negative Charakterbild, welches Wagner von ihm mittels Musik und Text in dieser Szene zu vermitteln versucht, bleibt aber haften und läßt beim Zuhörer erst gar nicht Ansätze von Mitleid aufkommen. Viele Deutungsversuche der Ringtetralogie unterstützen diese Sichtweise und tendieren sogar dazu, Wotans Vorgangsweise als Dienst für eine gute Sache hinzustellen. Die Kritik, die Wagner damit an einer vielfach bestehenden gesellschaftlichen Realität üben wollte, geht dabei leider unter. Der unzweideutige Text des Rheingoldes müßte, wenn er schon keine Sympathien für Alberich wecken kann, zumindest Anlaß geben, Wotans Charakter keinesfalls in einem positiven Licht erscheinen zu lassen.

---

161 *Gregor-Dellin* Richard Wagner[2], 288.

Um seiner vertraglichen Verpflichtung durch eine Alternativleistung zu entrinnen und Freia behalten zu können, muß Wotan sich das Rheingold erst beschaffen. Einem Rechtschaffenen stünde dafür freilich nur ein legaler Weg offen. Denkbar wäre, mit Alberich über ein Gegengeschäft zu verhandeln. Der Herrscher der Zwerge wäre nicht der erste, den Wotan durch Verträge an sich binden würde. Auf Anraten seines Rechtsberaters Loge entsinnt sich Wotan jedoch des wesentlich einfacheren Weges zur Besitzerlangung:

> Wotan zu Loge (zweite Szene):
> So rate wie?
>
> Loge:
> Durch Raub!
> Was ein Dieb stahl,
> das stiehlst du dem Dieb:
> ward leichter ein Eigen erlangt?

Diebstahl ist die leichteste „Erwerbsart". Wenn der Bestohlene noch dazu selbst ein „Dieb" ist, erscheint die Tat „fast" gerechtfertigt. In diesem Kriminalitätsbereich noch ungeübt, gehen Loge und Wotan dabei eher kompliziert und unbeholfen vor. Die Handlungsweise, in der sie sich des Rheingoldes bemächtigen, läßt sich in zwei Abschnitte unterteilen:

In der dritten Szene suchen beide Alberich in seiner unterirdischen Behausung auf und überwältigen den Zwerg in einem unaufmerksamen Augenblick. Loge nimmt dabei noch einen Tarnhelm, den er Alberich vom Kopf zieht, an sich. Anstatt dem Wehrlosen sofort das heiß begehrte Gold wegzunehmen, wie es jeder rasch und vernünftig agierende Kriminelle getan hätte, schleppen sie Alberich an Händen und Beinen gefesselt an die Oberfläche in die Welt der Götter.

Nach einer Verwandlung bei offener Bühne schließt die vierte Szene nahtlos an das Vorangehende an. In gewohnter Umgebung kommen Wotan und Loge dann schnell zur Sache und verlangen von Alberich für dessen Freilassung das von den Nibelungen angehäufte Gold und den Ring.

> Alberich (vierte Szene):
> So heischt, was ihr begehrt!
>
> Wotan:
> Den Hort und dein helles Gold.

Als besonders verwerflich handelnde Täter wollen sie ihr Opfer aber nicht nur berauben, sondern es dabei auch in aller Öffentlichkeit demütigen: Der gefesselt, wehrlos am Boden liegende Zwerg soll seine untergebenen Nibelungen herbeirufen und sich das Lösegeld bringen lassen. Nach demütigender Zahlung der „Schuld" wird Alberich sogar die Rückgabe seines Tarnhelms, den Loge schon in der dritten Szene an sich gebracht hatte, verweigert. Zusätzlich zum Hort fordert Wotan auch Alberichs Ring, dessen wundersame Kräfte den kleinen Zwerg so groß haben werden lassen.

Wotan (vierte Szene):

Ein goldner Ring
ragt dir am Finger:
hörst du, Alp?
Der, acht ich, gehört mit zum Hort.

Alberich:

Das Leben – doch nicht den Ring!

Alberich, der den Ring am Finger trägt, weigert sich, diesen herauszugeben, da er mit dem Ring symbolisch auch seine gesamte Macht verlieren würde. Gerade darauf kommt es Wotan jedoch an. Nachdem sein mehrmaliges Drängen auf eine Aushändigung des Reifes erfolglos geblieben war, bemächtigt er sich selbst mit Gewalt der Sache.

Wotan (vierte Szene):

Her den Ring!
Kein Recht an ihm
schwörst du schwatzend dir zu.

(Er ergreift Alberich und entzieht seinem Finger mit heftiger Gewalt den Ring.)

(den Ring betrachtend)

Nun halt ich, was mich erhebt,
der Mächtigen mächtigsten Herrn!

(Er steckt den Ring an.)

Die Mächtigen haben ihre eigenen Spielregeln

Alberich hat damit seine Freiheit zurückgekauft und wird von Loge freigelassen. Die bereits gewonnene Erkenntnis, daß alles in der Welt seinen Preis hat und man sich mit Reichtum auch alles kaufen könne, muß Alberich nun leidvoll am eigenen Körper erfahren. Das Spiel, in das der naive Zwerg von den Rheintöchtern eingeweiht wurde, beherrschen die anderen schon viel länger. Alberich hat sich bis zu diesem Moment die Macht auf legalem Wege verschafft und sich keiner strafbaren Handlung schuldig gemacht. Mit seiner Aufrichtigkeit ist er jedoch Wotan, dem „Hüter der Verträge", nicht gewachsen. Die Mächtigen haben ihre eigenen Spielregeln. Wotan lehrt den Zwerg, daß jedes Mittel zur Erlangung von Macht und Reichtum Recht ist. Eine Auswahl aus dessen Repertoire hat Alberich zur Lehre präsentiert bekommen.

Die erpresserische Entführung Alberichs

Wotan und Loge überwältigen Alberich in dessen Behausung unter der Erde und zwingen ihn, seine angehäuften Schätze herzugeben, um die Freiheit zu erlangen.

Mit dieser Handlung greifen sie einerseits in Alberichs Bewegungsfreiheit ein. Darüber hinaus soll der Zwerg gegen seinen Willen eine Handlung vornehmen, um aus seiner mißlichen Lage erlöst zu werden. Beide hier verletzten Rechtsgüter, sowohl die Willensfreiheit als auch die Bewegungsfreiheit, werden durch den Tatbestand der erpresserischen Entführung (§ 102 StGB) geschützt[162]. Damit dem Täter dieses Delikt zur Last gelegt werden kann, muß jedoch das Opfer der Nötigung ein anderes als jenes der Freiheitsbeschränkung sein. Nach dem vorliegenden Sachverhalt soll das entführte Opfer, Alberich, aber selbst zu einer Handlung gezwungen werden. Der Vorwurf der erpresserischen Entführung (§ 102 StGB) könnte daher gegenüber Wotan und Loge nicht erhoben werden. Alberichs Verlust der Bewegungsfreiheit wird getrennt von seiner Verletzung an der Willensfreiheit zu beurteilen sein. Für die Freiheitsentziehung kommt eine Bestrafung nach § 99 StGB, für die damit erzwungene Handlung der Tatbestand der Erpressung (§ 144f StGB) in Betracht.

Die Überwältigung Alberichs in seiner Behausung

Alberich wird von Loge und Wotan in der dritten Szene überwältigt und an Händen und Füßen gefesselt. Er ist damit vollkommen seiner Bewe-

---

162 *Kienapfel* BT I⁴ § 102 Rz 4; *Lewisch* BT I, 100.

gungsfreiheit beraubt und nicht mehr in der Lage, eine Ortsveränderung vorzunehmen. Das durch die Tat verletzte Rechtsgut der Freiheit der Ortsveränderung soll durch § 99 StGB geschützt werden[163]. In gefesseltem Zustand wird Alberich daraufhin aus seiner unterirdischen Behausung an die Erdoberfläche gezerrt und damit gegen seinen Willen zu einer Ortsveränderung gezwungen. Diese Art der Freiheitsbeschränkung ist eigentlich eine Form der Entführung. Die Entführung einer Person verwirklicht aber, abgesehen von § 102 StGB, nur dann einen eigenen Deliktstatbestand, wenn es sich beim Opfer um eine weibliche (§ 100 StGB) oder um eine unmündige (§ 101 StGB) Person handelt. In den Fällen der §§ 100, 101 StGB muß der Täter darüber hinaus den Vorsatz haben, sein Opfer zur Unzucht zu mißbrauchen oder der Unzucht zuzuführen. Nur Frauen und Kinder sollen davor bewahrt werden, das starke Geschlecht der männlichen Erwachsenen kann man nicht entführen, um es zur Unzucht zu mißbrauchen.

Es ist demnach für die strafrechtliche Behandlung der Tat Wotans und Loges in der dritten Szene nur § 99 StGB heranzuziehen. Die Tathandlung des § 99 StGB kann entweder in einem Gefangenhalten oder in einer qualitativ gleichwertigen sonstigen Freiheitsentziehung bestehen[164]. Die Entziehung der Bewegungsfreiheit in Form eines Gefangenhaltens setzt voraus, daß das Opfer daran gehindert wird, ein abgegrenztes Raumgebilde zu verlassen[165]. Alberich ist in seinem gefesseltem Zustand zwar in keiner Weise in der Lage, seinen Aufenthaltsort selbständig zu verändern, doch wird er von den Tätern nicht in einem abgegrenzten Raum festgehalten. Das Gesetz sieht aber gleichsam als Generalklausel auch jede andere Form der Entziehung der persönlichen Freiheit als tatbildmäßig an[166]. Ausschlaggebend ist nur, daß die Art der Freiheitsbeschränkung qualitativ einem Gefangenhalten gleichkommt[167]. Ein Blick auf die Judikatur zeigt, daß die Fesselung Alberichs an Armen und Beinen ohne Zweifel in Art und Schwere einem Gefangenhalten gleichkommt[168]. Hinsichtlich der Dauer werden von der Judikatur bereits 10–15 min[169] als ausreichend angesehen. Im vorliegenden Fall dürfte sich die Freiheitsentziehung über einen weitaus größeren Zeitraum erstreckt haben, da Alberich erst freigelassen wird, nachdem die Nibelungen den Hort herbeigeschafft hatten. Man wird auch die Begleitumstände, die Fesselung und das

---

163 *Kienapfel* BT I[4] § 99 Rz 3.
164 *Kienapfel* BT I[4] § 99 Rz 6; *Bertel/Schwaighofer* BT I[5] § 99 Rz 3.
165 *Bertel/Schwaighofer* BT I[5] § 99 Rz 2; *Kienapfel* BT I[4] § 99 Rz 7; EvBl 1976/172.
166 *Kienapfel* BT I[4] § 99 Rz 12; *Bertel/Schwaighofer* BT I[5] § 99 Rz 3.
167 JBl 1982, 269; EvBl 1977/223 = ÖJZ-LSK 1977/193; EvBl 1976/172; EvBl 1979/46; EvBl 1980/55; SSt 55/58.
168 JBl 1982, 269; EvBl 1980/55; SSt 55/58.
169 JBl 1979, 551 mit Anm *Kienapfel;* EvBl 1976/172; SSt 56/20.

gewaltsame Herauszerren des Opfers aus seiner unterirdischen Behausung, berücksichtigen müssen.

Wotans und Loges Weg zur Sicherung ihrer Machstellung beginnt daher mit einer strafbaren Freiheitsentziehung (§ 99 Abs 1 StGB).

In besonders qualifizierten Fällen, wenn das Opfer durch die Freiheitsentziehung besondere Qualen erleidet, sieht das Gesetz eine höhere Strafdrohung vor[170]. Als Beispiele finden sich in der Rechtsprechung unter anderen ein vielstündiges Anketten oder Fesseln[171]. Alberich ist zwar gefesselt, doch ist nicht anzunehmen, daß sich dieser Zustand über mehrere Stunden erstreckt. Von besonderen Qualen wird man nur dann sprechen können, wenn das Opfer körperliche oder seelische Schmerzen von außergewöhnlicher Intensität oder Dauer erleidet[172]. Eine Fesselung des Opfers allein ist dazu noch nicht ausreichend. Die Qualifizierung liegt darin, daß noch besonders gravierende Begleitumstände hinzukommen, die dem Opfer über die Freiheitsberaubung hinaus körperliche oder seelische Qualen zufügen[173].

Außer der demütigenden Fesselung ist Alberich keinen körperlichen Qualen ausgesetzt. Die psychische Unannehmlichkeit ist zweifellos groß: Die unterworfenen Nibelungen sehen einen gefesselten Herrscher wehrlos am Boden liegen, während sie den Hort herbeischaffen. Sie erkennen, daß der allzu Mächtige, den sie staunend bewundert haben, gar nicht mehr so mächtig ist. Die Intensität dieser seelischen Qual Alberichs erreicht aber nicht das Maß, welches für die Annahme einer qualifizierten Freiheitsberaubung zu verlangen wäre.

Die Tatsache, daß mit dem Verlust des Ringes Alberichs persönliche Macht und damit seine gesellschaftliche Stellung als Herrscher über die Nibelungen verloren geht, darf in diesem Zusammenhang nicht berücksichtigt werden. Der Verlust der Macht ist nicht eine Folge der Freiheitsberaubung, sondern eine Folge der gewaltsamen Wegnahme des Ringes durch Wotan.

Wotan und Loge begehen daher nur eine ,,einfache" Freiheitsberaubung (§ 99 StGB). Die Verschleppung Alberichs an die Oberfläche ist aber bloß Vorspiel zur Ausführung der eigentlichen Tat.

---

170 SSt 55/58; EvBl 1981/133; EvBl 1979/46; EvBl 1967/143.
171 JBl 1987, 259; EvBl 1979/46; SSt 51/43.
172 *Leukauf/Steininger* StGB³ § 99 Rz 30; *Kienapfel* BT I⁴ § 99 Rz 32 mit Verweis auf § 84 Rz 67.
173 EvBl 1979/46; SSt 51/43.

Vierte Szene
Soziale Gerechtigkeit durch Umverteilung

Die Freiheitsentziehung allein kann Wotan und Loge nicht zu ihrem Tatziel bringen. Sie dient nur dazu, Alberich zur Herausgabe seiner Schätze zu veranlassen. Der Zwerg soll mit seinem Gold die Burg bezahlen, die sich ein mittelloser Gott erbauen ließ. Wotan erweist sich daher nicht nur als vertragsbrüchig, indem er sich weigert, die mit den Riesen vereinbarte Gegenleistung zu erbringen, er zwingt darüber hinaus auch noch andere, seinen ausufernden Lebensstil zu finanzieren.

Loge rät zum Raub. Ein solcher wäre jedoch nur anzunehmen, wenn die eingesetzte Gewalt oder Drohung für Leib und Leben als Übel auf den sofortigen Übergang einer Sache in die Verfügungsgewalt des Angreifers abzielt[174]. Die von Wotan eingesetzte Gewalt müßte sich demnach auf die sofortige Herrschaftserlangung über das Gold richten. Dies ist nur möglich, wenn es sich um eine präsent vorhandene Sache handelt[175]. Dabei ist nach der Rechtsprechung kein strenger Maßstab anzuwenden. Raub würde auch anzunehmen sein, wenn das Opfer die geforderte Sache erst aus einem Nebenraum holen muß[176]. Im vorliegenden Fall befindet sich aber der angehäufte Hort in der Behausung Alberichs unter der Erde. Alberich muß erst den untergebenen Nibelungen befehlen, den Hort an die Erdoberfläche zu schaffen, damit er den Tätern übergeben werden kann. Dazu bedarf es einer länger dauernden Arbeitsleistung der Zwerge. Man wird hier wohl kaum von einem räumlichen Naheverhältnis zwischen dem Beraubten und dem zu raubenden Gut sprechen können. Es besteht somit nicht einmal die theoretische Möglichkeit, daß die eingesetzte Gewalt zu einem sofortigen Übergang der Sache führt.

Für eine Handlungsweise, wie sie in der dritten und vierten Szene von Wotan und Loge an den Tag gelegt wird, kennt das StGB den Tatbestand der Erpressung (§ 144 StGB). Das Wesen einer Erpressung besteht darin, daß der Täter durch Nötigung jemanden zu einem Verhalten bestimmt. Dieses erzwungene Verhalten muß das Opfer an seinem Vermögen schädigen und zu einer unrechtmäßigen Bereicherung des Täters oder eines anderen führen. Der Täter versucht dabei durch den Einsatz von physischem Zwang oder psychischem Druck einen entgegenstehenden Willen[177] des Opfers zu überwinden. Tatmittel kann Gewalt oder gefährliche Drohung sein.

---
174 *Leukauf/Steininger* StGB³ § 142 Rz 24; EvBl 1976/219 = ÖJZ-LSK 1976/92; EvBl 1963/17.
175 *Zipf* WK § 144 Rz 33.
176 EvBl 1998/70; JBl 1985, 175; EvBl 1962/479.

Eine derartige Sachverhaltskonstellation liegt hier vor. Wotan und Loge zwingen Alberich zur Herausgabe des Rheingoldes, schädigen diesen an seinem Vermögen und bereichern sich durch die Aneignung des Hortes.

Sie bedienen sich des Mittels der Gewalt, indem sie Alberich überwältigen und fesseln. Diese Nötigungshandlung bringt den Zwerg auf Verlangen Wotans dazu, den gesamten von den Nibelungen angehäuften Hort für seine Befreiung den Göttern zu überlassen. Dazu muß bemerkt werden, daß der Hort zwar von den Nibelungen angehäuft wurde, es sich aber nicht um gemeinschaftliches Eigentum handelt. Er ist Bestandteil von Alberichs alleinigem Vermögen. Die Nibelungen wurden durch die Macht des Ringes zu Untergebenen und schürfen nur für ihren Herrscher nach dem Gold, um dessen Reichtum zu vermehren. Als ausgebeutete Arbeitnehmer arbeiten sie nicht für ihre eigene Tasche, sondern für die ihres Arbeitgebers.

Mime (dritte Szene):

> Nun zwingt uns der Schlimme,
> in Klüfte zu schlüpfen,
> für ihn allein
> uns immer zu mühn.
> ...
> ohne Ruh und Rast
> dem Herrn zu häufen den Hort.

Alberich, der sie zu dieser Arbeit zwingt, wird zum Alleineigentümer des angehäuften Hortes. Durch die unfreiwillige Besitzaufgabe entsteht damit nur an seinem Vermögen ein Schaden. Der Vorsatz, sich unrechtmäßig zu bereichern, steht bei Wotan außer Frage. Sein Vermögen wird zwar nicht um das Rheingold vermehrt, er kann damit aber seine Schulden bei den Riesen tilgen und besitzt sein repräsentatives Eigenheim nun lastenfrei.

Zwischenzeitlich hat Wotan auch viel von seinem Rechtsberater Loge gelernt. Als Scheinrechtfertigung bringt er vor, daß Alberich kein Recht am Ring habe.

Wotan:

> Her den Ring!
> Kein Recht an ihm
> schwörst du schwatzend dir zu.

---

177 *Kienapfel* BT II³ § 144 Rz 14; EvBl 1978/22.

Diese Behauptung ist nicht richtig, da Alberich sich, im Gegensatz zu Wotan, rechtmäßig in den Besitz des Rheingoldes und damit auch in den Besitz des daraus angefertigten Ringes gesetzt hat.

Doch selbst wenn Wotan der Meinung wäre, Alberich hätte keinen rechtmäßigen Anspruch auf den Besitz des Hortes und des Ringes, so gäbe ihm diese Tatsache noch lange nicht das Recht auf eine gewaltsame Entziehung und eigenen Besitz. Gleiches gilt für Loge, der eigentlich kein Interesse am Gold haben dürfte, da er keine Schulden bei den Riesen hat, die damit getilgt werden sollen. Er nötigt Alberich aber in gleicher Weise, sich freizukaufen und strebt damit eine unrechtmäßige Bereicherung eines Dritten (Wotan) an. Auf die Strafbarkeit Loges hat die Tatsache, daß sich nur Wotan effektiv bereichert, keinen Einfluß, da auch die unrechtmäßige Bereicherung eines Dritten den Tatbestand der Erpressung erfüllt (§ 144 StGB).

Allzu deutlich wird, daß sich durch den gesellschaftlichen Umgang auch der Charakter Loges zu einem negativen gewandelt hat. Erschien er noch in der zweiten Szene als seriöser Rechtsberater, der einen Vertragsausstieg nur für den Fall in Aussicht gestellt hatte, daß sich Mängel am Bauwerk finden lassen, ist er in der dritten und vierten Szene bereits eng mit den kriminellen Machenschaften Wotans verbunden und steht ihm mit Rat und Tat zur Seite.

Seine kriminelle Intelligenz überragt jedoch die Wotans bei weitem. Er versucht nicht, sein Handeln mit dem plumpen Hinweis, daß Alberich kein Recht auf das Gold hätte, zu rechtfertigen.

Loges Rechtfertigung

Bereits in der zweiten Szene erweckt Loge den Anschein, nicht für Wotan tätig zu werden, sondern für die armen Rheintöchter. Gerade demjenigen, der die Rheintöchter aufgrund einer falschen rechtlichen Deutung der ersten Szene bemitleidet, muß dies als hehre Intention erscheinen. Seine Beteiligung an der Erpressung wäre nicht als rechtswidrig anzusehen, wenn die angestrebte Gewalt als Mittel zum angestrebten Zweck nicht den guten Sitten widerstreitet. Wotans Ziel ist es, sich unrechtmäßig zu bereichern – Loge erklärt hingegen in der zweiten Szene, daß Alberich als Räuber des Goldes „zu Recht gezogen" werden müßte, um den Rheintöchtern dieses wieder zurückzugeben.

Loge zu Wotan (zweite Szene):

    Um den gleißenden Tand,
      der Tiefe entwandt,
    erklang mir der Töchter Klage:

> an dich, Wotan,
> wenden sie sich,
> daß zu Recht du zögest den Räuber,
> das Gold dem Wasser
> wiedergebest
> und ewig es bliebe ihr Eigen.

Würde Loge mit der Tat das Ziel verfolgen, den Rheintöchtern das Gold zurückzugeben, müßte man prüfen, ob die Erpressung ein den guten Sitten nicht widerstreitendes Mittel ist, einen rechtmäßigen Zustand wiederherzustellen. Loge hätte auch keine Bereicherung von sich oder einem Dritten im Sinn, wenn er die Sache dem rechtmäßigen Eigentümer wiedergeben wollte. Man müßte bei dieser Betrachtung allerdings davon ausgehen, daß Loge nicht weiß, daß Alberich rechtmäßig in den Besitz des Goldes gekommen ist und damit weder Räuber, noch Dieb ist. Nur dann könnte man sagen, daß Loge der Vorsatz fehlt, jemanden unrechtmäßig zu bereichern.

Eine spätere Textstelle der zweiten Szene legt jedoch einen ganz anderen Schluß nahe. Danach wird ersichtlich, daß Loge zum Zeitpunkt der Tat nicht mehr von den achtenswerten Beweggründen geleitet war, eine ,,gestohlene" Sache dem Eigentümer zurückgeben zu wollen:

Wotan hatte nie die Absicht, das Rheingold an sich zu bringen, um es den Rheintöchtern wiederzugeben und erklärt dies auch offen. Er sieht auch nur seine eigene ,,große Not", die darin besteht, daß er über seine Verhältnisse lebt und sich nun auf irgendeine legale oder illegale Weise das Rheingold, den alternativen Werklohn für die Arbeit der Riesen, beschaffen muß.

> Wotan (zweite Szene):
>
> Mich selbst siehst du in Not:
> wie hülf ich andern zum Heil?

Spätestens als die Tat beschlossene Sache war, mußte Loge klar werden, welche Intentionen Wotan verfolgte.

> Loge (zweite Szene):
>
> Die Rheintöchter
> riefen dich an:
> so dürfen Erhörung sie hoffen?

Wotan:

𝔖𝔠𝔥𝔴𝔢𝔦𝔤𝔢, 𝔖𝔠𝔥𝔴ä𝔱𝔷𝔢𝔯!
𝔉𝔯𝔢𝔦𝔞, 𝔡𝔦𝔢 𝔤𝔲𝔱𝔢,
𝔉𝔯𝔢𝔦𝔞 𝔤𝔦𝔩𝔱 𝔢𝔰 𝔷𝔲 𝔩ö𝔰𝔢𝔫.

Loge beteiligt sich dennoch an der Tat, obwohl er nun weiß, daß sie einem ganz anderen Zweck dient, als er ursprünglich vorgeschlagen hatte. Er findet sich offenbar mit der Tatsache ab, daß das nunmehrige Ziel der Abnötigung des Goldes eine unrechtmäßige Bereicherung sein soll. Loge könnte daher nicht mehr glaubhaft machen, ohne Bereicherungsvorsatz gehandelt zu haben und auch der Rechtfertigungsgrund des § 144 Abs 2 StGB entfällt damit. Dem schlechten Einfluß Wotans kann auch der geschickte Loge nicht entfliehen und gerät in den Sog der Kriminalität seines Vorgesetzten.

In Anbetracht der schwerwiegenden Begleitumstände wird sogar an eine schwere Erpressung (§ 145 Abs 1 StGB) zu denken sein, wenn die Tat Wotans und Loges Alberich mit der Vernichtung seiner gesellschaftlichen Stellung bedroht (§ 145 Abs 1 Z 1 StGB).

Die sehr weiträumige Generalklausel bedarf nach der Rechtsprechung aber einer restriktiven Auslegung[178]. Unter gesellschaftlicher Stellung ist die Wertschätzung zu verstehen, die jemand in seiner sozialen Umwelt genießt[179]. Alberich hat sich durch die Macht des Ringes die Herrschaft über die Nibelungen verschafft. Die Nibelungen werden zu Unterdrückten, deren Aufgabe nur darin besteht, unter Zwang für ihren Herrn nach Gold zu schürfen.

Durch den Verlust des Ringes verliert Alberich die Möglichkeit, in despotischer Weise seine Macht auszuüben. Die Nibelungen werden damit eigentlich von ihrer Unterdrückung befreit. Alberich besitzt nie eine gesellschaftliche Stellung, die auf einer Wertschätzung, welche ihm seine soziale Umwelt entgegenbringt, aufbaut. Von den unterdrückten Nibelungen wird er nicht geschätzt, sondern als Herrscher gefürchtet. Alberich wird sein Machteinfluß genommen, nicht aber seine gesellschaftliche Stellung im oben genannten Sinn. Weiters ist für den Verlust der Macht nicht die Herausgabe des Hortes verantwortlich, sondern nur die Wegnahme des Ringes. Die Macht ist an den Besitz des Reifes gebunden, der diese symbolisch ausdrückt.

Wotan ist zwar der Meinung, daß der Ring Bestandteil des Hortes ist, er erlangt diesen aber nicht durch Erpressung, sondern nur, indem er ihn

---

178 EvBl 1983/9; SSt 47/61; *Kienapfel* BT II³ § 145 Rz 5.
179 *Leukauf/Steininger* StGB³ § 145 Rz 3 mit Verweis auf § 106 Rz 4.

Alberich entreißt, was keine Erpressung sondern, wie noch zu zeigen sein wird, einen Raub (§ 142 StGB) darstellt.

Die Freiheitsentziehung (§ 99 Abs 1 StGB) in Form der Fesselung Alberichs war das bei der Erpressung angewendete Mittel (§ 144 StGB) und wird daher von diesem Tatbestand konsumiert[180].

Wotan und Loge haben daher für das gewaltsame Erlangen des Hortes „nur" Erpressung (§ 144 StGB) zu verantworten.

Der Raub des Tarnhelms durch Loge

Hat man erst ein Opfer, so soll auch ganze Arbeit geleistet werden. Es gilt, die Vorteile aus der Tat zu maximieren. Unter diesem Motto scheint nun offensichtlich Loges Handlungsweise zu stehen, nachdem er sein hehres Ziel, den Rheintöchtern zu helfen, aufgegeben hatte. Die Hemmschwelle zur Kriminalität hat er nun endgültig überwunden.

Im Zuge der Überwältigung Alberichs am Ende der dritten Szene bemächtigt sich Loge auch des Tarnhelms, indem er ihn dem Wehrlosen vom Kopf zieht. In der vierten Szene wirft er den Helm auf den schon herbeigeschafften Hort. Es liegt ihm auch nicht mehr sehr viel daran, seine Handlungsweise überzeugend zu rechtfertigen.

Alberich:
Und das Helmgeschmeid,
das Loge dort hält,
das gebt mir nun gütlich zurück!

Loge *(den Tarnhelm zum Horte werfend):*
Zur Buße gehört auch die Beute.

Das Gewaltmittel, dessen sich Loge zur Erlangung des Tarnhelms bedient, ist die Überwältigung Alberichs und dessen Fesselung. Die Tatsache, daß das Hauptziel der Gewaltanwendung die spätere Abnötigung des Goldes ist, ist unerheblich, da im konkreten Fall mehrere Dinge durch eine Gewaltanwendung auf verschiedene Weise Alberich entzogen werden. Bezogen auf den Tarnhelm zielt die Gewaltanwendung auf sofortigen Übergang in die Verfügungsgewalt des Angreifers ab und ist damit nicht als Erpressung, sondern als Raub (§ 142 StGB) zu werten. Am Berei-

---

180 EvBl 1968/167; EvBl 1962/102; EvBl 1974/200; EvBl 1978/82.

cherungsvorsatz Loges besteht in dem Moment, in dem er den Tarnhelm als Beutestück ansieht, kein Zweifel mehr. Er hat für die Wegnahme des Helms Raub (§ 142 StGB) zu verantworten.

Hinsichtlich des Hortes ist dieser unmittelbare zeitliche Zusammenhang zwischen der Gewaltausübung und der Herrschaftserlangung über die Sache nicht gegeben. Daher wurde der Hort von Loge zusammen mit Wotan durch Erpressung (§ 144 StGB) erlangt.

Wotans Umverteilung der Macht

Nach Abnötigen des Hortes versucht Wotan Alberich auch noch zur Herausgabe des Ringes, den dieser am Finger trägt, zu zwingen, indem er eine Freilassung erst dann in Aussicht stellt, wenn auch dieser ihm überlassen worden ist.

> Wotan:
>
> Ein goldner Ring
> ragt dir am Finger:
> hörst du, Alp?
> Der, acht ich, gehört mit zum Hort.
> Zu deiner Lösung
> mußt du ihn lassen.

Alberich ist nach der Aufgabe des Hortes nicht bereit, auch noch den Ring Wotan zu geben. Die Macht des Ringes ist das einzige, was er noch besitzt. Würde er ihn verlieren, könnte er aus dem Fluch über die Liebe keinen Nutzen mehr ziehen. Spätestens an dieser Stelle müßte Alberichs Verzweiflung im Zuseher Mitleid erregen.

> Alberich:
>
> Das Leben - doch nicht den Ring!

Wotan will sich weitere Diskussionen ersparen und bemächtigt sich des begehrten Stückes, indem er Alberich mit Gewalt den Ring vom Finger zieht[181]. Dem Zwerg ist damit die Macht gänzlich genommen. Die Gefahr für Wotans herrschaftliche Stellung, die auf Verträgen ruht, ist damit

---

181   Wotan:
        Her den Ring!
        Kein Recht an ihm
        schwörst du schwatzend dir zu.
        (Er ergreift Alberich und entzieht seinem Finger mit heftiger Gewalt den Ring.)

gebannt. Den Ring als Symbol der Macht des Goldes hält er jedoch nur kurz in Händen. Er wird ihm von den Riesen wieder abgenommen, die damit aber keine Machtambitionen verfolgen. Durch die „Umverteilung" Wotans und Loges ist der status quo wiederhergestellt. Das Gebäude des hierarchischen Gesellschaftsgefüges, das durch das heftige Beben an der sozialen Basis ins Wanken geraten war, konnte vor dem „Einsturz" bewahrt werden.

Alberich verliert alles, was er besessen hat. Er steht nun schlechter da, als am Beginn der ersten Szene, denn zu jenem Zeitpunkt hatte er zumindest noch nicht die Liebe für das Erlangen der Macht eingetauscht. Wotan, als Vertreter des bestehenden Systems hat sich, wenngleich mit kriminellen Mitteln, durchgesetzt und seinen Herrschaftsstatus behaupten können.

Die Zueignung des Ringes ist nicht von der Erpressung umfaßt, da das eingesetzte Nötigungsmittel, die Freiheitsentziehung, nur zur Aufgabe des Hortes führte, Alberich aber nicht zur Herausgabe des Ringes bewegen konnte. Der Ring wurde unter Einsatz weiterer physischer Kraft zur Überwindung des vom Sachinhaber entgegengebrachten Widerstandes entzogen. Bei Beurteilung der Frage, ob die eingesetzte Gewalt über der von Lehre und Rechtsprechung verlangten Erheblichkeitsschwelle liegt, wird man berücksichtigen müssen, daß Alberich noch immer an Händen und Füßen gefesselt ist und damit kaum Widerstand zu leisten vermag. Wotan muß daher keine allzu große zusätzliche Kraft aufwenden, um in den Besitz des Ringes zu gelangen. Der Bereicherungsvorsatz ist zweifellos auch hinsichtlich des Ringes gegeben.

Wotan hat neben der erpresserischen Erlangung des Hortes auch noch den Raub des Ringes nach § 142 StGB strafrechtlich zu verantworten.

Stolz auf seine grandiosen Straftaten hält Wotan nun in der Hand, was ihn zum „der Mächtigen mächtigsten Herrn" erhebt.

> Wotan *(den Ring betrachtend):*
>
> Nun halt ich, was mich erhebt,
> der Mächtigen mächtigsten Herrn!
>
> *(Er steckt den Ring an.)*

Doch alle Macht ist vergänglich und nach Alberich wird auch Wotan bald zu dieser Erkenntnis gelangen müssen.

Des Zwerges Unrecht wiegt schwer:
Er hat die Macht der Mächtigen in Frage gestellt

Zahltag

Durch Erpressung und Raub haben sich Wotan und Loge in den Besitz von Hort, Ring und Tarnhelm gesetzt. Wotan ist nun in der Lage, seinen feudalen Herrschaftssitz bar zu bezahlen und Freia auszulösen. Für den mittellosen Gott ein sehr günstiges Geschäft, denn die Errichtung des monumentalen Bauwerkes hat ihn somit gar nichts gekostet. Die unfreiwilligen Finanziers des Prunkbaues sind Alberich und indirekt die Schar der fleißigen Nibelungen, die das Gold, wenngleich ohne eigenen Vorteil, zutage befördert haben. Dieser Lauf der Geschehnisse sollte eigentlich nicht ungewöhnlich erscheinen: Repräsentationsbauten wurden in jeder Epoche der Geschichte regelmäßig von der Masse der arbeitenden Bevölkerung finanziert. Ob diese damit einverstanden waren oder daraus einen Nutzen ziehen konnten, war und ist auch heute nicht entscheidend.

Anlaß für die kriminellen Machenschaften Wotans haben die Riesen Fasolt und Fafner gegeben. Sie gewährten Wotan die Option, anstatt des ursprünglich vereinbarten Werklohnes das Rheingold zu leisten. Da Wotan diese Alternativleistung nicht selbst besaß, was den Riesen bekannt war, mußte er sie erst beschaffen. Es drängt sich daher die Frage auf, ob auch die Riesen für Wotans Straftaten zur Verantwortung gezogen werden können. Dies wäre der Fall, wenn sie Wotan zu seinen Taten angestiftet hätten.

Täter des Deliktes ist nach § 12 StGB nicht nur derjenige, der die Tat unmittelbar ausführt, sondern auch jener, der einen anderen vorsätzlich zur Tat veranlaßt (bestimmt). Die Art und Weise, wie jemand zu einer Tat angestiftet (bestimmt) wird, ist nicht entscheidend. Es reicht aus, wenn durch Überredung, Bitte, Drohung oder ein anderes derartiges Mittel der Anstoß zur Tatausführung gegeben wird[182].

Fafner und Fasolt erklären sich in der zweiten Szene bereit, das Gold Alberichs als Werklohn zu akzeptieren. Sie wissen, daß Wotan nicht Besitzer des Rheingoldes ist, doch muß sich damit notwendigerweise noch kein krimineller Hintergedanke verbinden. Fafner ist es grundsätzlich vollkommen gleichgültig, wie Wotan in den Besitz des Goldes gelangt. Wotans Geschäftspraktiken haben sich aber offensichtlich bereits herumgesprochen:

Fafner zu Wotan (zweite Szene):

> leicht wird's dir
> mit list'ger Gewalt,
> was im Neidspiel nie uns gelang,
> den Nibelungen fest zu fahn.

---

182 *Kienapfel* JBl 1974, 182; *Triffterer* Beteiligungslehre, 73; *Leukauf/Steininger* StGB³ § 12 Rz 30.

Gute Menschenkenntnis läßt Fafner gleich vermuten, daß Wotan nur auf illegalem Wege versuchen werde, in den Besitz des Goldes zu gelangen. Er steht dabei einer Gewaltanwendung nicht ablehnend gegenüber, sieht er doch darin eine willkommene Gelegenheit, des Zwerges Herr zu werden, indem dieser durch einen anderen mit ,,listiger Gewalt" gefangen wird. Die Riesen würden darin auch ein Vorhaben verwirklicht sehen, das ihnen selbst in ihrer Einfalt gegenüber dem listigen Zwerg nie glückte.

Der allgemein gehaltenen Äußerung Fafners ist aber kein Hinweis zu entnehmen, daß Wotan zu einer konkreten Straftat veranlaßt werden sollte. Einzig aufgrund seiner bisherigen Erfahrungen hält Fafner es offensichtlich ernstlich für möglich, daß Wotan versuchen werde, mit Gewalt das geforderte Gold zu erlangen. Kurz davor mußten Fasolt und Fafner beinahe selbst am eigenen Leib erfahren, daß im edlen Kreise der Götter Schulden am liebsten mit Gewalt beglichen werden:

> Donner (zweite Szene):
> Schon oft zahlt' ich
> Riesen den Zoll;
> Des Lohnes Last
> wäg ich mit gutem Gewicht!
> *(Er schwingt den Hammer.)*

Mit der kriminellen Veranlagung der Götter finden sich die Riesen ab und veranlassen so zumindest mit bedingtem Vorsatz Wotan zur Ausführung einer Gewalttat. Dies allein reicht jedoch noch nicht aus, um Fafner auch für die später von Wotan und Loge gemeinsam ausgeführte Erpressung bzw den Raub verantwortlich zu machen. Fafner müßte bereits eine konkrete Vorstellung von der Straftat haben, zu der er Wotan veranlassen will. Der Vorsatz Fafners müßte darauf gerichtet sein, Wotan zu einer individuell bestimmten strafbaren Handlung zu verleiten. Dafür ist Voraussetzung, daß das zu begehende Delikt zumindest der Art nach und in groben Umrissen in der Vorstellung des Riesen vorhanden ist[183]. Nur Zeit und Ort der Begehung, sowie sonstige Einzelheiten der Tatausführung müssen noch nicht im Detail bekannt sein.

Dem Wortlaut nach bestimmt Fafner Wotan nur dazu, Alberich ,,mit listiger Gewalt zu fangen". Diesen Teil der Tat führen Wotan und Loge in der dritten Szene auch aus, indem sie den Zwerg in einem unaufmerksamen Augenblick überwältigen und fesseln. Die Freiheitsentziehung kann aber allein nie ausreichend sein um in den Besitz des Hortes zu gelangen,

---

[183] *Triffterer* AT², 405; *Kienapfel* JBl 1974, 183; EvBl 1973/108; EvBl 1976/287; EvBl 1977/34; EvBl 1979/230; SSt 47/30; JBl 1978, 103.

was Fafner auch wissen muß. Die zitierte Textstelle wird demnach nur so zu interpretieren sein, daß die Riesen eine günstige Gelegenheit sehen, Alberich einen Denkzettel, gleich in welcher Form, durch Wotan verpassen zu lassen. ,,Listige" Gewalt ist dabei nicht notwendigerweise mit ,,körperlicher" Gewalt gleichzusetzen. Nach den Erfahrungen, welche die Riesen mit Wotan als Vertragspartner gemacht haben, denken sie wahrscheinlich eher an Wotans Geschick, listig Verträge zu schließen, die dann unter einem bestimmten Vorwand nicht eingehalten werden.

Hinsichtlich der Straftaten, die Wotan zur Erlangung des Rheingoldes ausführte, hatte Fafner keine konkrete Vorstellung. Daher hatte er Wotan dazu auch nicht bestimmt. Der Riese sieht es auch nicht als seine Aufgabe an, sich Gedanken darüber zu machen, wie Wotan das Gold zur Bezahlung seiner Schulden aufbringt. Die Sorge, leer auszugehen, haben die Riesen nicht, da ihnen Freia als ursprünglich vereinbarte Leistung bereits sicher ist. Das Rheingold stellt nur eine Alternativleistung dar, welche die Riesen kulanterweise bereit sind, im Austausch für Freia zu akzeptieren. Würde Wotan das Gold, gleich auf welche Art und Weise, nicht erlangen können oder wollen, bliebe es beim ursprünglich vereinbarten Werklohn.

Die Riesen hoffen nur, daß Wotan des schlauen Zwerges Herr würde und ihm, wenn möglich, eine Lehre erteilt. Nicht ungelegen käme es ihnen, wenn Alberich Gold und Macht verliert und sie sich so zukünftigen Ärger ersparen. Es verbindet sich damit das wohl legitime Interesse der friedliebenden Riesen, die Machenschaften potentieller Störenfriede rechtzeitig zu erkennen und zu unterbinden. Wenn dies noch dazu von einem anderen erledigt wird, kann ihnen das nur recht sein.

Fasolt (zweite Szene):

Nicht gönn ich das Gold dem Alben,
viel Not schon schuf uns der Niblung,
doch schlau entschlüpfte unserm
Zwange immer der Zwerg.

Fafner:

Neue Neidtat
sinnt uns der Niblung,
gibt das Gold ihm Macht.

Man kann in den Worten der Riesen zwar eine Aufforderung Wotans zur Ausführung irgendeiner, wenn möglich mit Gewalt verbundenen, strafbaren Handlung sehen, die Äußerung Fafners ist aber viel zu vage, darin eine Anstiftung zur Begehung eines bestimmten Delikts (§ 12 StGB 2. Alt) erblicken zu können.

Als Anstifter bzw Bestimmungstäter für die von Wotan verübten Delikte kommen Fafner und Fasolt daher nicht in Betracht.

Strafbar macht sich zwar auch, wer nur ganz allgemein zu strafbaren Handlungen auffordert (§ 282 Abs 1 StGB), doch müßte eine solche Aufforderung an eine breite Öffentlichkeit gerichtet sein[184]. Fafners Worte richten sich ausschließlich an Wotan. Eine Verantwortung nach § 282 StGB scheidet demnach ebenso aus.

Die Riesen als Hehler des Rheingoldes

Hehlerei (§ 164 StGB) ist eine Anschlußtat und setzt demgemäß die Begehung eines Vordeliktes durch einen anderen als den Hehler selbst voraus[185]. Tatobjekt der Hehlerei ist eine Sache, die durch eine Straftat gegen fremdes Vermögen als sogenannte Vortat erlangt wurde (§ 164 Abs 1 StGB)[186]. Alberichs Hort haben sich Loge und Wotan durch Erpressung verschafft. Ring und Tarnhelm wurden durch Raub in Besitz genommen. Sowohl Raub (§ 142 StGB), als auch Erpressung (§ 144 StGB) können als solche Vortaten angesehen werden[187]. Hort, Ring und Tarnhelm sind daher im konkreten Fall hehlereitaugliche Gegenstände.

Den Riesen werden in der vierten Szene die auf diese Weise erlangten Beutestücke als Werklohn für den Bau der Burg übergeben. Fasolt und Fafner bringen damit hehlereitaugliche Sachen an sich (§ 164 Abs 2 StGB)[188].

Strafbar handeln die Riesen aber nur, wenn ihnen auch bewußt ist, daß es sich beim Rheingold um eine Sache handelt, welche der Vortäter (Wotan) durch eine mit Strafe bedrohte Handlung gegen fremdes Vermögen erlangt hat. Es reicht aus, wenn der Hehler (Fasolt und Fafner) es nur ernstlich für möglich hält, daß die Gegenstände aus einer Straftat herrühren könnten und sich damit abfindet (dolus eventualis)[189].

Fasolt und insbesondere Fafner gingen offensichtlich davon aus, daß Wotan auf illegalem Weg versuchen werde, sich des Hortes zu bemächtigen. Damit ist aber, wie oben dargestellt, nicht gesagt, daß sie an eine konkrete Straftat und damit an eine für die Hehlerei relevante Vortat gedacht haben. Die Illegalität könnte auch darin bestehen, daß Wotan

---

184 *Foregger/Kodek* StGB⁶ § 282 Erl I.
185 *Kienapfel* BT II³, § 164 Rz 5.
186 *Kienapfel* BT II³, § 164 Rz 31; *Foregger/Kodek* StGB⁶ § 164 Erl I; *Bertel/Schwaighofer* BT I⁵ § 164 Rz 1.
187 *Foregger/Kodek* StGB⁶ § 164 Erl I.
188 *Bertel/Schwaighofer* BT I⁵ § 164 Rz 3.
189 *Bertel/Schwaighofer* BT I⁵ § 164 Rz 6.

einen sittenwidrigen Vertrag mit Alberich schließt, was für den Hüter der Verträge nichts Ungewöhnliches wäre.

Die bloße Vermutung, daß das Gold auch durch eine Straftat erlangt worden sein könnte, reicht nicht aus, um die Riesen wegen Hehlerei zur Verantwortung zu ziehen. Die reine Vermutung kann nur Ausgangspunkt für bedingt vorsätzliches oder bewußt fahrlässiges Handeln sein[190]. Die Entscheidung nach der einen oder anderen Richtung erfolgt erst mit der Fortsetzung des Willensbildungsprozesses[191]. Der bewußt fahrlässig handelnde Täter vertraut darauf, daß die Sache aus keiner strafbaren Vortat stammt. Demgegenüber entschließt sich der bedingt vorsätzlich Handelnde zur Tat, weil er einen das gesetzliche Tatbild verwirklichenden Ablauf der Ereignisse hinzunehmen gewillt ist[192].

Fasolt und Fafner ist die Herkunft des Goldes vollkommen gleichgültig. Der Text enthält keine Anhaltspunkte dafür, daß den Riesen bekannt gemacht worden wäre, auf welche Art und Weise man das Rheingold beschafft hat. Sie erscheinen erst am Ort des Geschehens, als Alberich bereits freigelassen und verschwunden ist.

Immerhin schließen sie ein Geschäft mit dem „Hüter der Verträge" ab. Die Vertragskunst Wotans ist ihnen zwar nach schlechten eigenen Erfahrungen suspekt, es liegt ihnen aber wohl fern zu unterstellen, daß sich der oberste Gott auch mit strafbaren Mitteln seine Vorteile verschaffen würde.

Den Riesen könnte höchstens vorgeworfen werden, daß sie fahrlässigerweise darauf vertraut haben, daß das Gold von Wotan redlich oder zumindest nicht auf strafbare Weise erlangt worden sei, eine Strafbarkeit wegen Hehlerei wird damit aber nicht begründet.

Die Schwierigkeit des Teilens

Nachdem Alberich Rheingold und Ring gewaltsam abgenötigt worden waren, verflucht er den Ring. Der Ring hat ihm für kurze Zeit Macht und Reichtum gebracht, Glück hat er damit aber nicht finden können, sondern nur Neid und Haß anderer heraufbeschworen. Neid und Haß gaben Anlaß dafür, daß man alles daran gesetzt hatte, ihn zu entmachten. In dauernder Furcht vor mißgünstigen Neidern mußte Alberich danach trachten, sich vor bisher nicht gekannten Feinden zu schützen. Der Tarnhelm war Symbol dafür. Dennoch ist es Wotan und Loge gelungen, ihn zu überwältigen und seiner Macht zu berauben. Alberich hat alles verloren und steht,

---
190 SSt 47/62; EvBl 1975/282; EvBl 1976/251.
191 SSt 47/62.
192 EvBl 1975/282.

nachdem ihm nun die Verachtung des Volkes der Nibelungen gewiß ist, schlechter da als vorher. Die bittere Erfahrung, welche der Zwerg machen mußte, soll in Zukunft auch allen anderen nicht erspart bleiben, die der Macht des Goldes erliegen. Das Glück, das Alberich in Macht und Reichtum gesucht und nicht gefunden hat, soll auch für andere verschlossen bleiben. Im Fluch Alberichs findet das Rheingold seinen dramatischen Höhepunkt.

> Alberich:
> Wie durch Fluch er mir geriet,
> verflucht sei dieser Ring!
> Gab sein Gold
> mir Macht ohne Maß,
> nun zeug' sein Zauber
> Tod dem, der ihn trägt!
> Kein Froher soll
> seiner sich freun;
> keinem Glücklichen lache
> sein lichter Glanz!
> Wer ihn besitzt,
> den sehre die Sorge,
> und wer ihn nicht hat,
> den nage der Neid!
> Jeder giere
> nach seinem Gut,
> doch keiner genieße
> mit Nutzen sein!
> Ohne Wucher hüt' ihn sein Herr,
> doch den Würger zieh' er ihm zu!
> Dem Tode verfallen,
> feßle den Feigen die Furcht;
> solang er lebt,
> sterb' er lechzend dahin,
> des Ringes Herr
> als des Ringes Knecht:
> bis in meiner Hand
> den geraubten wieder ich halte!

Es dauert nicht lange, bis die Gier nach Gold ihr erstes Opfer fordert. Am Ende der vierten Szene erschlägt Fafner im Streit um die Aufteilung des Hortes seinen Bruder Fasolt. So wie der Kampf um Macht und Reichtum Wotan und Loge zu Kriminellen gemacht hat, ist nun auch Fafner aus Gier zum Mörder seines eigenen Bruders geworden.

Fafner *(nachdem er Fasolt erschlagen hatte):*
> Nun blinzle nach Freias Blick:
> an den Reif rührst du nicht mehr!

Fasolt ist aber nur das erste Opfer im Kampf um das Rheingold und den Ring. Die Gier nach dem Gold läßt Wotan jegliche Hemmschwelle überwinden. Er setzt alles daran, den Ring und damit einen Teil des gezahlten Werklohnes wieder zurückzuerlangen. Jede seiner weiteren Handlungsweisen bringt ihn jedoch nur dem Ende seiner Herrschaft einen Schritt näher.

In einem triumphalen Schluß, gleich einer letzten Dokumentation des bereits moralisch verwirkten Herrschaftsanspruches zieht die ehrenwerte Gesellschaft der Götter in die nunmehr bezahlte Burg ein. Es ist ein Rückzug hinter vermeintlich schützende Mauern, die den vorgezeichneten Untergang jedoch nicht aufhalten können. Die ,,Götterdämmerung" dämmert herauf. Der Weiseste unter ihnen erkennt dies bereits[193].

Loge:
> Ihrem Ende eilen sie zu,
> die so stark im Bestehen sich wähnen.
> Fast schäm ich mich,
> mit ihnen zu schaffen.

---

193 Der triumphale musikalische Schluß ist zweideutig und es bleibt zu bezweifeln, ob sich die Hoffnung Richard Wagners (Brief an August Röckel vom 25., 26 Januar 1854) bewahrheitet, daß auch der ,,nicht grübelnde und abwägende" Zuhörer seinen tieferen Sinn und damit die Prophezeiung Loges richtig versteht.

Erster Tag

Die Walküre

Erster Aufzug

Die Fehde als Reaktion der Sippe auf Verbrechen

Fafner hält nun den Ring, Symbol für Macht und Reichtum, sowie den bereits angehäuften Hort in Händen. Im Bewußtsein, welches Unheil damit verbunden ist und welche Opfer die Gier danach bereits gefordert hat – immerhin hat er selbst seinen Bruder Fasolt des Goldes wegen erschlagen – zieht er sich in die Einsamkeit zurück und zeigt kein Bestreben, die gewonnene Macht zu nützen und auszubauen. Zum riesigen Drachen verwandelt, bewacht Fafner vielmehr den Hort vor dem Zugriff der Gierigen, bis ihn ein gänzlich unbekümmerter Held „aus Spaß" tötet (Siegfried, Zweiter Aufzug).

Fafner (Siegfried, II. Aufzug, zweite Szene, *sterbend zu Siegfried*):

> Der Riesen ragend Geschlecht,
> Fasolt und Fafner,
> die Brüder, fielen nun beide.
> Um verfluchtes Gold,
> von Göttern vergabt,
> traf ich Fasolt zu Tod.
> Der nun als Wurm
> den Hort bewachte,
> Fafner, den letzten Riesen,
> fällte ein rosiger Held.

Nach dem dramatischen Ende des Rheingoldes könnte eigentlich wieder Ruhe und Frieden einkehren, würde man Fafner mit seinem gewonnenen Reichtum selig werden lassen. Wotan setzt jedoch in seinen unersättlichen Machtbestrebungen alles daran, wieder in den Besitz des Ringes zu gelangen. Die Tatsache, daß mit dem Ring ein Teil des Werklohnes der Riesen beglichen wurde, kümmert den „Hüter der Verträge" wenig. Selbst die fatalen Folgen, welche mit der blinden Gier nach Gold verbunden sind und die ihm bereits mehr als deutlich vor Augen geführt wurden, schrecken ihn nicht. Auch den wissenden Rat der Erda (Rheingold, vierte Szene), die ihn vor dem bevorstehenden Untergang der Götter gewarnt und beschwört hatte, den Ring zu meiden, schlägt Wotan in den Wind. Sogar der einfältige Riese Fafner scheint den obersten Gott an Weisheit zu übertreffen. Ihm war der Mord an seinem Bruder zumindest eine Lehre, wenngleich er durch den Rückzug aus dem Geschehen sein eigenes Ende nicht abwenden kann.

Nach dem Rheingold als Vorspiel schildern die folgenden Teile der Tetralogie, Walküre und Siegfried, die fragwürdigen Methoden, mit denen Wotan nun versucht, Gold und Ring wieder zu erlangen. Bemerkenswert sind die unvermuteten Skrupel vor eigenhändigem kriminellen Handeln, die Wotan plötzlich zu plagen scheinen. Er sieht sich außer Stande, selbst Fafner den Ring zu entwenden. Ein so offensichtlicher Vertragsbruch würde wohl gänzlich das bereits sehr in Mitleidenschaft gezogene Selbstbildnis des Rechtschaffenen zerstören.

Wotan (II. Aufzug, zweite Szene):
Fafner hütet den Hort,
um den er den Bruder gefällt.
Ihm müßt' ich den Reif entringen,
den selbst als Zoll ich ihm zahlte.
Doch mit dem ich vertrug,
ihn darf ich nicht treffen;
machtlos vor ihm
erläge mein Mut:
Das sind die Bande,
die mich binden:
der durch Verträge ich Herr,
den Verträgen bin ich nun Knecht.

Um den Schein zu wahren, muß sich Wotan eines Handlangers bedienen. Was liegt näher, als den Qualitäten der eigenen Sprößlinge zu vertrauen? Wotans Wahl fällt daher zuerst auf seinen Sohn Siegmund und dann, nachdem dieser sich als untaugliches Deliktssubjekt erwiesen hatte, auf seinen Enkel Siegfried. Obwohl Wotans Macht auf Verträgen aufgebaut ist, sind ihm vertragliche Bindungen mittlerweile zur Last geworden. Er sieht sich als Knecht seiner eigenen Verträge. Auf das Mitgefühl seiner betrogenen Vertragspartner wird er jedoch nicht hoffen dürfen. Die Lebenserfahrung hat Wotan gelehrt, daß der kriminelle Weg zur Macht der leichtere und schnellere ist.

Das Bühnenfestspiel des „Ersten Tages", die Walküre, schildert die Art und Weise, in der Siegmund als Werkzeug eingesetzt werden soll, um für Wotan den Ring zurückzugewinnen. Die Handlung des Rheingoldes

Die Fehde als Reaktion der Sippe auf Verbrechen

Die Last der Verträge

spielt in einer fiktiven Welt, der Welt der Riesen, Zwerge und Götter. In der Walküre hingegen treibt Siegmund, der Sohn Wotans, sein Unwesen unter den Menschen. Unangepaßt an jegliche sittliche und rechtliche Ordnung geht er seinen Weg und zieht sich dabei den Haß seines Umfeldes zu.

Mehrere Anhaltspunkte deuten darauf hin, daß sich das Geschehen in germanischer Urzeit abspielt. Wagner nimmt nicht nur in der Begriffswahl (Sippe, Fehde, etc), sondern auch durch die detaillierte Schilderung germanischer Rechtsvorgänge auf diesen historischen Zeitabschnitt Bezug. Die Argumentation, mit der einzelne Akteure ihre Handlungsweisen zu rechtfertigen suchen, wäre zu damaliger Zeit teilweise juristisch nachvollziehbar und sogar stichhaltig gewesen.

Retrospektiv wird im ersten Aufzug der Walküre von Siegmund, Sieglinde und Hunding ein Geschehen der Vergangenheit geschildert. Diese erzählten Ereignisse geben Anlaß für den weiteren Handlungsverlauf und sollen es ermöglichen, die agierenden Personen charakterlich richtig einzuschätzen.

Siegmund ist der Sohn Wotans (in der Erzählung ,,Wolfe" oder ,,Wälse" genannt). Rechtliche oder sittliche Bindungen ignorierend schaffen sich beide durch ihre streitbare Art viele Feinde unter den benachbarten Sippen. Siegmund deklariert sich sogar ganz offen als notorischer Querulant:

>Siegmund (I. Aufzug, zweite Szene):
>
>>Was Rechtes je ich riet,
>>andern dünkte es arg,
>>was schlimm immer mir schien,
>>andere gaben ihm Gunst.
>>In Fehde fiel ich, wo ich mich fand,
>>Zorn traf mich, wohin ich zog;
>>gehrt' ich nach Wonne,
>>weckt' ich nur Weh:
>>...

>Hunding zu Siegmund:
>
>>Ich weiß ein wildes Geschlecht,
>>nicht heilig ist ihm,
>>was andern hehr:
>>verhaßt ist es allen und mir.

Mitleid heischend beteuert Siegmund, daß er deswegen nicht ,,Friedmund" heißen darf, was im Hinblick auf seine offen eingestandenen ,,Heldentaten" geradezu ein Hohn wäre. ,,Wehwalt" müsse er sich nennen, obwohl er eigentlich gerne ,,Frohwalt" sein würde:

Siegmund:

Friedmund darf ich nicht heißen;
Frohwalt möcht' ich wohl sein:
doch Wehwalt muß ich mich nennen.

Die von Wagner diesem Monolog unterlegte ,,unendliche Melodie" versucht im Zuhörer den Eindruck eines traurigen und verzweifelten Zeitgenossen noch zu verstärken. Wäre die Szene nicht so ergreifend, man könnte sie als Posse auffassen. Nachdem Siegmund am Ende des zweiten Aufzuges das ,,gerechte" Schicksal ereilt hatte, betrauert ein großer Teil des Publikums wohl den Tod eines tragischen Helden, eines Opfers seiner bösen Umwelt. Unbefangen betrachtet, sieht die ,,reale" Welt jedoch ganz anders aus:

Mangels eines staatlichen Systems, welches den Rechtsfrieden zu wahren und Rechtsbrüche zu verfolgen hatte, waren zu germanischer Zeit die Sippen auf sich allein gestellt, wollten sie ihr Recht durchsetzen. Eine Verletzung der allgemein anerkannten sittlichen und rechtlichen Ordnung hatte die Fehde zur Folge. Durch ihre Handlungsweisen fallen Wotan und Siegmund an jedem Ort, den sie heimsuchen, sogleich in Fehde. Endpunkt dieses kriminellen Treibens ist, daß sich die tyrannisierten Mitmenschen ihrer Unruhestifter entledigen, deren gemeinsame Behausung gewüstet, Siegmunds Mutter getötet und seine Schwester Sieglinde verschleppt wird. Als Geächteter flieht Siegmund mit seinem Vater in den Wald. Jeder langjährige Kriminelle sehnt sich jedoch nach einem ruhigen Lebensausklang und so macht sich Wotan eines Tages aus dem Staube und läßt seinen Sohn allein in einer ihm feindlich gesonnenen Umwelt zurück.

Nach germanischem Recht ist Siegmund ein Friedloser, der aufgrund seiner dem Gemeinschaftsleben unzuträglichen Verhaltensweise aus dem Rechtsverband ausgeschlossen worden ist. Er hat keine Sippe mehr, die hinter ihm steht und ist damit praktisch rechtlos[194]. Wer den allgemeinen Frieden gestört hat, sollte dieses Friedens auch selbst nicht länger teilhaftig sein[195]. Der Friedlose wird in älteren Volksrechten daher mit dem ,,Wolf" verglichen, dessen Zuflucht der wilde Wald ist[196]. Nicht ohne

---

194 *Kroeschell* Die Sippe im germanischen Recht ZRG germ Abt 77. Bd, 13; *Conrad* Deutsche Rechtsgeschichte Bd I², 30; *Planitz/Eckhardt* Deutsche Rechtsgeschichte⁴, 51; *Amira/Eckhardt* Germanisches Recht, Bd II⁴, 134.
195 *Hoke* Österreichische und deutsche Rechtsgeschichte, 25.

Grund gibt sich Siegmund daher als „Wölfing" aus und nennt „Wolfe" seinen Vater.

Siegmund zu Hunding (I. Aufzug, zweite Szene):

> Wolfe, der war mein Vater;
> zu zwei kam ich zur Welt
> .....
> Ein Wölfing kündet dir das,
> den als Wölfing mancher wohl kennt.

Der Friedlose war jedermann preisgegeben. Niemand durfte ihn hausen und hofen und es war religiöse Pflicht, den Feind des Volkes zu vernichten. Jedermann hatte den Friedlosen gleich einem Wolf zu töten[197].

Der Text enthält zwar einige Anhaltspunkte, die dafür sprechen, daß Siegmund unter Zugrundelegen germanischen Rechtsdenkens den Status eines Friedlosen hat, aus seinen Erzählungen geht jedoch nicht eindeutig hervor, worin der Grund für die Friedloserklärung gelegen war. Die Tatsache, daß er und sein Vater mit jedem in Fehde fielen, hat grundsätzlich nicht die Acht zur Folge. Friedlosigkeit war die Rechtsfolge auf eine Verletzung des Volksfriedens, welche dann vorlag, wenn sich ein Verbrechen gegen die Rechtsgüter des Volkes gerichtet hatte. Sie wurde meist feierlich am Volksthing verhängt[198]. Verbrechen in diesem Sinne waren einerseits Kultdelikte, wie Tempel- oder Leichenraub, Mord, Hoch- und Landesverrat, Heerflucht und andere Kriegsverbrechen, andererseits Taten „ehrloser Gesinnung", wie Notzucht, nächtlicher schwerer Diebstahl oder Brandstiftung[199].

Die von Siegmund geschilderten mehrmaligen Fehdefälle führen im Grunde nur zu einer Feindschaft zwischen den jeweiligen Sippen, nicht aber zu einem Ausschluß aus der Volksgemeinschaft. Fehde ist ehrlicher

---

196 Zur Auslegung des Wortes „wargus" (Wolf) als Bezeichnung für den Friedlosen: *Unruh* Wargus. Friedlosigkeit und magisch kultische Vorstellungen bei den Germanen, ZRG germ Abt 74. Bd, 4ff; *Amira/Eckhardt* Germanisches Recht, Bd II⁴, 134; *Schwerin/Thieme* Grundzüge der deutschen Rechtsgeschichte⁴, 29; *Brunner* Grundzüge der deutschen Rechtsgeschichte⁵, 19.

197 *Planitz/Eckhardt* Deutsche Rechtsgeschichte⁴, 62; *Amira/Eckhardt* Germanisches Recht, Bd II⁴, 135; *Mitteis/Lieberich* Deutsche Rechtsgeschichte¹⁹, 41; *Brunner* Grundzüge der deutschen Rechtsgeschichte⁵, 19; *Schwerin* Deutsche Rechtsgeschichte², 157; *Unruh* Wargus. Friedlosigkeit und magisch kultische Vorstellungen bei den Germanen, ZRG germ Abt 74. Bd, 3f, sieht kein Tötungsgebot gegeben. Es besteht nur ein Hilfsverbot (nicht einmal die Gattin durfte den Täter hausen und speisen).

198 *Planitz/Eckhardt* Deutsche Rechtsgeschichte⁴, 62; *Conrad* Deutsche Rechtsgeschichte Bd I², 50.

199 *Mitteis/Lieberich* Deutsche Rechtsgeschichte¹⁹, 40f.

Kampf, der Friedlose hingegen wird nicht im Kampf getötet, sondern ausgerottet, wie ein wildes Tier[200].

Aus dem Text läßt sich ein konkretes Verbrechen, das zur Friedlosigkeit führen hätte können, nicht entnehmen. Denkbar wäre nur, daß sich Wotan und Siegmund in so eklatanter Weise über die herrschende Gemeinschaftsordnung hinweggesetzt haben, daß der Volksfrieden dadurch gefährdet schien. Nach eigener Aussage sind beide offensichtlich mit jeder Sippe in Fehde gefallen und waren für die Volksgemeinschaft daher wohl untragbar.

Siegmund erzählt in der zweiten Szene von einer Frau, die gegen ihren Willen von der Sippe verehelicht werden sollte. Ein Vorgang, der zu germanischer Zeit im Hinblick auf die bereits ausgeführte Möglichkeit der Vertragsehe nicht ungewöhnlich und daher sozial akzeptiert war. Der Wille der Frau war dabei rechtlich unerheblich[201]. Obwohl nur unbeteiligter Zeuge dieses Vorganges, sieht sich Siegmund als notorischer Querulant natürlich sofort aufgefordert, in dieses Geschehen einzugreifen. Die Brautsippe versteht dies als unzulässige Einmischung in fremde Angelegenheiten, was in einer tätlichen Auseinandersetzung endet. Im Übereifer und unbeirrbar von der Richtigkeit seines Vorgehens überzeugt, provoziert Siegmund einen Kampf und tötet dabei mehrere Sippengenossen, die diese Verehelichung durchführen wollen. Die Unverhältnismäßigkeit dieser Reaktion ist bereits unverkennbares Zeichen eines gänzlich fehlenden Wertebewußtseins Siegmunds. Selbst wenn durch die zwangsweise Verehelichung gegen eine sittliche oder rechtliche Ordnung verstoßen worden wäre, würde dies nie eine ,,Hilfsmaßnahme" rechtfertigen, bei der mehrere Menschen den Tod finden.

Siegmund (I. Aufzug, zweite Szene):

Vermählen wollte
der Magen Sippe
dem Mann ohne Minne die Maid.
Wider den Zwang
zog ich zum Schutz,
der Dränger Troß
traf ich im Kampf:
dem Sieger sank der Feind.
Erschlagen lagen die Brüder

---

200 *Planitz/Eckhardt* Deutsche Rechtsgeschichte[4], 61; *Mitteis/Lieberich* Deutsche Rechtsgeschichte[19], 38f, 41; *Brunner* Grundzüge der deutschen Rechtsgeschichte[5], 18.

201 *Genzmer* Die germanische Sippe als Rechtsgebilde ZRG germ Abt 67. Bd, 35, spricht von einem Verlobungsrecht der Sippe über ihre weiblichen Angehörigen; *Schröder/Künßberg* Lehrbuch der deutschen Rechtsgeschichte[7], 75; *Planitz/Eckhardt* Deutsche Rechtsgeschichte[4], 55.

Voller Verwunderung berichtet Siegmund von der emotionalen Reaktion der zu „rettenden" Frau, die weinend ihre toten Brüder umschlingt und nun ihn, den „Retter", des Mordes anklagt.

> Siegmund (I. Aufzug, zweite Szene):
>
> Mit wilder Tränen Flut
> betroff sie weinend die Wal:
> um des Mordes der eignen Brüder
> klagte die unsel'ge Braut.

Die Melodielinie bricht an dieser Stelle ab und es folgt eine deutliche thematische Zäsur. Es scheint die verzweifelte Frage eines Menschen im Raum zu stehen, der sich unverstanden fühlt und die unvermutete Reaktion nicht begreifen kann.

Siegmund ist das klassische Beispiel eines Überzeugungsverbrechers. Er glaubt zu seiner Tat zwar nicht durch eine Rechtsnorm, aber durch ein von seinem Gewissen anerkanntes Gebot verpflichtet zu sein[202]. Siegmund erkennt das Unrecht nicht als Unrecht, da er nach seinen eigenen Rechts- und Wertvorstellungen handelt. Siegmund folgt dabei ganz der Lebensphilosophie seines Vaters, der ebenfalls den Streit sucht, wenn ihm danach ist:

> Wotan (II. Aufzug, erste Szene):
>
> Denn wo kühn Kräfte sich regen,
> da rat ich offen zum Krieg.

Statt „aufrichtiger Dankbarkeit", verfolgen Siegmund nun die Sippen der Erschlagenen, um Rache zu nehmen. Siegmund kann ihnen entfliehen und sucht Schutz in der Behausung Hundings. Erschöpft und ohne lang zu fragen, betritt er dessen spartanisches Heim und trifft dort auf die erstaunte Hausherrin, Sieglinde, welche allein zu Hause weilt.

Thematisch beginnt an dieser Stelle der erste Aufzug der Walküre. Siegmund weiß anfangs nicht, daß auch Hunding ein Angehöriger der ihn verfolgenden Sippe ist. Er hätte es sich denken können. Bei jemandem, der wie Siegmund in Fehde fällt, gleich wohin er sich begibt, ist die Wahrscheinlichkeit sehr groß auf eine Person zu treffen, mit dessen Sippe er gerade im Streit liegt. Auch Hunding, der erst später erscheint, ist sich anfangs nicht bewußt, welchen ungeliebten Gast er bei sich zu Hause

---

[202] *Seelig* Kriminologie³, 138f.

antrifft. Das Ungeschick eines gänzlich untalentierten Kriminellen, von Unerfahrenheit kann wohl nicht gesprochen werden, veranlaßt Siegmund, sofort dem Gastgeber seine Leidensgeschichte zu erzählen. Diese ist aber nichts anderes als ein Geständnis seiner Verbrechen. Hunding erkennt sogleich, daß gerade jener bei ihm Schutz sucht, den er im Namen der Sippe auffinden und töten soll, um die Ehre der Sippe zu rächen.

Hunding (I. Aufzug, zweite Szene):

> Zur Rache ward ich gerufen,
> Sühne zu nehmen
> für Sippenblut:
> zu spät kam ich
> und kehre nun heim,
> des flücht'gen Freulers Spur
> im eigenen Haus zu erspähn.

Nicht gerade angetan von seinem Besuch, jedoch in peinlicher Wahrung der Förmlichkeiten, gewährt Hunding Siegmund das Gastrecht für eine Nacht und fordert von ihm einen Zweikampf am nächsten Morgen. Es liegt darin ein Entgegenkommen, zu dem Hunding in keiner Weise verpflichtet ist und das auch vollkommen unverständlich erscheint. Wäre Siegmund als Friedloser geächtet gewesen, würde sich jeder, der ihn gastlich aufnimmt, sogar selbst strafbar machen[203]. Wagner scheint offensichtlich davon auszugehen, daß das germanische Gastrecht allen übrigen Verpflichtungen, selbst der Rache im Namen der Sippe, vorgeht.

Hunding (I. Aufzug, zweite Szene):

> Mein Haus hütet,
> Wölfing, dich heut;
> für die Nacht nahm ich dich auf;
> mit starker Waffe
> doch wehre dich morgen;
> zum Kampfe kies ich den Tag:
> für Tote zahlst du mir Zoll.

---

[203] *Amira/Eckhardt* Germanisches Recht, Bd II⁴, 135; *Planitz/Eckhardt* Deutsche Rechtsgeschichte⁴, 62; *Unruh* Wargus. Friedlosigkeit und magisch kultische Vorstellungen bei den Germanen, ZRG germ Abt 74. Bd, 3f.
Die Beherbergung müßte als Begünstigung nach der Tat verstanden werden. Durch die Hausung des friedlosen Täters würde Hunding sich selbst der Friedlosigkeit aussetzen.

Hunding ist Angehöriger jener Sippe, die durch Siegmunds Verbrechen verletzt worden ist. Die Sippengenossen waren im Altertum verpflichtet, einander in allen Nöten des Lebens zu helfen[204]. Die Sippe war Friedens- und Schutzverband. Wurde ein Verbrechen an einem Sippengenossen verübt, galt dies als Verbrechen an allen Gesippen. Sie hatten das Recht und die Pflicht zur Vergeltung. Die Gesippen trugen somit gemeinsam die Fehde[205].

Eine Strafe in unserem Sinn hat es im germanischen Recht nicht gegeben. Die germanische Rechtsordnung war eine Friedensordnung[206]. Ein Verbrechen brach diesen Frieden und führte zur Fehde[207]. Die Fehde war die rechtlich anerkannte Form der Rache der Sippe des Erschlagenen gegen die Tätersippe. Ihr Ziel war die Wiederherstellung der Sippenehre im Wege der Selbsthilfe[208]. Ursprünglich war dabei sogar jede Schädigung des Täters erlaubt. Wer in rechter Fehde erschlagen wurde, fiel bußlos und der Täter hatte kein Wergeld zu zahlen. Die Tat mußte aber kundlich gemacht werden, damit klargestellt war, daß sie nicht heimlich erfolgte und der Täter nicht dem Vorwurf eines rechtswidrigen Totschlags ausgesetzt werden konnte[209].

Nach germanischer Rechtsvorstellung hat Hunding das Recht, Siegmund zu töten. Er ist sogar verpflichtet, für die Verbrechen an seiner Sippe Rache zu nehmen. Außer Betracht bleiben kann dabei, ob Siegmund noch auf handhafter Tat angetroffen wurde oder ob die Tat bereits übernächtig ist. Hunding gibt vor, die Spur des Täters im eigenen Haus wiederzufinden. Dies würde dafür sprechen, daß Siegmund im Zuge der unmittelbar nach der Tat stattgefundenen Verfolgung gestellt wurde und sich somit noch auf handhafter Tat befindet[210]. Im Ergebnis ist dies gleichgültig, da

---

204 *Amira/Eckhardt* Germanisches Recht, Bd II[4], 66; *Planitz/Eckhardt* Deutsche Rechtsgeschichte[4], 51.
205 *Schwerin/Thieme* Grundzüge der deutschen Rechtsgeschichte[4], 19; *Brunner* Grundzüge der deutschen Rechtsgeschichte[5], 9; *Genzmer* Die germanische Sippe als Rechtsgebilde ZRG germ Abt 67. Bd, 34f, 41; *Kroeschell* Die Sippe im germanischen Recht ZRG germ Abt 77. Bd, 3; *Conrad* Deutsche Rechtsgeschichte Bd I[2], 47; *Amira/Eckhardt* Germanisches Recht, Bd II[4], 67; *Planitz/Eckhardt* Deutsche Rechtsgeschichte[4], 51.
206 *Planitz/Eckhardt* Deutsche Rechtsgeschichte[4], 61.
207 *Schröder/Künßberg* Lehrbuch der deutschen Rechtsgeschichte[7], 81.
208 *Conrad* Deutsche Rechtsgeschichte Bd I[2], 47; *Mitteis/Lieberich* Deutsche Rechtsgeschichte[19], 40; *Planitz/Eckhardt* Deutsche Rechtsgeschichte[4], 61.
209 *Meyer* Gerüft, Handhaftverfahren und Anefang ZRG germ Abt 37. Bd, 422; *Brunner* Grundzüge der deutschen Rechtsgeschichte[5], 19; *Planitz/Eckhardt* Deutsche Rechtsgeschichte[4], 61; *Mitteis/Lieberich* Deutsche Rechtsgeschichte[19], 39; *Conrad* Deutsche Rechtsgeschichte Bd I[2], 47.
210 *Meyer* Gerüft, Handhaftverfahren und Anefang; ZRG germ Abt 37. Bd, 390; *Genzmer* Die germanische Sippe als Rechtsgebilde ZRG germ Abt 67. Bd, 42; *Mitteis/Lieberich* Deutsche Rechtsgeschichte[19], 39.

jemand, der mehrere Sippengenossen auf dem Gewissen hat, in jedem Fall getötet werden durfte[211].

Das von Hunding zuerkannte Gastrecht für eine Nacht, sowie die faire Herausforderung zu einem Zweikampf stellen Entgegenkommen gegenüber dem Täter dar, welche in der damaligen Praxis wohl unüblich gewesen sein dürften. Nach germanischem Recht wäre es Hundings Pflicht gewesen, Siegmund sofort zu töten und damit Rache für die Verbrechen an seiner Sippe zu nehmen.

Legt man bei der rechtlichen Beurteilung des Geschehens der Walküre jene Rechtsvorstellungen zugrunde, die zur Zeit, in der sich die Handlung mutmaßlich abspielt, herrschend waren, zeigt sich, daß Hunding die Tötung Siegmunds (II. Aufzug, fünfte Szene) in jeder Hinsicht rechtfertigen kann. Nicht unerwähnt soll bleiben, daß Siegmund die Zeit bis zum angekündigten Zweikampf noch für einen Ehebruch mit Sieglinde, der Ehefrau Hundings nützt (I. Aufzug, dritte Szene). Im Haus des „Feindes" hat er nämlich gefunden, was er so lange gesucht hatte:

Siegmund zu Sieglinde (I. Aufzug, dritte Szene):

Was je ich ersehnt,
ersah ich in dir;
in dir fand ich,
was je mir gefehlt!

Von Sieglindes emotionaler Hingabe hellauf begeistert, versucht Siegmund, der „hehre" Held, dann mit ihr zu fliehen und sich dem fairen Zweikampf zu entziehen. Der Übel nicht genug, wird Hunding damit auch noch persönlich durch einen Rechtsbruch Siegmunds in seiner Ehre verletzt. Hinzu kommt, daß Sieglinde die Zwillingsschwester Siegmunds ist, was beiden auch bewußt ist. Die mit diesem Ehebruch begangene Blutschande tangiert Siegmund nur wenig, da es seine Lebensphilosophie ist, bestehende sittliche Zwänge und Verbote zu überwinden.

Mit einer konditionsschwachen Frau als Klotz am Bein wird Siegmund auf seiner Flucht von Hunding eingeholt und im anschließenden Zweikampf getötet (II. Aufzug, fünfte Szene).

In vielen Deutungsversuchen der Ringtetralogie wird versucht, ein negatives Charakterbild Hundings zu zeichnen[212]. Hundings konventio-

---

211 *Planitz/Eckhardt* Deutsche Rechtsgeschichte[4], 61; *Schröder/Künßberg* Lehrbuch der deutschen Rechtsgeschichte[7], 84.
212 *Donington* Der Ring des Nibelungen und seine Symbole[2], bezeichnet Hunding als Schatten und Kehrseite von Siegmunds Heldentum. „Hunding ist träge, konventionell und kaltherzig. Wie nicht anders zu erwarten ist er ein Mann von dunkler Erscheinung und von dunklem Charakter."

nelles Festhalten an bestehenden, allgemein anerkannten Rechtsgrundsätzen wird ihm zum Vorwurf gemacht. Bereits der Name „Hunding" veranlaßt den Zuhörer zu einer ablehnenden Voreingenommenheit. Mit dem Namen „Siegmund" werden hingegen von Anfang an positive Merkmale verbunden. Noch bevor es überhaupt zu Verhaltensweisen kommt, welche Charakterrückschlüsse zuließen, wird der Zuhörer auf diese Weise dazu verleitet, Partei zu ergreifen.

Die Suggestionskraft von Wagners Musik scheint diese Vorstellung auch noch zu unterstreichen[213]. Mit dem Auftritt Hundings am Beginn der zweiten Szene des Ersten Aufzuges wird die Musik deutlich frostig. Durch die Wärme der schutzbringenden Behausung scheint plötzlich ein kalter Luftstrom zu wehen. Musikthematisch sind es die Leitmotive, welche mit der Person Hundings unmittelbar verbunden sind und auf musikalischer Ebene diese Atmosphäre erzeugen. Die Dialoge sind gekennzeichnet durch betont sachliche Distanziertheit. Der Zuhörer spürt, daß hier zwei Menschen aufeinander treffen, die keine Sympathien für einander besitzen. Hunding läßt keinen Zweifel am Mißtrauen, das er gegenüber seinem ungeladenen Gast hegt. Nachdem er durch die Erzählung Siegmunds seine Vorurteile auf das Schlimmste bestätigt gefunden hatte, ist es natürlich mit seiner distanzierten Freundlichkeit vorbei. Die Musik unterstreicht in dieser Szene die sich dramatisch verschlechternde Stimmung. Da die neu hinzugekommenen musikalischen Leitmotive unmittelbar mit der Person Hundings verbunden sind, wird damit dem Zuhörer suggeriert, daß Hunding die alleinige Ursache für die dramatische Verschlechterung der Stimmung sei. Dies verleitet dazu, Hundings Charakter als negativen Gegenpol zu Siegmund aufzufassen, eine Schwarzweißsicht, die bei den ambivalenten Charakteren des Ringes meist nicht zutreffend ist.

Die dritte Szene endet mit dem einvernehmlichen Vollzug des Ehebruchs und der damit gleichzeitig wissentlich begangenen Blutschande. Es ist wohl auf die Entstehungszeit des Ringes zurückzuführen, daß sich der Vorhang rechtzeitig diskret senkt und dem Zuseher eine szenische Umsetzung erspart wird. Der Freiheit zeitgenössischer Regisseure bleibe es unbenommen, das „mutmaßliche" Geschehen auch in diesem Punkt unmißverständlich zu verdeutlichen.

<blockquote>
Siegmund (I. Aufzug, dritte Szene):

Braut und Schwester
bist du dem Bruder –
So blühe denn, Wälsungenblut!
</blockquote>

---

[213] Vergleichbar wäre in diesem Zusammenhang auch das Erscheinungsbild, das Wagner der Person des Melot in seiner Oper „Tristan" verleiht.

Im Rausche ekstatischer Euphorie geleitet die Musik den Zuhörer zu diesem grandiosen Höhepunkt.

Die musikalische Einzigartigkeit der dritten Szene des ersten Aufzuges liegt vor allem in ihrer suggestiven Kraft. Es fällt nicht leicht, in der Musikliteratur Vergleichbares zu finden. Der Komponist versteht es, in bewundernswerter Weise vollständig die Bedeutung der Tatsachen zu verschleiern, daß Siegmund Kapitalverbrechen gegen die Sippe Hundings und mit dessen Frau Ehebruch begangen hat. Jeder noch so liberalen Geisteshaltung müßte es widerstreben, Blutschande als sittlich tolerabel zu akzeptieren. Die Musik zerstreut aber alle Zweifel. Die Haßgefühle, die Hunding gegen seinen Gast entwickelt, sollten eigentlich für jeden unbefangenen Hörer mehr als verständlich erscheinen. Die musikthematische Grundlage will diesen Gedankengang jedoch offenbar nicht zulassen. In provokanter Weise hat Wagner sich stets gegen alles Traditionelle und Gewohnte gestellt. Entschieden wendete er sich daher auch gegen den Staat, in dem er nur den Vertreter dieser gewohnten Anschauungen sah, die bloß aus der *„Furcht"* und dem *„Widerwillen vor dem Ungewohnten"* resultieren[214]. Wagner hatte daher auch mit dem Verhältnis, welches Oidipus mit dessen Mutter verband, kein sittliches Problem[215]. Im Untergang des Staates sah der Komponist bloß den *„Wegfall der Schranke, welche durch die egoistische Eitelkeit der Erfahrung als Vorurteil gegen die Unwillkür des individuellen Handelns sich errichtet hat"*[216].

Legt man das germanische Rechtsverständnis zugrunde, ist die negative Sicht von Hundings Charakter sogar unrichtig. Hunding will nur den gebrochenen Rechtsfrieden auf eine damals zulässige und damit rechtfertigende Art und Weise wieder herstellen. Nach der geltenden Rechtsordnung hätte er sich zweifellos für Mord zu verantworten. Der Grund dafür liegt aber nicht darin, daß man Siegmunds Taten anders bewerten würde, sondern darin, daß es für die Erhaltung der öffentlichen Sicherheit unerläßlich ist, Selbstjustiz und Faustrecht zu unterbinden.

In der Tatsache, daß Hunding in penibler formaler Korrektheit Siegmund das zu germanischer Zeit sittlich gebotene Gastrecht für eine Nacht gewährt und ihn erst danach zum Zweikampf auffordern will, kommt vielmehr ein überlegener Charakter Hundings zum Ausdruck, der sich nicht von blindem Haß leiten läßt.

---

214 *Wagner* Oper und Drama, Teil II/3, Das Schauspiel und das Wesen der dramatischen Dichtkunst, 192.
215 *Wagner* Oper und Drama, Teil II/3, Das Schauspiel und das Wesen der dramatischen Dichtkunst, 190.
216 *Wagner* Oper und Drama, Teil II/4, Das Schauspiel und das Wesen der dramatischen Dichtkunst, 212.

Siegmund ist demgegenüber selbst nach eigener Darstellung ein notorischer Querulant und Unruhestifter, für den eine allgemein anerkannte rechtliche und sittliche Ordnung keine Gültigkeit besitzt. Gleich einem Revolutionär liegt ihm viel mehr daran, tradierte festgefahrene Strukturen ohne Rücksicht auf die Konsequenzen aufzubrechen. Für Wagner verkörpert Siegmund den „bewundernswerten" Helden, der den Mut aufbringt, frei von jedem sittlichen oder rechtlichen Zwang, zu handeln. Der Blick für die objektiven Gegebenheiten sollte dadurch jedoch nicht verstellt werden. Die Handlungsweise Siegmunds, gleich mit welcher scheinbar „hehren" Absicht sie erfolgt, wird wohl generell abzulehnen sein.

Dem Komponisten Richard Wagner gelingt es nicht nur, Siegmunds Taten zu relativieren, er schafft es sogar, den Anschein zu erwecken, Siegmund wäre das bemitleidenswerte Opfer von Hundings Rachsucht. Die Musik gibt auf diese Weise vor, wie der Dichter Richard Wagner zu verstehen ist. Mit dem Ring des Nibelungen hat Richard Wagner in einzigartiger Weise seine bereits zuvor in Schriften zum Ausdruck gebrachte Intention verwirklicht[217], das „Drama der Zukunft" zu schaffen, dessen Charakteristikum die vollständige Symbiose von Dichtung und Musik ist.

Zweiter Aufzug

Die Rache des entehrten Gastgebers

Um der Auseinandersetzung mit Hunding zu entgehen, flieht Siegmund, der „hehre Held" und nützt erst gar nicht das „Gastrecht" für eine Nacht. Sein Name steht offensichtlich nicht für ein charakteriches Wesensmerkmal. Hunding holt rasch das fliehende Zwillingspaar ein und in der fünften Szene des Zweiten Aufzuges kommt es zum angekündigten Zweikampf. Siegmund unterliegt. Obwohl selbst gewohnt, sich in fremde Angelegenheiten einzumischen, hat er nämlich nicht mit der tätlichen „Hilfe" seines Vaters gerechnet. Wotan greift in den Zweikampf ein und läßt Siegmunds Schwert an seinem Speer zerbrechen. Diese Gelegenheit ergreift Hunding und tötet den nunmehr schutzlos vor ihm stehenden Siegmund mit einem gezielten Speerstoß.

Es erscheint ungewöhnlich, daß der Vater sich an der Ermordung des eigenen Sohnes beteiligt und es war dies auch nicht Wotans ursprüngliche Absicht. Wotan ist jedoch Opportunist und nicht Idealist. Er kann daher nicht auf emotionale Kriterien Rücksicht nehmen. Nach einer verbalen Auseinandersetzung mit seiner Frau Fricka muß er zur Erkenntnis gelan-

---

[217] *Wagner* Oper und Drama, Teil III: Dichtkunst und Tonkunst im Drama der Zukunft, 1852.

gen, daß ihm Siegmund bei der Beschaffung des Ringes nicht nützlich sein kann. Auf Anraten seiner Frau und zur Wahrung des häuslichen Ehefriedens entscheidet er sich daher, wenigstens ein Exempel zur Wahrung der Werte der Ehe zu errichten: Siegmund, der sich des Ehebruchs schuldig gemacht hat, muß fallen. Der eigentümliche Gesinnungswandel Wotans und die Rolle Frickas werden an späterer Stelle noch einer genaueren Erörterung bedürfen.

Durch Versetzen des todbringenden Speerstoßes hat Hunding jedenfalls als unmittelbarer Täter den Tatbestand des Mordes verwirklicht (§ 75 StGB).

Zu Beginn des Kampfes kann er zwar nicht abschätzen, ob er oder sein Gegner gewinnen werde. Hunding ist aber zu diesem Zeitpunkt bereits fest entschlossen, Siegmund zu töten, um damit dessen Verbrechen gegenüber der Sippe, sowie dessen ehebrecherisches Treiben mit Sieglinde zu vergelten. Ein Mordvorsatz könnte ihm bereits unterstellt werden, wenn er ernstlich eine Tötung seines Gegenübers für möglich hält und sich damit abfindet (dolus eventualis, § 5 Abs 1 StGB). Diese Intention ist bei Hunding zweifellos gegeben.

In dem Moment, da Siegmunds Schwert an Wotans Speer zerbricht und er nun seinem Gegner wehrlos gegenübersteht, liegt es ausschließlich bei Hunding, über die Herbeiführung des Taterfolges zu entscheiden. Mit einem gezielten Speerstoß gegen den Unbewaffneten bringt Hunding seine Tötungsabsicht zum Ausdruck.

Ist die moralisch gebotene Tat zu rechtfertigen?

Legt man für die Beurteilung der Tat das Rechtsverständnis der germanischen Zeit zugrunde, fehlt dem Verhalten Hundings die Rechtswidrigkeit. Als Rache im Namen der Sippe wäre seine Tat gerechtfertigt. Nach geltendem Recht wird eine Rechtfertigung nur unter dem Gesichtspunkt der Notwehr (§ 3 StGB) in Betracht zu ziehen sein.

Siegmund, der sich keiner Schuld bewußt ist, hat es ebenso auf den Tod seines Gegenübers abgesehen. Er plant sein ehebrecherisches Treiben ungehindert fortzusetzen und dazu bedarf es der Beseitigung des störenden Ehemannes. Er gibt daher seinen Fluchtplan auf, um sich Hunding zu stellen.

Siegmund zur erschöpften Sieglinde (II. Aufzug, dritte Szene):

> Drum fliehe nicht weiter;
> harre des Feindes;
> hier soll er mir fallen

In einem Zweikampf beabsichtigen beide Kontrahenten jeweils den Tod ihres Gegners. Hunding muß sich daher auch gegenüber Siegmund verteidigen, um nicht selbst getötet zu werden. Voraussetzung für die rechtfertigende Annahme von Notwehr (§ 3 StGB) ist das Vorliegen eines gegenwärtigen oder unmittelbar drohenden rechtswidrigen Angriffs[218]. Bei jedem Streit ist daher entscheidend, wer angefangen hat und wer somit Angreifer und wer Verteidiger ist. Hunding verfolgt Siegmund, um ihn zum Zweikampf zu fordern. Als er ihn antrifft, lautet die beiderseitige „herzliche Begrüßung":

Hunding (II. Aufzug, fünfte Szene):

Steh mir zum Streit,
sollen dich Hunde nicht halten!

Siegmund:

Wo birgst du dich, daß ich vorbei dir schoß?
Steh, daß ich dich stelle!

Wer in der konkreten Situation den Anfang macht und somit den anderen in eine Verteidigungsposition bringt, ist aus dem Text und den Regieanweisungen nicht eindeutig zu erkennen. Außer Zweifel steht, daß Hunding zum Zweikampf herausgefordert hat. Dies ergibt sich deutlich aus seinen Äußerungen im ersten Aufzug der Walküre. Im zweiten Aufzug verfolgt er mit seinen Hunden Siegmund, um seine angekündigte Rache auch in die Tat umzusetzen. Nach aussichtsloser Flucht bleibt Siegmund keine andere Wahl, als sich auf den Kampf mit Hunding einzulassen. Seine Handlungsweise, soweit man sie aus den vagen Regieanweisungen und dem Text entnehmen kann, ist nicht als rechtswidriger Angriff, sondern als notwendige Verteidigungsmaßnahme zu sehen. Siegmund handelt in Notwehr und damit nicht rechtswidrig (§ 3 StGB).

Natürlich muß Hunding im Zweikampf aufpassen, nicht selbst durch die Verteidigung des Opfers verletzt oder getötet zu werden, doch ist dies das Risiko jedes rechtswidrig handelnden Angreifers. Selbst wenn man im konkreten Fall annimmt, daß Siegmund den ersten Streich gesetzt hat, was aus dem Text nicht ersichtlich ist, ändert dies nichts an der Tatsache, daß Hunding den Angriff absichtlich herausgefordert hat. Hunding hat damit ein mögliches Notwehrrecht in jedem Fall verwirkt[219]. Außer Acht bleiben darf auch nicht, daß die eigentliche Tötungshandlung von Hunding gesetzt wird, nachdem Siegmunds Schwert an Wotans Speer zerbro-

---

218 *Foregger/Kodek* StGB[6] § 3 Erl III; *Leukauf/Steininger* StGB[3] § 3 Rz 71.
219 *Kienapfel* AT[6] Z 11 Rz 21; *Foregger/Kodek* StGB[6] § 3 Erl IV; *Leukauf/Steininger* StGB[3] § 3 Rz 87a; EvBl 1978/45; JBl 1982, 101.

chen war und er damit waffenlos ist. Bereits aus diesem wesentlichen Gesichtspunkt heraus muß eine Notwehr Hundings ausscheiden, da er ab diesem Zeitpunkt nicht mehr in seinem Leben bedroht gewesen ist.

Die Tatsache, daß Siegmund mit der Ehefrau Hundings flieht, schafft für Hunding ebenfalls keine Notwehrsituation im Sinne des § 3 StGB. Die Flucht Sieglindes mit ihrem Bruder und nunmehrigen Liebhaber verletzt zwar die Ehre Hundings, diese ist aber kein notwehrfähiges Rechtsgut[220].

Man könnte in diesem Punkt von der hypothetischen Annahme ausgehen, daß Hunding der Meinung ist, Siegmund hätte Sieglinde gegen ihren Willen entführt. Hunding würde dann glauben, in der Handlungsweise seines Gegners einen Angriff gegen die Freiheit eines Dritten zu erkennen. Die persönliche Freiheit ist ein notwehrfähiges Rechtsgut und Hunding könnte somit irrtümlich einen Sachverhalt annehmen, der es ihm erlaubt, gerechtfertigte Nothilfe zu üben (§ 8 StGB). Bei dieser Annahme würde aber vollständig außer Acht gelassen werden, daß Hunding schon im ersten Aufzug, vor Sieglindes Flucht, Siegmund mit Rache für dessen Vergehen gegen die Sippe gedroht hat. Er hatte daher schon zu diesem Zeitpunkt den Vorsatz, seinen Gegner auch ohne Vorliegen einer Notwehrsituation anzugreifen und zu töten. Weiters spricht eine Textstelle in der dritten Szene des zweiten Aufzuges dafür, daß Hunding sehr wohl weiß, welches Verhältnis zwischen Siegmund und Sieglinde besteht.

Hunding (II. Aufzug, fünfte Szene):
Hierher, du frevelnder Freier!
Fricka fälle dich hier!

Hunding erkennt in Siegmund den „frevelnden Freier". Die Annahme, daß Sieglinde ihrem „Freier" freiwillig folgt, liegt wohl nahe. Hunding wird daher kaum glaubhaft machen können, daß er irrtümlich einen Sachverhalt angenommen habe, der seine Handlung rechtfertigen würde (§ 8 StGB).

Andere Rechtfertigungsgründe, wie zB das Fehderecht als Reaktion auf Vergehen gegen die Sippe, die nach altem germanischen Recht noch anerkannt waren, kommen nach geltendem Recht nicht in Betracht. Moderne Rechtsordnungen verpflichten den Einzelnen, auf die Tätigkeit der Justiz zu vertrauen. Beurteilt man Hundings Tat nach geltendem Strafrecht, wird man auch vom gegenwärtigen Rechts- und Unrechtsverständnis auszugehen haben. Nach herrschendem allgemeinen Rechtsverständnis könnte ein Rechtsirrtum iS des § 9 StGB, der zur irrigen Annahme

---

[220] *Nowakowski* WK § 3 Rz 7; *Leukauf/Steininger* StGB[3] § 3 Rz 77.

eines von der Rechtsordnung nicht anerkannten Rechtfertigungsgrundes führt, nicht glaubhaft gemacht werden. Es müßte für jeden erkennbar sein, daß Mord als Reaktion auf einen Ehebruch oder die Tötung von mehreren Verwandten nicht durch eine Rechtsnorm gerechtfertigt ist. Wenngleich ein „emotionales Gerechtigkeitsempfinden" einen anderen Weg weisen könnte, wird ein solcher Rechtsirrtum dennoch als vorwerfbar anzusehen sein (§ 9 Abs 2 StGB) und daher an der Bestrafung wegen Mordes (§ 75 StGB) nichts ändern.

Hundings Schuld

Die schweren Verbrechen, die Siegmund gegenüber der Verwandtschaft Hundings begangen hat und der Ehebruch, können Hundings Reaktion nach geltendem Rechtsverständnis nicht rechtfertigen. Sie lassen die Tötung Siegmunds aber in einem milderen Licht erscheinen. Die Schuld Hundings ist geringer, wenn sich die Tat nicht als kaltblütiger Mord erweist, sondern durch die verständliche Empörung über das niederträchtige Verhalten Siegmunds veranlaßt wurde.

Man müßte sogar prüfen, ob Hunding durch die Flucht seiner Frau mit ihrem Bruder, der gleichzeitig ihr Liebhaber ist, in einen Affektzustand versetzt wurde. Wenn diese privilegierende Voraussetzung während der Tötung Siegmunds vorliegt, würde seine Tat nur als Totschlag (§ 76 StGB) und nicht als Mord (§ 75 StGB) anzusehen sein und aufgrund eines wesentlich niedrigeren Strafrahmens weitaus milder bestraft werden.

Der Unterschied zwischen Mord und Totschlag liegt auf der Ebene der Schuld und betrifft die besondere Gemütsverfassung, in der sich der Täter im Augenblick der Tat befindet[221]. Als solche Ursache für die Tathandlung kann sich Zorn, Rachsucht, Empörung und dergleichen erweisen[222]. Die Privilegierung des § 76 StGB kommt aber nur dann zum Tragen, wenn sich der Täter in einer „allgemein begreiflichen" heftigen Gemütsbewegung dazu hinreißen läßt, einen anderen zu töten.

Hunding fühlt sich einerseits dazu aufgefordert, Rache zu nehmen für die Vergehen Siegmunds gegen die Sippe. Dazu kommt noch die ehebrecherische Flucht seiner Frau Sieglinde mit dem unerwarteten „Gast", die zweifellos eine Kränkung von Hundings Ehre darstellt. Der nachvollziehbare psychische Zustand der Rachsucht und des Zornes wird im vorliegenden Fall vom Opfer (Siegmund) selbst ausgelöst.

---

221 *Lewisch* BT I, 17; *Kienapfel* BT I[4] § 76 Rz 3; *Foregger/Kodek* StGB[6] § 76 Erl I; EvBl 1978/132.
222 *Kienapfel* BT I[4] § 76 Rz 16; Foregger/Kodek StGB[6] § 76 Erl I; EvBl 1982/80.

Die Rache des entehrten Gastgebers

Nach dem Gesetzeswortlaut sind von § 76 StGB nur Spontanreaktionen privilegiert. Hunding müßte sich sowohl zum Tatentschluß, als auch zur eigentlichen Angriffshandlung „hinreißen" lassen[223]. Dies wäre anzunehmen, wenn sich der Täter in einem Erregungszustand befindet, der alle normalen und verstandesmäßigen Erwägungen ausschaltet und damit die Tötungshemmung überwinden läßt[224].

Der Ehebruch und die Flucht Sieglindes, sowie die mehrfache Ermordung von Hundings Sippengenossen durch Siegmund wären zweifellos in der Lage, Hunding in den von § 76 StGB verlangten Affektzustand zu versetzen. Es wäre weiters auch denkbar, daß dieser psychische Zustand länger anhält und man in der Tat auch dann noch eine Spontanreaktion sehen könnte, wenn zwischen dem auslösenden Ereignis und der Tötung eine gewisse Zeitspanne liegt[225].

Im vorliegenden Fall darf aber nicht vergessen werden, daß Hunding den Tötungsentschluß schon weit vor der eigentlichen Tat gefaßt hat. Nachdem er von seiner Sippe zur Rache gerufen worden war, war er sofort bereit, für die Vergehen gegen seine Verwandtschaft „Sühne zu nehmen". Als er aber dem Täter, an dem er Rache nehmen will, in seinem eigenen Haus begegnet, handelt er nicht sofort, sondern gewährt diesem eine Gnadenfrist von einer Nacht.

Hunding (I. Aufzug, zweite Szene):

> Mein Haus hütet,
> Wölfing, dich heut;
> für die Nacht nahm ich dich auf;
> mit starker Waffe
> doch wehre dich morgen;
> zum Kampfe kies ich den Tag:
> für Tote zahlst du mir Zoll.

Auch wenn der ursprüngliche Tatentschluß im Affekt gefaßt worden ist, scheint diese Gemütsbewegung bereits abgeklungen zu sein, als Hunding Siegmund begegnet. In kühler Berechnung legt er einen Termin für einen Zweikampf fest. Eine Affekthandlung würde sich in diesem Moment gerade darin ausdrücken, daß er Siegmund sofort, ohne lange zu überlegen, tötet[226]. Hunding hat jedoch einen genauen Plan, wann und wie er

---

223 *Foregger/Kodek* StGB[6] § 76 Erl I; *Kienapfel* BT I[4] § 76 Rz 18; *Leukauf/Steininger* StGB[3] § 76 Rz 8; *Moos* WK § 76 Rz 21; EvBl 1987/13; EvBl 1976/119 = RZ 1975/97.
224 *Mayerhofer* ÖJZ 1980, 293; *Kienapfel* BT I[4] § 76 Rz 17; *Moos* WK § 76 Rz 21.
225 *Kienapfel* BT I[4] § 76 Rz 19; *Foregger/Kodek* StGB[6] § 76 Erl I; SSt 17/165; SSt 46/49 = EvBl 1976/87; JBl 1980, 162; EvBl 1976/119.

Siegmund töten will. Er handelt zwar aus einem Erregungszustand heraus, dieser geht aber nicht so weit, daß er seine normalen verstandesmäßigen Erwägungen ausschaltet. Hunding entscheidet sich gezielt, den Gegner nicht einfach zu töten, sondern ihn in einem Zweikampf zu besiegen. Dies zeugt von einem überlegenen Edelmut, versperrt aber gleichzeitig die Möglichkeit, den privilegierenden Tatbestand des Totschlages für sich geltend zu machen. Ein planmäßiges Vorgehen schließt ein Handeln im Affekt grundsätzlich aus[227].

Die darauffolgende Flucht Sieglindes mit Siegmund ist nicht auslösendes Moment für den Tötungsentschluß, sondern bestärkt nur ein schon bestehendes Vorhaben. Hunding hätte auch ohne Sieglindes Flucht versucht, Siegmund zu töten. Seine Handlung kann daher auch nicht als Spontanreaktion auf das ehebrecherische Verhalten Siegmunds und Sieglindes gesehen werden.

Die emotionale Beherrschung, die Hunding an den Tag legt und die seinen Charakter auszeichnet, verhindert es, sich auf den Vorteil des privilegierenden Tatbestandes des Totschlages (§ 76 StGB) berufen zu können.

Für die Tötung Siegmunds wäre Hunding nach geltendem Recht wegen Mordes zur Verantwortung zu ziehen. Im Hinblick auf die Schandtaten, die Hunding und dessen Sippe durch Siegmund zugefügt wurden, erscheint dies nach natürlichem Rechtsempfinden beinahe ungerecht. Die vorausgegangenen anlaßgebenden Vorfälle werden aber zumindest in gewichtigem Ausmaß als schuldmindernd zu berücksichtigen sein, so daß Hunding nur mit einer vergleichsweise niedrigen Strafe für den Mord zu rechnen hat.

Ernst von Pidde, der auch diese Szene der Walküre einer strafrechtlichen Beurteilung unterzieht, qualifiziert die Tötung Siegmunds als Totschlag im Sinne des § 212 dStGB[228]. Aus der Sicht des deutschen Strafrechts ist diese Annahme richtig. Der Tatbestand des Mordes (§ 211 dStGB) verlangt in Deutschland mehr als nur die vorsätzliche Tötung eines Menschen. Die Tat muß noch von verschiedenen erschwerenden Begleitumständen gekennzeichnet sein. § 211 dStGB wäre nur im Falle heimtückischen Vorgehens bei der Ausführung der Tat oder bei einem Handeln aus niedrigen Beweggründen heranzuziehen[229]. Ein heimtückisches Vorgehen könnte Hunding nicht vorgeworfen werden, wenn er Siegmund in einem fairen Zweikampf stellen will. Unter niedrigen Beweggründen versteht man alle Tatantriebe, die nach allgemein anerkann-

---

226 EvBl 1976/119; EvBl 1987/13.
227 *Mayerhofer* ÖJZ 1980, 294; *Moos* WK § 76 Rz 23; *Kienapfel* BT I⁴ § 76 Rz 20.
228 *Pidde* Richard Wagners „Ring des Nibelungen" im Lichte des deutschen Strafrechts³, 38.
229 *Wessels* BT I²¹ § 2 III.

ten Wertmaßstäben besonders verwerflich und geradezu verachtenswert sind[230]. Hunding will seine Ehre verteidigen und Rache nehmen für die Ermordung seiner Verwandten. Eine Tötung aus Rachsucht ließe sich zwar als niedriger Beweggrund sehen, wenn darin eine verwerfliche Gesinnung zum Ausdruck kommt[231]. Hundings Tat liegt jedoch keineswegs eine verwerfliche Gesinnung zugrunde, wenn man bedenkt, daß Siegmund mehrere seiner Sippengenossen erschlagen hatte.

Die Tat ist strafbar, sie erfolgt aber nicht aus niedrigen Beweggründen im Sinne des § 211 dStGB. Eine dem § 211 dStGB vergleichbare Bestimmung gibt es in Österreich nicht. Nach deutschem Strafrecht ist der Grundtatbestand der Tötungsdelikte in Form des Totschlages (§ 212 dStGB) dem österreichischen Tatbestand des Mordes (§ 75 StGB) gleichzusetzen.

Die Hintermänner(frauen)

Wotans Beteiligung an der Ermordung seines Sohnes

Während Hundings Tat noch als menschlich verständlich erscheinen mag, zeigt Wotans Vorgangsweise, daß der oberste Gott mittlerweile jegliche Hemmung verloren hat, wenn es um das Erreichen seiner Ziele geht:

Wotan hat den Riesen als Werklohn das Rheingold und damit auch den Ring gegeben. Diesen Ring möchte er nun zurück haben, bevor er auf irgendeinem Wege wieder in die Hände Alberichs gelangt. Der große Gott müßte dann wieder die Entmachtung durch den kleinen Zwerg fürchten. Den Bewachungsqualitäten Fafners, der sich als Drache verwandelt mit Ring und Hort in eine Höhle zurückgezogen hatte, traut Wotan offensichtlich nicht. In paranoider Verwirrung sieht er in Fafner, seinem ehemaligen Vertragspartner, bereits einen Feind, dem er den Ring wieder „entreißen" möchte.

Wotan (II. Aufzug, zweite Szene):

Sorgend sann ich nun selbst,
den Ring dem Feind zu entreißen.

Bei der Durchführung seines Vorhabens zeigt er jedoch unvermutet Skrupel, da ihn mit dem Riesen ein Vertrag verbindet.

---
230 *Tröndle* StGB[48] § 211 Rz 5a.
231 *Wessels* BT I[21] § 2 III Rz 87.

Wotan (II. Aufzug, zweite Szene):
> Doch mit dem ich vertrug,
> ihn darf ich nicht treffen

Man könnte darin Ansätze eines Resozialisierungsprozesses entdecken, da Wotan scheinbar wieder geneigt ist, vertragliche Verpflichtungen als solche auch zu akzeptieren. Immerhin plagten ihn früher keine Bedenken hinsichtlich der Rechtmäßigkeit seines Vorgehens. Den Zwerg Alberich zu berauben bedeutete für ihn weder ein rechtliches, noch ein moralisches Problem (Rheingold, vierte Szene). Alberich repräsentiert nur das gemeine Volk. Den Bestimmenden in einer Gesellschaftsordnung war es seit jeher gleichgültig, welches Ansehen sie im Volk genießen, solange der Unmut nicht in eine Revolution zu münden drohte, die die herrschende Klasse womöglich zu einer beherrschten Klasse machen könnte. Gegenüber den Riesen, die im Sozialgefüge offensichtlich eine relevante Rolle spielen, ist Wotan jedenfalls bestrebt, den Anschein der Korrektheit zu wahren. Er muß sich daher eines Handlangers bedienen, der für ihn die geplante Schandtat ausführt. Seine erste Wahl fällt dabei auf seinen Sohn Siegmund, und so ist es vorerst beschlossene Sache, daß Siegmund den Zweikampf mit Hunding gewinnen muß.

Wotan zu Brünnhilde (II. Aufzug, erste Szene):
> Brünnhilde stürme zum Kampf,
> dem Wälsung kiese sie Sieg!

Diese Entscheidung hat er jedoch ohne Rücksprache mit seiner Ehefrau Fricka getroffen. Sie macht Wotan klar, daß Siegmund kein geeigneter Handlanger für einen solchen Plan sei, wenn er von ihm gefördert und geleitet wird. Würde Siegmund Fafner seines Ringes berauben, wäre dies gleich zu beurteilen, wie wenn Wotan selbst die Tat beginge. Für eine Straftat haftet nach allgemeinem Rechtsverständnis in der Regel nicht nur der unmittelbar Ausführende, sondern auch sein Auftraggeber. Diese Erkenntnis hat Wotan offensichtlich verdrängt. Wotans Plan, durch Siegmund wieder in den Besitz des Ringes zu gelangen ist damit gescheitert, noch ehe man begonnen hat, ihn auszuführen. Gleichzeitig hat Fricka in ihrer Funktion als „Hüterin der Ehe" noch ein anderes Anliegen: Der Ehebruch, den Siegmund mit Sieglinde begangen hat, muß gesühnt werden. In diesem Fall gilt es, ein generalpräventives Exempel zu statuieren.

Fricka spricht selbst aus eigener leidvoller Erfahrung. Sämtliche Kinder Wotans entstammen ehebrecherischen Ausschweifungen des obersten Gottes:

Als Wotan einst sein eigenes Schicksal erfahren wollte, ging er zu Erda (Wala), der „Welt weisestes Weib". Mit „Liebeszauber" erlangte er die nötigen Informationen. Dieses Erfolgserlebnis hätte Wotan eigentlich veranlassen können, zukünftig mit gewaltlosen Mitteln seine Ziele anzustreben. Der Aufklärungsunterricht in Schicksalsfragen hatte Folgen: Erda schenkte Wotan ein Kind – Brünnhilde.

Wotan zu Brünnhilde (II. Aufzug, zweite Szene):

> in den Schoß der Welt
> schwang ich mich hinab,
> mit Liebeszauber
> zwang ich die Wala
> stört' ihres Wissens Stolz,
> daß sie Rede nun mir stand.
> Kunde empfing ich von ihr;
> von mir doch barg sie ein Pfand:
> der Welt weisestes Weib
> gebar mir, Brünnhilde, dich.

Auch Siegmund und Sieglinde sich nicht Kinder Frickas, sondern entstammen einer Liaison Wotans mit einer nicht näher eruierbaren Menschenfrau. Sieht man von seinem gestörten Verhältnis zu den Zwergen ab, könnte man Wotan nicht vorwerfen, Standesdünkel zu kennen. Wotans ehebrecherische Machenschaften und deren Produkte sind seiner Ehefrau Fricka wohl bekannt.

Fricka (II. Aufzug, erste Szene):

> Oh, was klag ich
> um Ehe und Eid,
> da zuerst du selbst sie versehrt.
> Die treue Gattin
> trogest du stets;
> wo eine Tiefe,
> wo eine Höhe,
> dahin lugte
> lüstern dein Blick

Voller Standesbewußtsein verlangt Fricka als Satisfaktion den Kopf Siegmunds (Wälsung), um damit ein Exempel für die Werte der Ehe zu statuieren.

Fricka (II. Aufzug, erste Szene):
jetzt, da zu niedrigster
Schmach du dich neigtest,
gemeiner Menschen
ein Paar zu erzeugen
...
Von Menschen verlacht,
verlustig der Macht,
gingen wir Götter zugrund:
würde heut nicht hehr
und herrlich mein Recht
gerächt von der mutigen Maid.
Der Wälsung fällt meiner Ehre!

Ziemlich verspätet kommt Frickas Groll über die emotionale Weitschweifigkeit ihres Ehemannes, wenn man bedenkt, daß Siegmund und Sieglinde bereits erwachsen sind.

Nach kurzem Disput ist Wotan des ehelichen Streits müde und willigt murrend ein. Der eigentliche Motivationsschub zu dieser Entscheidung ist jedoch, daß er Siegmund für seine Pläne nicht mehr benützen kann. Sein opportunistischer Charakterzug läßt ihn daher das Leben des eigenen Sohnes dem häuslichen Frieden opfern, der auf diese Weise schnell wieder hergestellt ist.

Man muß nicht in konservativen Anschauungen verhaftet sein, um Wotans ehebrecherische Umschweife als moralisch ablehnungsbedürftig zu erkennen. Der unkonventionelle Standpunkt, den Richard Wagner zu dieser Szene einnimmt, bedarf an dieser Stelle einer Erwähnung: Seiner Auffassung nach liegt der Keim allen Übels im festen Eheband, das Wotan und Fricka verbindet und das dem *„unwillkürlichen Irrthume der Liebe"* entsprungen ist. Dieses Band stünde einem *„nothwendigen Wechsel"* entgegen, verhindere die Anpassungsmöglichkeit an das ewig Neue und führe zur gegenseitigen Qual der Liebelosigkeit[232]. Wotan führt einen tragischen Kampf gegen seine *„Neigung"* und die *„Sitte"*, die Wagner in Fricka personifiziert sieht[233]. Die ehelichen Fesseln, die Wagner in seinem Werk beklagt, waren ihm selbst auch stets unangenehm[234]. Wagners Ehe

---

232 *Wagner* Brief an August Röckel vom 25., 26. Januar 1854.
233 *Wagner* Brief an Theodor Uhlig vom 12. November 1851.
234 *Wagner* Brief an Franz Liszt vom 15. Januar 1854. Seine freizügig „progressiven" Wertvorstellungen brachten Wagner auch Ärger mit seiner Frau Minna ein: Brief an Minna Wagner vom 23. April 1858. Auslösend für diesen Konflikt war sein Werben um Mathilde Wesendonck (Wesendonck-Lieder), welches Minna aus einem abgefangenen Brief offen-

mit Minna stand unter keinem glücklichen Stern. Selbstkritisch erkannte der große Komponist auch gleich die Wurzel des Übels: „*mit einem geringeren Manne wäre sie glücklicher gewesen*"[235].

Das weitere Geschehen soll jedenfalls nach der Intention seines Schöpfers die Notwendigkeit aufzeigen, „*den Wechsel, die Mannigfaltigkeit, die Vielheit, die ewige Neuheit der Wirklichkeit und des Lebens anzuerkennen und ihr zu weichen*"[236]. Wagners Ring bringt demnach nicht nur ein eigentümliches Rechts- und Unrechtsverständnis zum Ausdruck, sondern scheint auch bewußt bestehende sittliche und moralische Werte in Frage stellen zu wollen. Das Verständnisproblem liegt aber offensichtlich nur in der mangelnden Aufgeschlossenheit. Der Aufgeschlossene ist auch in der Lage, die Notwendigkeit eines Ehebruchs oder einer Blutschande zu begreifen:

Wotan zu Fricka (II. Aufzug, erste Szene):

Stets Gewohntes
nur magst du verstehn:
doch was noch nie sich traf,
danach trachtet mein Sinn.

Dem Wunsche seiner Ehefrau entsprechend, greift Wotan am Ende der fünften Szene des zweiten Aufzuges sogar persönlich in den Zweikampf zwischen Hunding und Siegmund ein. Er läßt Siegmunds Schwert und damit dessen einziges Verteidigungsmittel an seinem Speer zerbrechen. Hunding hatte von dieser „göttlichen Fügung" keine Kenntnis. Er war überzeugt, seinen Gegner allein besiegen zu können und dachte nicht daran, daß sich ein Dritter auf seiner Seite am Kampf beteiligen werde. Das Eingreifen Wotans erleichtert Hunding, sein Vorhaben zu verwirklichen und macht dem Kampf ein rasches Ende. Nachdem Siegmund seine Waffe verloren hatte, stand der Ausgang des Zweikampfes fest.

Das Strafrecht zieht nicht nur den unmittelbaren Täter zur Verantwortung, sondern auch denjenigen, der einen Beitrag zur Ausführung der Tat leistet (§ 12 StGB 3. Alt). Die Förderung der Tat kann in einer physischen oder psychischen Unterstützung des unmittelbaren Täters bestehen. Die offen gehaltene Formulierung des § 12 StGB umfaßt jede Art von Hilfeleistung, welche die Ausführung der strafbaren Handlung erleichtert.

---

kundig wurde: *Wagner* Brief an Mathilde Wesendonck vom 7. April 1858; von weiteren inbrünstigen Briefen hat Wagner dies nicht abgehalten: *Wagner* Brief an Mathilde Wesendonck vom 6. Juli 1858.
235 *Wagner* Brief an Klara Wolfram vom 20. August 1858.
236 *Wagner* Brief an August Röckel vom 25., 26. Januar 1854.

Es steht außer Zweifel, daß Wotans Handlungsweise Hunding seinem Ziel wesentlich näher bringt. Unerheblich ist dabei, ob der unmittelbare Täter dieser geleisteten Hilfe zur Vollbringung seiner Tat unbedingt bedarf oder nicht[237]. Hunding hätte möglicherweise auch ohne Wotans Eingreifen Siegmund besiegen und töten können. Durch die Unterstützung Wotans wurde aber das Risiko des Unterliegens im Zweikampf beseitigt und das Herbeiführen des Erfolges erleichtert.

Wotan hat sich demnach als Beitragstäter zur Ermordung seines eigenen Sohnes schuldig gemacht (§ 12 3. Alt iVm § 75 StGB).

Die böse Frau hinter dem Manne

Der Ehestreit zwischen Wotan und seiner Frau Fricka gab Anlaß, Wotan von seinem ursprünglichen Vorhaben, Siegmund zu schützen, abzubringen. Um ein Exempel für den Wert der Ehe zu statuieren, fordert Fricka das Leben des Ehebrechers Siegmund. Zur Wiederherstellung des häuslichen Friedens willigt Wotan ein. Wotan soll das Schwert, das er seinem Sohn zukommen ließ und welches seine einzige Waffe ist, zerbrechen. Die Befehle der Ehegattin dulden keinen Widerspruch und daher kommt Wotan diesem Verlangen auch nach.

Fricka (II. Aufzug, erste Szene):
> Nimm ihm das Schwert,
> das du ihm geschenkt!
> ...
> Entzieh dem den Zauber,
> zerknick es dem Knecht!
> Schutzlos schau ihn der Feind!

Daß Wotan sich an der Ermordung seines eigenen Sohnes beteiligt, reicht Fricka jedoch nicht. Sie fordert darüber hinaus, Wotan solle Brünnhilde anweisen, auf der Seite Hundings zu kämpfen. In der zweiten Szene erfüllt der willensschwache Stammesführer der Göttersippe seiner Gemahlin auch diesen Wunsch und befiehlt Brünnhilde, entgegen seiner ersten Anweisung, für Hunding zu kämpfen.

Fricka, die „böse" Ehefrau, erreichte damit von ihrem ergebenen Gemahl zwei Dinge: Zum einen hat sie ihn dazu gebracht, sich selbst als Gehilfe an der Ermordung Siegmunds zu beteiligen, indem er dessen Schwert zerbrechen läßt.

---

237 EvBl 1978/107.

Zum anderen hat sie Wotan dazu veranlaßt, Brünnhilde anzustiften, sich an der Ermordung Siegmunds zu beteiligen. Diesem Bestreben Frickas konnte Wotan jedoch nicht erfolgreich nachkommen. Brünnhilde pflegt nämlich nach der Sinnhaftigkeit von Befehlen zu fragen und leistet daher der Anordnung ihres Vaters nicht Folge. Es bleibt demnach in diesem Punkt auf der Seite Wotans nur bei einer versuchten Anstiftung Brünnhildes.

Die rechtliche Beurteilung dieser komplexen Konstellation erweist sich als problematisch: Fricka verlangt von Wotan, dem angegriffenen Siegmund sein einziges Verteidigungsmittel zu nehmen und sein Schwert zu zerbrechen, um Hunding die Ausführung des Mordes zu erleichtern. In überlegter krimineller Planung gibt Fricka damit bereits die Einzelheiten an, in welcher Form die Beihilfe zu leisten sei. Als Bestimmungstäter sieht das Gesetz denjenigen an (§ 12 StGB 2. Alt), der einen anderen dazu bestimmt, die strafbare Handlung auszuführen. Unter strafbarer Handlung in diesem Sinne wird jedoch nur die ganze oder teilweise Vornahme einer tatbestandsmäßigen Ausführungshandlung verstanden. Wer einen anderen nur dazu bewegen will, die Tatausführung zu fördern, ist nicht Bestimmungstäter im Sinne des Gesetzes[238]. Da Fricka von Wotan nur verlangt, Hunding bei seinen Mordabsichten Hilfe zu leisten, ist sie nicht als Bestimmungstäterin anzusehen. Ihr Verhalten könnte nur als sonstiger Beitrag zur Tatausführung von der Generalklausel des § 12 StGB 3. Alt erfaßt werden. Fricka ist demnach nur Beitragstäterin zum Mord an Siegmund[239].

Um ganz sicher zu gehen, verleitet sie Wotan auch noch dazu, Brünnhilde zu einer Beihilfe an der Ermordung Siegmunds anzustiften. Brünnhilde soll nicht nur von Siegmund abgewendet werden und eine neutrale Stellung einnehmen, sondern für dessen Unterliegen sorgen. Der Text bleibt in diesem Punkt kryptisch und es ist daher nicht genau zu eruieren, in welcher Form sich Brünnhilde an der Tat beteiligen soll.

Fricka zu Wotan (II. Aufzug, erste Szene):

Nicht doch; deinen Willen
vollbringt fie allein:
verbiete ihr Siegmunds Sieg!

---

238 EvBl 1995/45.
239 Diese Konstruktion hat den Vorteil, daß andernfalls bereits die versuchte Verleitung zu einem Tatbeitrag strafbar wäre, während der Beitragstäter selbst erst strafbar wird, wenn der unmittelbare Täter in das Versuchsstadium gelangt ist (§ 15 Abs 2 StGB), was aus kriminalpolitischer Sicht eine unbefriedigende Differenzierung wäre (*Triffterer* AT² 404; *Kienapfel* AT⁶ E 6 Rz 14).

Wenn Fricka bestimmt, daß Siegmunds Sieg verhindert werden soll, gibt sie damit konkludent zu verstehen, daß sich Brünnhilde für Hundings Gewinnen einzusetzen habe. Sie ist sich dabei zweifellos auch bewußt, daß ein Sieg Hundings den Tod Siegmunds zur Folge hätte. Wotan befiehlt hierauf Brünnhilde, Siegmund zu töten.

Wotan zu Brünnhilde (II. Aufzug, zweite Szene):

Fällen follst du Siegmund,
für Hunding erfechten den Sieg!

Man könnte darin eine Aufforderung an Brünnhilde erblicken, zusammen mit Hunding Siegmund zu ermorden. Brünnhilde wäre dann Mittäterin und es läge in den Äußerungen Wotans eine Aufforderung zur unmittelbaren Täterschaft. Dies kann jedoch nicht gemeint sein, da Hunding einen fairen Zweikampf mit Siegmund beabsichtigt und jede allzu offensichtliche Hilfestellung als der Ehre abträglich empfinden würde. Nach Frickas Vorstellung soll gerade für die Ehre Hundings gekämpft werden. Es wäre daher nicht in ihrem Sinn, wenn Brünnhilde als Mittäterin auftreten würde. Ein Kampf zwei gegen einen würde niemand als fair und ehrenvoll betrachten. Wenngleich der Text mehrere Auslegungsmöglichkeiten offenläßt, soll im folgenden davon ausgegangen werden, daß von Brünnhilde ein bloßer Tatbeitrag verlangt wird. Bereits diese Sachverhaltsvariante erweist sich als komplex:

Fricka fordert Wotan auf, Brünnhilde zur Beihilfe am Mord Hundings anzustiften. Es liegt demnach eine Anstiftung zur Anstiftung eines Dritten zur Beihilfe vor. Da Fricka ihr Anliegen auch persönlich an Brünnhilde herantragen hätte können, deutet diese umständliche Vorgangsweise offensichtlich auf eine mangelnde Kommunikationsbasis zwischen Fricka und ihrer Stieftochter hin. Man spricht von einem Fall der Kettenbestimmung[240]. Ähnlich der oben genannten Konstellation könnte auch in diesem Fall Fricka nur Beitragstäterin (§ 12 StGB 3. Alt) zur Anstiftung sein. Hier erlangt jedoch die Tatsache Relevanz, daß Brünnhilde den Befehl Wotans nicht ausführt. Wotans Versuch, Brünnhilde zu einer Beitragshandlung zu ermutigen, schlägt fehl, da sie sich der Weisung widersetzt. Der Versuch, jemanden zu einer Beitragshandlung anzustiften, wird, wie bereits dargestellt, nicht als Bestimmungstäterschaft gesehen, sondern als sonstiger Tatbeitrag (Beitragstäterschaft, § 12 StGB 3. Alt). Eine versuchte Beitragstäterschaft ist aber nach dem Gesetz straflos (§ 15 Abs 2 StGB). Hinsichtlich des Versuches, auch Brünnhilde in das kriminelle Geschehen

---

240 *Triffterer* AT², 404; *Leukauf/Steininger* StGB³ § 12 Rz 30.

zu verwickeln, handeln weder Wotan noch Fricka strafbar, denn in diesem Fall wurden ihre Beiträge nicht kausal für den von Hunding ausgeführten Mord.

Brünnhilde bildet damit eine lobenswerte Ausnahme unter Wotans Abkömmlingen. Wotans Enkel Siegfried erbt seine kriminelle Veranlagung von Siegmund – wie der Vater, so der Sohn, so der Enkel.

Fricka und Wotan haben ebenso wie Hunding für die Ermordung Siegmunds einzustehen. Sie sind als Beitragstäter strafbar (§ 12 StGB 3. Alt iVm § 75 StGB). Obwohl beide nur an der Ermordung beteiligt sind, sind ihre Handlungsweisen weitaus verwerflicher als jene Hundings, der die Tat als unmittelbarer Täter ausführt. Wotan trägt zur Ermordung Siegmunds bei, um seinen häuslichen Frieden wieder herstellen zu können. Fricka will mit der Tötung Siegmunds ein zweifelhaftes Exempel für die Werte der Ehe statuieren, um so die Relevanz ihres Kompetenzbereiches als Hüterin der Ehe zu dokumentieren.

Die Strafbarkeit des armen Verfolgten

Es erscheint auf den ersten Blick müßig, die Frage der Strafbarkeit Siegmunds zu erörtern, da er von Hunding im Kampf getötet wurde und daher nicht mehr zur Verantwortung gezogen werden könnte. Dennoch wird dieser Aspekt von *Pidde* geprüft, wobei dieser zu einem sehr merkwürdigen Schluß kommt. Nach *Pidde* hat sich Siegmund des Mordversuchs an Hunding schuldig gemacht (§ 211 Abs 2 iVm § 23 dStGB)[241]. Der Autor nimmt dabei sogar den qualifizierten Fall des Mordes nach § 211 dStGB an und begründet seine Ansicht damit, daß Siegmund den Vorsatz hatte, den Ehemann seiner Schwester zu töten. In der Tatsache, daß Siegmund als Ehebrecher handelt, sieht *Pidde* den „niedrigen Beweggrund" gegeben, der im deutschen Strafgesetz ein relevantes Merkmal des Mordtatbestandes (§ 211 Abs 2 dStGB) ist.

Die Möglichkeit einer Rechtfertigung seines Handelns durch Notwehr (§ 32 dStGB) wird erst gar nicht in Betracht gezogen. Die Rechtswidrigkeit wäre aber Voraussetzung für die Strafbarkeit von Siegmunds Tötungsversuch. Wie bereits ausgeführt, und hier ist die deutsche Rechtslage gleich, handelt Siegmund nicht rechtswidrig, wenn er von Hunding rechtswidrig angegriffen wird, weil er den Rechtfertigungsgrund der Notwehr § 32 dStGB für sich in Anspruch nehmen könnte[242].

Hunding droht in der zweiten Szene des ersten Aufzuges Siegmund mit einem Angriff auf dessen Leben. Siegmund versucht zuerst der ange-

---
241 *Pidde* Richard Wagners „Ring des Nibelungen" im Lichte des deutschen Strafrechts³, 38.
242 *Wessels* AT²⁶ Rz 324ff; *Tröndle* StGB⁴⁸ § 32 Rz 11.

kündigten gewaltsamen Auseinandersetzung durch Flucht zu entgehen. Erst als dies auf Grund der Erschöpfung Sieglindes (II. Aufzug, dritte Szene) aussichtslos erscheint, beschließt er, sich mit Gewalt gegen Hunding zur Wehr zu setzen. In Anbetracht der Tatsache, daß sein Gegner ihm offen zu verstehen gibt, daß es sein Ziel sei, ihn zu töten, überschreitet Siegmund zweifellos nicht das nötige Maß an Abwehr. Wie der Verlauf des Zweikampfes zeigt, war aber selbst der Waffeneinsatz vergeblich, da Wotan Hunding tatkräftig unterstützte.

Hundings Angriff ist hingegen nicht durch Notwehr oder Nothilfe gerechtfertigt und daher rechtswidrig. Siegmund könnte, wäre er nicht bereits tot, sein Verhalten gegenüber diesem rechtswidrigen Angriff mit Notwehr rechtfertigen.

Das Argument *Piddes*, Siegmund käme der Tod Hundings gelegen, da er dann ungestört sein Verhältnis mit Sieglinde fortsetzen könnte, ändert nichts daran, daß er aus einer Notwehrsituation heraus gerechtfertigt handelt. Siegmund besitzt darüber hinaus auch den von einem Teil der Lehre geforderten Verteidigungswillen, da er weiß, daß er sich gegen Hundings Angriff zur Wehr setzen muß, um nicht selbst getötet zu werden. Handelt der Täter mit dem Willen, sich zu verteidigen, fehlt es ihm am Vorsatz, einen rechtswidrigen Erfolg herbeizuführen[243]. Straflosigkeit würde auch dann eintreten, wenn der Angegriffene zugleich auch noch andere Abwehrzwecke, wie zB Rache gegenüber dem Angreifer verfolgt, solange ein Verteidigungswillen jedenfalls vorhanden ist[244].

Siegmunds Handlungsweise wäre daher auch nach deutschem Recht durch Notwehr gerechtfertigt (§ 32 dStGB). *Piddes* Annahme eines gescheiterten, aber strafbaren Mordversuchs[245] (§ 211 iVm. § 23 dStGB) ist daher nicht zutreffend.

Die Strafbarkeit Brünnhildes

Auch Brünnhilde ist eine Tochter Wotans. Sie wird von diesem aufgefordert, Hunding im Kampf gegen ihren eigenen Stiefbruder zu unterstützen. Der Kindesvater ist offensichtlich bestrebt, fast alle seine Sprößlinge in den Sog der eigenen Kriminalität zu ziehen.

---

243 *Tröndle* StGB[48] § 32 Rz 14.
244 *Tröndle* StGB[48] § 32 Rz 14.
245 *Pidde* Richard Wagners „Ring des Nibelungen" im Lichte des deutschen Strafrechts[3], 38.

Wotan (II. Aufzug, zweite Szene):

> für Frickas Knechte
> kämpfe nun du!
> ...
> Fällen sollst du Siegmund,
> für Hunding erfechten den Sieg!

Mit diesen Worten versucht Wotan Brünnhilde zur Beihilfe an der Ermordung Siegmunds zu veranlassen. Brünnhilde scheint jedoch die einzig Rechtschaffene in diesem eigenartigen Familienverband zu sein und führt den Befehl ihres Vaters nicht aus. Sie geht sogar soweit, daß sie sich genau entgegengesetzt zur Anweisung Wotans verhält und an Siegmunds Seite kämpft.

Brünnhilde zu Siegmund (II. Aufzug, vierte Szene):

> Das Schlachtlos wend ich:
> dir, Siegmund,
> schaff ich Segen und Sieg!

Siegmund verteidigt sich in Notwehr und kann sein Handeln damit rechtfertigen. An seiner Notwehr beteiligt sich Brünnhilde. Brünnhilde versucht das Leben ihres Stiefbruders und damit das notwehrfähige Rechtsgut eines anderen zu schützen. Ihre Handlungsweise ist daher als rechtmäßige Nothilfe ebenfalls gerechtfertigt (§ 3 öStGB bzw § 32 Abs 2 dStGB)[246]. *Pidde* kommt zwar zum gleichen Schluß, sieht aber in Brünnhildes Handlungsweise eine „versuchte" Beihilfe zum Totschlag[247], welche nach dem Gesetz jedoch nicht strafbar ist[248]. Der aus dem Text sich ergebende unzweifelhafte Sachverhalt läßt ein solches juristisches Urteil nicht zu:

Siegmund hätte, sobald er sich im Kampf befindet, objektiv das Versuchsstadium der Tatausführung erreicht. Ab diesem Zeitpunkt handelt auch jener strafbar, der sich an der Tat nur beteiligt[249]. Brünnhilde schützt während des Kampfes Siegmund mit dem Schild[250]. Sie versucht

---

246 *Triffterer* AT², 223; *Tröndle* StGB⁴⁸ § 32 Rz 7; *Maurach/Zipf* AT I⁸ § 26 Rz 51f.
247 Bzw Mord (§ 75) nach dem öStGB; *Pidde* Richard Wagners „Ring des Nibelungen" im Lichte des deutschen Strafrechts³, 39.
248 *Leukauf/Steininger* StGB³ § 15 Rz 23; *Foregger/Kodek* StGB⁶ § 15 Erl III; *Maurach/Gössel/Zipf* AT II⁷ § 52 I.
249 *Leukauf/Steininger* StGB³ § 12 Rz 50.
250 Regieanweisung des Textes.

demnach sich nicht nur an der Tat zu beteiligen, sondern sie beteiligt sich tatsächlich daran. Eine bloß „versuchte" Beihilfe ist daher gar nicht gegeben. Vielmehr liegt eine grundsätzlich sehr wohl strafbare Beihilfe zum versuchten Delikt des Totschlages[251] vor. Wenn *Pidde* davon ausgeht[252], daß Siegmund einen Mordversuch zu verantworten habe, der nicht durch Notwehr gerechtfertigt ist, müßte er konsequent auch in Brünnhildes Beteiligung daran eine strafbare Handlung sehen.

Erkennt man jedoch richtig Siegmunds Handlung als Notwehr und Brünnhildes Beteiligung daran als Nothilfe (§ 3 öStGB bzw § 32 Abs 2 dStGB), ist ihr Verhalten nicht strafbar.

Dritter Aufzug
Die Rache des zürnenden Vaters

Brünnhildes Entscheidung, für Siegmund zu kämpfen und den Auftrag ihres Vaters zu mißachten, zieht schlimme Konsequenzen nach sich: Der oberste Gott zürnt. Turbulent beginnt der dritte Aufzug mit dem „Ritt der Walküren", ein musikalischer Einfall, der gleich wie „Siegfrieds Trauermusik" (Götterdämmerung, III. Aufzug, Orchesterzwischenspiel zur dritten Szene) allgemeine Bekanntheit und Beliebtheit erlangt hat. Als musikalische Untermalung für vieles mißbraucht, gelang es diesen wenigen Takten (beide Stücke umfassen ungefähr 20 Minuten des fast 17stündigen Werkes), sogar jenen zu Ohren zu kommen, die sonst versuchen, der Musik Richard Wagners möglichst zu entfliehen.

Die Walküren, unter ihnen auch Brünnhilde, die Sieglinde gerettet hatte und mit sich führt, versammeln sich am Gipfel eines Felsenberges. Gleich einem furchtbaren Gewitter braust Wotan heran. In unvorstellbarem und vor allem nicht nachvollziehbarem Zorn ruft er nach Brünnhilde, der „Verbrecherin".

Wotan (III. Aufzug, zweite Szene):

Wo ist Brünnhild,
wo die Verbrecherin?
Wagt ihr, die Böse
vor mir zu bergen?

---

251 § 212 dStGB bzw Mord § 75 öStGB.
252 *Pidde* Richard Wagners „Ring des Nibelungen" im Lichte des deutschen Strafrechts[3], 38.

Ursache dieses Wutausbruches ist gekränkte Eitelkeit, da offensichtlich nichts mehr nach Wotans Willen geschieht, was zweifellos seine Machtstellung weiter untergräbt.

> Wotan (III. Aufzug, zweite Szene):
>
> ...
> daß treulos sie
> meinem Willen getrotzt,
> mein herrschend Gebot
> offen verhöhnt,
> gegen mich die Waffe gewandt

Der oberste Gott hat offensichtlich mittlerweile nicht nur die Fassung, sondern auch jegliches Realitäts- und Unrechtsbewußtsein verloren. Er wird zum „blindwütigen Rächer". Der aufs Höchstmaß gestiegene Affekt lähmt die Hemmungsmechanismen und setzt tiefste Urinstinkte frei. Die Kriminologie ordnet derartige „liebenswürdige" Zeitgenossen in die Gruppe der „primitivreaktiven Verbrecher" ein[253]. In blindem Zorn verkennt Wotan gänzlich, daß er selbst der Verbrecher in diesem Spiel ist, denn ihm hat Siegmund seinen Tod zu verdanken. Die Dreistigkeit des Mörders, Brünnhildes vergeblichen Versuch, ihren Halbbruder zu retten, als abscheuliches Verbrechen hinzustellen, ist kaum noch zu übertreffen. Die Behauptung, Brünnhilde habe gegen ihn die Waffe gewandt, ist vollständig aus der Luft gegriffen. Einzigartig ist in diesem Fall auch die Musik, mit der die fragwürdige Ansicht Wotans sogar noch untermauert wird. Der musikalische Sturm ist furchteinflößend, nicht nur für den Zuhörer, sondern offensichtlich auch für Brünnhilde:
Nachdem Wotan seine Anschuldigungen beendet hatte und Text und Musik eine Atempause einlegen, tritt Brünnhilde demütigen Schrittes aus dem Kreis der schützenden Walküren und verlangt, überzeugt von der Stichhaltigkeit der lautstark erhobenen Vorwürfe, nach der Strafe. Die Musik vermittelt den Kniefall einer reumütigen Beschuldigten:

> Brünnhilde (III. Aufzug, zweite Szene):
>
> Hier bin ich, Vater:
> gebiete die Strafe!

---

[253] *Seelig* Kriminologie³, 134ff.

Die Strafe soll darin bestehen, daß Wotan Brünnhilde in wehrlosen Schlaf auf einen Felsen verbannt, wo der erstbeste Mann sie zur Frau gewinnen könne.

> Wotan (III. Aufzug, zweite Szene):
>
> Hieher auf den Berg
> banne ich dich;
> in wehrlosen Schlaf
> schließ ich dich fest:
> der Mann dann fange die Maid,
> der am Wege sie findet und weckt.

Auch wenn Brünnhilde demütig nach der Strafe frägt, kann sie, wie auch jeder andere mit den rechtlich geschützten Werten verbundene Mensch, nicht verstehen, worin ihr Verbrechen bestehen soll und wie die Höhe der Strafe zu begründen sei. Ein „guter" Richter weiß aber sein Urteil mit knappen Worten nichtssagend zu begründen:

> Wotan (III. Aufzug, dritte Szene):
>
> Frag deine Tat,
> sie deutet dir deine Schuld!

Das flehentliche Bitten der zu Unrecht Verurteilten veranlaßt den strengen „Richter" jedoch zu einer Milderung hinsichtlich der Strafmodalitäten: „Der Kreis der möglichen „Freier" soll eingeschränkt werden. Auch in dieser plötzlichen Rücknahme der ursprünglich ausgesprochenen „Strafe" offenbart sich ein deutliches Charakteristikum des „primitivreaktiven Verbrechers". Ist der Zorn „verraucht", steht der Handelnde verständnislos der eigenen Tat gegenüber[254]. Ein Feuer soll all jene abschrecken, die noch Wotans Speer fürchten.

> Wotan (III. Aufzug, dritte Szene):
>
> Wer meines Speeres
> Spitze fürchtet,
> durchschreite das Feuer nie!

---

[254] *Seelig* Kriminologie³, 135.

Der Unerschrockene wird Wotans Enkel Siegfried sein. Er bringt dem obersten Gott noch weniger Respekt entgegen als Brünnhilde (Siegfried, III. Aufzug, zweite Szene). In weiser Voraussicht scheint Brünnhilde dies geahnt und gewollt zu haben. Das bereits an dieser Stelle in der Musik zitierte Leitmotiv Siegfrieds deutet unmißverständlich darauf hin[255]. Die Wahl des Ehemannes dürfte daher ganz im Sinne Brünnhildes erfolgt sein. Im dritten Aufzug des „Siegfried" findet ein liebendes Paar zueinander, welches sich im Vorspiel der Götterdämmerung (zweiter Teil) nur schwer zu trennen vermag. Ob die Strafe tatsächlich eine Strafe oder gar ein „Geschenk" ist, muß dahingestellt bleiben. Der dramatisch begonnene dritte Aufzug der Walküre endet jedenfalls in einem friedlichen Ausklang. Der Eindruck, daß hier nicht Recht, sondern Unrecht gesprochen wurde, bleibt jedoch bestehen.

Dem geschwächten Gott ist es zwar nicht gelungen, seinen Willen gegenüber der eigenen Ehefrau durchzusetzen, es hat aber zumindest noch für eine Machtdemonstration gegenüber seinen Kindern Siegmund und Brünnhilde gereicht.

---

[255] *Donington* Der Ring des Nibelungen und seine Symbole[2], 137.

Zweiter Tag

Siegfried

Was Wotan bisher angepackt hatte, schlug fehl. Sein Plan, Siegmund als Handlanger zur Rückerlangung des Ringes einzusetzen, war zum Scheitern verurteilt, da ein Handeln Siegmunds im Auftrag Wotans einem Handeln Wotans gleichgesetzt werden müßte.

Alberich zu Wotan (II. Aufzug, erste Szene):

> Nicht du darfst,
> was als Zoll du gezahlt,
> den Riesen wieder entreißen:

Auch wenn Siegmund sich zur Ausführung des eigentlichen Planes als untauglich erwiesen hatte, war er nicht untätig geblieben. Vor seinem Tod hat er noch rasch seinen Vater zum Großvater gemacht und einen Enkel, Siegfried, gezeugt. Dieser weiß von der Existenz seines berühmten Großvaters nichts und wäre daher der geeignete Mann, der ohne Einflußnahme Wotans auf den Gedanken kommen müßte, Fafner den Ring zu entreißen. Die Tat könnte dann Wotan nicht zum Vorwurf gemacht werden. Wotan würde allerdings aus der Tat auch keinen Nutzen ziehen können, denn welche Veranlassung hätte ein „freier Held" wie „Siegfried", Wotan die Früchte seiner Spontanhandlungen zukommen zu lassen? Der absolut „Freie" läßt sich auch nicht im nachhinein zum Handlanger machen. Wenn Siegfried für sich den Hort und den Ring gewinnt, liegt darin vielmehr das Ende der auf Verträgen aufgebauten Herrschaft Wotans, denn der „freie Held" ist auch frei von den Geboten und Verboten des obersten Gottes. Für ihn gibt es kein anderes Gesetz als die eigene Laune[256]. Als Wotan dies erkennt, ist es jedoch zu spät. Siegfried zerschlägt Wotans Speer der Macht, dessen Schaft gezeichnet ist von den Runen der Verträge und dokumentiert damit, daß für ihn vertragliche Bindungen und das göttliche Gesetz keine Relevanz haben (Siegfried, III. Aufzug, zweite Szene). Was der schlaue Zwerg Alberich nicht erreichte, gelingt einem naiven unwissenden Helden.

Wanderer[257] zu Siegfried (III. Aufzug, zweite Szene):

> Zieh hin! Ich kann dich nicht halten.

---

[256] *B. Shaw* Wagner Brevier[8], 72.
[257] Wotan tritt in der Oper Siegfried als „Wanderer" auf.

Ohne die fatalen Konsequenzen für die eigene Machtstellung zu erkennen, baut Wotan seine ganze Hoffnung darauf, daß Siegfried den Riesen Fafner aus eigenem Antrieb tötet und sich in den Besitz des Ringes setzt. Geschickt vertraut Wotan auf den schlechten Einfluß des Zwerges Mime, Siegfrieds Ziehvater, der sich nach dem Tod von Siegfrieds Mutter Sieglinde des Sprößlings angenommen hatte. Mime, dem Geschlecht der Nibelungen entstammend und ebenfalls von Machtgier zerfressen, will jedoch selbst mit Siegfried als unwissendem Werkzeug in den Besitz des Ringes gelangen.

Wanderer zu Alberich (II. Aufzug, erste Szene):

> Nichts weiß der von mir;
> der Niblung nützt ihn für sich.
> ...
> Wen ich liebe,
> laß ich für sich gewähren;
> er steh' oder fall',
> sein Herr ist er.

Obwohl alle weiteren Ereignisse nach Wotans erhofften Vorstellungen verlaufen, ist er in keiner Weise als Bestimmungs- oder Beitragstäter (§ 12 StGB) daran beteiligt. Seine kriminelle Erfolglosigkeit veranlaßte ihn, resignierend zum Aussteiger zu werden und allen Machtambitionen den Rücken zu kehren. Nach dem Abschied von Brünnhilde ist Wotan nur mehr ein *„abgeschiedener Geist"*[258]. Der einst lenkende Gott kann nur mehr noch gewähren lassen, nirgends aber bestimmend eingreifen. Als „Wanderer" durchstreift er rastlos die Welt[259]. Wotan weiß, daß sein Ende naht. Seine letzte Hoffnung besteht darin, daß zumindest sein Enkel Siegfried das Erbe antritt und nicht Alberich. Einen Einfluß darauf hat er jedoch nicht.

Wanderer zu Erda (III. Aufzug, erste Szene):

> Um der Götter Ende
> grämt mich die Angst nicht,
> seit mein Wunsch es will!
> ...
> Weih' ich in wütendem Ekel
> Des Nibelungen Neid schon die Welt,
> dem herrlichsten Wälsung
> weis ich mein Erbe nun an.

---

258 *Wagner* Brief an August Röckel vom 25., 26. Januar 1854.
259 Waltraute (Götterdämmerung; I. Aufzug, dritte Szene):
Einsam zu Roß,
ohne Ruh noch Rast,
durchschweift' er als Wandrer die Welt.

Man darf dieser Aussage Wotans jedoch keinen Glauben schenken. So leicht wie er es vorgibt, fällt ihm der Abschied von der Macht nicht. Dies zeigt sogleich die anschließende Szene, in der er auf Siegfried trifft (III. Aufzug, zweite Szene). Nach der Entmachtung durch seinen Enkel Siegfried verfällt er in tiefe Depression und zieht sich nach Walhall zurück, um sein Ende zu erwarten.

> Waltraute (Götterdämmerung, I. Aufzug, dritte Szene):
>
> So sitzt er,
> sagt kein Wort,
> auf hehrem Sitze
> stumm und ernst
> des Speeres Splitter
> fest in der Faust.

Die Rolle Mimes

Der Nibelung Mime ist die treibende Kraft in diesem Teil der Tetralogie. Er hat Siegfried allein aufgezogen, nachdem seine Mutter Sieglinde bei der Geburt verstorben war. Mime will mit dem Ring die Macht erlangen, die sein Bruder Alberich kurze Zeit inne hatte. Der Zwerg ist jedoch dem Streben nach Macht noch nicht so verfallen, daß er sogleich einen Alleinanspruch erheben will. Er wäre einverstanden, diese mit Alberich zu teilen, ein Vorschlag, den sein Bruder sofort rigoros ablehnt (II. Aufzug, dritte Szene). Beide betrachten daher gespannt das Geschehen und warten darauf, wie sich Siegfried, ihr unwissendes und willenloses Werkzeug, verhalten wird.

Nach dem Plan Mimes muß zu allererst Fafner aus dem Weg geräumt werden, weil er das Gold besitzt und auch bewacht. Zu einer solchen Tat ist der kleine Zwerg natürlich nicht imstande. Er benötigt dafür Siegfried, dem er als Waffe das Schwert seines Vaters Siegmund in die Hand geben will. Der Plan hat jedoch den Haken, daß das Schwert Siegmunds im Kampf mit Hunding zerbrochen ist (Walküre, II. Aufzug, fünfte Szene). Die Stücke müssen daher erst wieder zusammengeschmiedet werden. Mime hat dies nie zustande gebracht, obwohl er ein geschickter Schmied ist. Zu diesem Meisterstück der Handwerkskunst ist nur Siegfried in der Lage.

Mimes Plan besteht daher aus zwei Teilen: Zuerst muß er Siegfried dazu bringen, die zerbrochenen Stücke des Schwertes wieder zusammenzufügen und damit Fafner zu töten. Danach plant er, Siegfried zu ermorden, damit ihm dieser nicht den Besitz des Goldes und des Ringes streitig machen kann.

Der Naive als Werkzeug des Wissenden

Fafner hat die Ermordung seines Bruders schwer getroffen. Entsetzt über die eigene Tat, zu der ihn die Gier nach Gold veranlaßt hatte, zieht er sich mit Hort und Ring in eine Höhle zurück. Der Tarnhelm ermöglicht es ihm, sich in ein „eidechsenartiges Reptil" zu verwandeln und in dieser Gestalt das unheilbringende „Maß aller Dinge" zu bewachen. Fafner verfolgt selbst keine Machtambitionen mit dem Rheingold, sondern will es nur mehr vor dem Zugriff der Gierigen schützen. Gäbe es nicht Siegfried, der als törichter „Held" nur das tut, was man ihm aufträgt, ohne die Zusammenhänge zu erkennen oder die Konsequenzen zu beachten, ließe sich im Riesen Fafner ein „Friedensgarant" erblicken. Das Bemerkenswerte an Wagners Sicht der Dinge ist, daß der Komponist offensichtlich in Siegfried den *„von uns gewünschten, gewollten Menschen der Zukunft"* erblickt. In Siegfried hat Wagner den *„vollkommensten Menschen"* darzustellen versucht, *„dessen höchstes Bewusstsein darin sich äussert, dass alles Bewusstsein immer nur in gegenwärtigstem Leben und Handeln sich kundgiebt"*[260]. Es stünde wohl noch viel schlimmer um die Menschheit, wenn ihre Geschicke ausschließlich von Personen bestimmt würden, die intuitives Handeln einem vorausschauenden Denken vorziehen, um in gespannter Erwartung der hereinbrechenden Konsequenzen zu harren.

Mime erklärt Siegfried, daß es für sein zukünftiges Leben wichtig wäre, das Fürchten zu lernen. Der unwissende und instinktlose junge Held kennt natürlich keine Furcht. Diese könne ihm aber ein Ungeheuer (Fafner), das er ihm zeigen wolle, beibringen.

Mime ist davon überzeugt, daß Siegfried auf Grund seiner schon mehrmals unter Beweis gestellten unbeherrschten Aggressivität innerhalb kürzester Zeit in eine tätliche Auseinandersetzung mit Fafner geraten werde. Nach Siegfrieds Lebensphilosophie ist die Gewalt das einzige taugliche Mittel, seine Ziele zu erreichen. Auch das Sammeln von Erfahrungen und Wissen bedarf physischer Kraftanstrengung:

Siegfried *(packt Mime bei der Kehle,* I. Aufzug, erste Szene):
So muß ich dich fassen,
um was zu wissen:
gutwillig erfahr ich doch nichts!

---
260 *Wagner* Brief an August Röckel vom 25., 26. Januar 1854.

Der bei Wotan unübersehbare Hang zur Kriminalität tritt auch bei seinen Nachkommen in erschreckend weiterentwickelter Form in Erscheinung. Siegmund, Siegfrieds Vater, hatte zumindest noch in der Überzeugung gehandelt, für das Recht, bzw das, was er als Recht ansah, zu kämpfen. Er wußte seine Taten wenigstens vor sich selbst zu rechtfertigen. Siegfried ist hingegen der klassische Fall eines „Verbrechers aus reiner Angriffssucht"[261]. Es handelt sich dabei um einen kriminologischen Tätertyp, der durch seine erhöhte Affektneigung gekennzeichnet ist, die sich, meist verbunden mit Gemütsarmut und dadurch bedingtem Mangel an hemmenden Sozialgefühlen in einer ständigen Neigung zu Angriffen auf die mitmenschliche Umgebung äußert. Körperlich dem Konditionstyp des Athletikers[262] zuzuordnen, sind es überschüssige Kräfte, die solche „angenehmen" Zeitgenossen loswerden müssen. Der Gewalteinsatz verfolgt dabei in der Regel keine bestimmten Zielsetzungen. Siegfried befindet sich in einem chronischen Erregungs- und Spannungszustand. Geringste Anlässe, auch wenn es nur eine unbedeutende Äußerung Mimes ist, bringen ihn zum „explodieren" und veranlassen ihn, gegen den Zwerg feindlich vorzugehen. Siegfried fehlt dabei jegliches hemmende Sozialgefühl. Immerhin ist Mime sein aufopfernder, wenngleich nicht uneigennützig denkender, Ziehvater.

> Mime (I. Aufzug, erste Szene):
>> Nun tobst du wieder wie toll:
>> dein Undank, traun, ist arg!
>> Mach ich dem bösen Buben
>> nicht alles gleich zu best,
>> was ich ihm Gutes schuf,
>> vergißt er gar zu schnell!

Mime hält es für gewiß, daß Siegfried einen Kampf mit Fafner gewinnen werde, wenn er dabei das Schwert seines Vaters benützt. Er erreicht, daß Siegfried nach den zerbrochenen Stücken des Schwertes seines Vaters verlangt und sich aus den Resten ein neues Schwert schmiedet. Dem an sich geschickten Mime gelang dies nie, da er immer nur versuchte, die zerbrochenen Stücke zusammenzufügen, was nie von langem Bestand war. Siegfried hingegen geht rigoroser an die Sache heran, zerfeilt die einzelnen Teile und schmilzt sie ein, um daraus ein neues Schwert herzustellen. Im übertragenen Sinn könnte man dies so verstehen, daß jedes neue System nur dann Bestand haben kann, wenn die alten Strukturen

---
261 *Seelig* Kriminologie³, 109f.
262 *Seelig* Kriminologie³, 109f.

gänzlich aufgelöst werden. Halbherzig geführte Revolutionen bringen nur selten einen Fortschritt[263].

Obwohl der Tod Fafners in der Absicht Mimes liegt, enthalten seine Äußerungen gegenüber Siegfried nie eine ausdrückliche Aufforderung zur Tötung. Sein Ziel erreicht Mime aber dennoch. Siegfried beginnt in der dritten Szene des ersten Aufzuges sofort mit der Fertigung des Schwertes und es ist offensichtlich, daß er sich auf einen Kampf vorbereitet. Mime gelingt es auf geschickte Art und Weise, in Siegfried zumindest den Entschluß zu einer tätlichen Auseinandersetzung mit Fafner zu wecken. Der Zwerg vertraut natürlich darauf, daß diese mit dem Tod des Riesen enden werde.

Das Anstiften bzw Bestimmen eines anderen zur Ausführung einer strafbaren Handlung kann in jeder denkbaren Form erfolgen. Entscheidend ist nur, daß durch die Verhaltensweise des Bestimmungstäters der Anstoß zur Tatausführung gegeben wird[264]. Die Handlungsweise Mimes hat dazu geführt, daß Siegfried danach verlangt, zu Fafner geführt zu werden. Sie hat weiters dazu geführt, daß Siegfried sich ein Schwert schmiedet und damit zum Ausdruck bringt, einen Kampf mit Fafner führen zu wollen.

Die Tatsache, daß die Aufforderung, Fafner zu töten, gegenüber Siegfried nicht ausdrücklich erfolgte, ist nicht von Bedeutung. Strafbar handelt auch jener (§ 12 StGB 2. Alt) der listig scheinbar von der Tat abrät, wenn er weiß, daß er damit genau das Gegenteil erreicht[265].

Mime, der davon überzeugt ist, daß Fafner bei der bevorstehenden Auseinandersetzung den Tod finden werde, hat alles getan, was notwendig ist, um die Ausführung der Tat durch einen anderen zu erreichen.

Mime zu Wanderer (I. Aufzug, zweite Szene):

denn er weiß, daß allein
mit dem Wotansschwert
ein kühnes dummes Kind,
Siegfried, den Wurm versehrt.

Mime (I. Aufzug, dritte Szene):

Er schmiedet das Schwert
und Fafner fällt er:
das seh ich nun deutlich voraus.

---

263 *B. Shaw* sieht in Siegfried den Anarchisten, der nur zerstört, um den Boden für eine Neuschöpfung freizulegen: Wagner Brevier[8], 80.
264 *Kienapfel* JBl 1974, 182; *ders* AT[6] E 4 Rz 9; *Leukauf/Steininger* StGB[3] § 12 Rz 30; *Triffterer* AT[2], 402.
265 *Kienapfel* JBl 1974, 182; *ders* AT, E 4 Rz 9.

Mimes Vorsatz, Siegfried zur Tötung Fafners zu bestimmen, ist seinen Äußerungen leicht zu entnehmen. Siegfried weiß jedoch nicht, daß er im Interesse Mimes Fafner töten soll. Er befindet sich zudem in einem Irrtum hinsichtlich der wahren Eigenschaft des Tatobjektes. Siegfried meint, ein Tier zu töten, während Mime sich bewußt ist, den Anstoß zur Tötung eines Menschen und damit zur Ausführung eines Mordes (§ 75 StGB) zu geben.

Aus der Sicht des Tatausführenden liegt eine Anstiftung zur Tötung eines Tieres vor. Diese wäre nach dem österreichischen Strafgesetz nicht strafbar, da § 222 StGB nur das unnötige Quälen eines Tieres als Straftatbestand kennt[266]. Hingegen begründet das unnötige Töten von Tieren, soweit dies nicht mit der Zufügung von Qualen verbunden ist, keine gerichtlich strafbare Handlung[267].

Die Anstiftung zur Tötung Fafners wäre somit keine Aufforderung zur Ausführung einer strafbaren Handlung, wenn der Bestimmungstäter nicht weiß, daß er in Wirklichkeit den Anstoß zur Tötung eines Menschen gibt.

Mime ist sich aber zumindest nach der Erzählung Wotans in der zweite Szene des ersten Aufzuges bewußt, daß der Riese Fafner sich mit Hilfe des Tarnhelms in einen „Wurm" verwandelt hat.

Wanderer zu Mime (I. Aufzug, zweite Szene):

als wilder Wurm
hütet nun Fafner den Hort:

Er hat daher den Vorsatz, Siegfried zur Tötung eines Menschen (Riesen) und nicht eines Tieres zu bestimmen. Der Zwerg benutzt Siegfried als Werkzeug zur Erreichung seiner Ziele. Es liegt demnach der Fall einer „Bestimmung eines anderen" zu dessen unvorsätzlicher Tat vor.

Das deutsche Strafrecht erfaßt derartige Sachverhalte meist mit der eigens dafür geschaffenen besonderen Täterschaftsfigur, der „mittelbaren Täterschaft" § 25 dStGB[268]. Das österreichische Strafgesetzbuch kennt diese Rechtsfigur nicht. Der Begriff der „mittelbaren Täterschaft" wurde aber von der älteren Lehre und Rechtsprechung zum StG verwendet, obwohl das StG diesen Begriff auch nicht ausdrücklich erwähnt hatte[269].

---

266 *Pallin* WK § 222 Rz 8, 11; *Foregger/Kodek* StGB[6] § 222 Erl II; *Leukauf/Steininger* StGB[3] § 222 Rz 3, 4.
267 *Pallin* WK § 222 Rz 16; *Leukauf/Steininger* StGB[3] § 222 Rz 5; *Marschall/Salomon* ÖJZ 1972, 456.
268 *Wessels* AT[26] § 13 III 3, Rz 535; Grundlegend dazu: *Roxin* Täterschaft und Tatherrschaft[6] (1994).
269 *Rittler* AT[2], 295; SSt 49/5; man könnte auch treffend von einer verdeckten unmittelbaren Täterschaft sprechen: *Fuchs* AT[2] 33. Kap III 1 c.

Die verschiedenen Täterschaftsformen müssen nach dem österreichischen Einheitstätersystem unter einen der drei Fälle des § 12 StGB eingeordnet werden. Die Notwendigkeit einer exakten Abgrenzung zueinander scheint sich auf den ersten Blick zu erübrigen, da das Einheitstätersystem des § 12 StGB den Bestimmungs- oder Beitragstäter grundsätzlich dem unmittelbaren Täter gleichstellt. Eine genaue Unterscheidung zwischen Bestimmungs- und Beitragstäter wird aber spätestens dann notwendig, wenn es darum geht, die Strafbarkeit eines Tatversuchs zu beurteilen (§ 15 Abs 2 StGB). Strafbar ist nach dem Gesetz nämlich ausdrücklich nur der Versuch der unmittelbaren Täterschaft und der Versuch der Bestimmungstäterschaft, nicht aber die versuchte Beihilfe (Beitragstäterschaft).

Bei bestimmten Täterschaftsfiguren, wie zB jener im konkreten Fall, ist eine Einordnung nur durch eine Ausdehnung der in § 12 StGB genannten Fälle möglich. So werden Formen der „mittelbaren Täterschaft" meist unter den zweiten Fall des § 12 StGB, der „Bestimmungstäterschaft" eingeordnet[270]. Dazu ist es notwendig, den Begriff des „Bestimmens" dahingehend auszuweiten, daß darunter jede Veranlassung des unmittelbaren Täters zu einem bestimmten Verhalten fällt, auch ohne daß ein Anstoß zu vorsätzlichem Handeln verlangt wird. Demnach haftet derjenige, der sich eines schuldlosen, fahrlässig handelnden oder tendenzlosen Werkzeuges zur Ausführung der Tat bedient und damit „mittelbarer Täter" ist, als Bestimmungstäter nach der zweiten Täterschaftsform des § 12 StGB[271]. Eine vergleichbare Konstellation liegt vor, wenn der liebe Erbe der Pflegerin des reichen kranken Onkels unbemerkt Gift in die für den Kranken bestimmte Suppe schüttet, und die Pflegerin diese dann nichtsahnend dem Patienten einflößt. Unabhängig davon, ob die fürsorgliche Pflegerin fahrlässigerweise das Gift in der Suppe nicht bemerkt hat, kann der eilige Erbe strafrechtlich wegen Mordes zur Verantwortung gezogen werden (§ 12 StGB 2. Alt).

In diesem Sinne „bestimmt" (§ 12 StGB 2. Alt) Mime Siegfried zu einem Mord, auch wenn letzterer die wahre Sachlage nicht erkennt und glaubt, ein Tier zu töten und daher ohne Mordvorsatz handelt.

Ob Siegfried Fafner im Kampf vorsätzlich oder fahrlässig tötet, hat auf die strafrechtliche Verantwortlichkeit Mimes ebensowenig Einfluß, wie die Tatsache, daß sich Siegfried in einem Irrtum hinsichtlich der Eigenschaft des Tatobjektes befindet. Der Zwerg will als schädigenden Erfolg den Tod des Riesen und gibt den Anstoß zu dessen Tötung. Jeder Mitwirkende an einer Straftat verantwortet eigenes Unrecht und eigene

---

270 *Kienapfel* AT[6] E 4 Rz 28; *Leukauf/Steininger* StGB[3] § 12 Rz 31; nach *Burgstaller* ist als unmittelbarer Täter auch derjenige anzusehen, der die Tatherrschaft ausübt, ohne den Tatbestand eigenhändig zu verwirklichen, RZ 1975, 16f.
271 SSt 49/5; dazu auch *Zipf* ÖJZ 1975, 620.

Schuld (§ 13 StGB) und diese sind maßgebend für seine strafrechtliche Verantwortung[272].

Die Tatsache, daß Siegfried der Meinung ist, ein Tier zu töten und sich dabei in einem Irrtum über die Gattung des Tatobjektes befindet, kommt nur ihm zu Gute: Er handelt ohne Mordvorsatz. Mime hingegen, der weiß, daß der Riese Fafner nur in der Gestalt eines Drachens in Erscheinung tritt, hat Anstiftung bzw Bestimmung zur Ausführung eines Mordes zu verantworten (§ 12 2. Alt iVm § 75 StGB).

Die versuchte Ermordung des Handlangers

Der erste Teil von Mimes Plan ist zu seiner vollen Zufriedenheit geglückt: Siegfried kann sich im Gespräch mit Fafner nicht lange beherrschen. Ein paar provozierende Äußerungen des Riesen reichen aus, um Siegfrieds Aggressionspotential zu wecken. Nach kurzer tätlicher Auseinandersetzung tötet der unreife Knabe den weisen Riesen, obwohl dieser ihm noch viel vom wahren Lauf der Welt berichten hätte können. Resignierend kommt dem „voreiligen Helden" diese Erkenntnis jedoch zu spät:

Siegfried (II. Aufzug, zweite Szene):

> Woher ich stamme,
> rate mir noch;
> weise ja scheinst du,
> Wilder, im Sterben;
> rat es nach meinem Namen:
> Siegfried bin ich genannt.

Fafner:

> Siegfried ...!

(Er seufzt, hebt sich und stirbt.)

Siegfried:

> Zur Kunde taugt kein Toter.

Nun erst kann Mime dazu übergehen, den zweiten Teil seines Planes umzusetzen. Um in den Besitz des Ringes zu gelangen, hält es der Zwerg für notwendig, Siegfried zu ermorden.

---

272 *Kienapfel* JBl 1974, 184f; ders AT[6], E 4 Rz 27f; SSt 49/5; SSt 48/86; SSt 51/3.

Zur Tötung Siegfrieds ist der körperlich unterlegene Zwerg natürlich ohne Hilfe einer List nicht in der Lage. Mime plant daher, sein Opfer zuerst mit einem Betäubungstrank einzuschläfern und es dann mit dessen eigener Waffe zu erschlagen. Sein krimineller Perfektionsdrang leitet Mime dazu, stets Nägel mit Köpfen zu machen. Würde er Siegfried nur betäuben, um ihn im Schlaf seines Ringes zu berauben, muß er befürchten, daß Siegfried ihm dies übel nehmen könnte und er in Zukunft keine ruhige Minute mehr hätte.

Mime (I. Aufzug, dritte Szene):

> wenig Tropfen nur
> braucht er zu trinken,
> sinnlos sinkt er in Schlaf.
> Mit der eignen Waffe,
> die er sich gewonnen,
> räum ich ihn leicht aus dem Weg,
> erlange mir Ring und Hort.

Mime (II. Aufzug, dritte Szene):

> Doch erwachtest du je,
> nirgends wär' ich
> sicher vor dir

Diese Befürchtungen resultieren aber wohl nur aus der übertriebenen Vorsicht des Zwerges und dem schlechten Ruf, welcher der Göttersippe und ihren Abkömmlingen vorauseilt. Siegfried hat keine Vorstellung, was er mit dem Hort und dem Ring anfangen soll und es ist daher nicht anzunehmen, daß ihn der Verlust des Ringes zu der befürchteten Reaktion veranlaßt hätte.

Mime will jedoch auf Nummer sicher gehen. In der dritten Szene des ersten Aufzuges faßt er daher den Entschluß zur Ermordung Siegfrieds und legt sich auch bereits einen genauen Tatplan zurecht. Zur Ausführung der Tat gelangt der Zwerg aber nicht. Mime versucht in der dritten Szene des zweiten Aufzuges Siegfried als Stärkung nach dem Kampf einen Betäubungstrank aufzudrängen. Durch den Kontakt mit dem Blut des erschlagenen Riesen Fafner ist dieser aber in der Lage, die Gedanken seines Ziehvaters zu erfassen. Während Mime Siegfried nötigen will, den Trank zu sich zu nehmen, verrät er, ohne es wirklich auszusprechen, seine wahre Absicht.

Die Gedanken Mimes (II. Aufzug, dritte Szene):

> In Nacht und Nebel
> sinken die Sinne dir bald:
> ...
> Doch erwachtest du je,
> nirgends wär' ich
> sicher vor dir.
> Drum mit dem Schwert
> das so scharf du schufst,
> hau ich dem Kind
> den Kopf erst ab.

Siegfried, der diese Gedanken verstanden hat:

> Im Schlafe willst du mich morden?

Siegfried weist den angebotenen Trank zurück und tötet Mime, nachdem er sich einige Zeit dessen Aufdringlichkeiten gefallen hatte lassen.

Ein Toter läßt sich zwar nicht mehr zur Verantwortung ziehen, um ein richtiges Charakterbild des listigen Zwerges gewinnen zu können, stellt sich aber dennoch die Frage, ob seine Handlungsweise bereits als strafbarer Mordversuch (§ 15 Abs 2 iVm § 75 StGB) zu werten wäre oder ob er über das Stadium strafloser Vorbereitungshandlungen nicht hinausgekommen ist.

Von einem strafbaren Versuch spricht das Gesetz dann, wenn der Täter seinen Entschluß, die Tat auszuführen, durch eine der Ausführung unmittelbar vorangehende Handlung betätigt hat. Um bestimmen zu können, welche Handlung der Ausführung unmittelbar vorangeht, muß in erster Linie festgestellt werden, worin die eigentliche Ausführungshandlung liegen soll. Als Ausführungshandlung wird eine Verhaltensweise bezeichnet, die bereits zumindest einen Teil des Straftatbestandes erfüllt. Dazu ist es notwendig, den Tatplan des Täters zu kennen[273].

Im vorliegenden Fall wäre die eigentliche Tathandlung (Ausführungshandlung des Mordes) die von Mime geplante Tötung Siegfrieds mit dessen Schwert, nachdem es ihm gelungen ist, diesen vorher zu betäuben. Der Zwerg macht sich aber bereits strafbar, wenn er eine dieser Tötungshandlung unmittelbar vorangehende Handlung setzt. Es gilt daher zu beurteilen, ob im Aufdrängen des Betäubungstrankes eine solche der Ausführung des Mordes „unmittelbar vorangehende" Handlung zu sehen

---

[273] *Burgstaller* JBl 1976, 116; EvBl 1970/6; EvBl 1975/125; EvBl 1981/192; SSt 46/37; SSt 49/26; JBl 1981, 108.

ist. Auszugehen ist vom konkreten Tatplan[274]. Ein wesentliches Merkmal für das Vorliegen einer der Ausführung unmittelbar vorangehenden Handlung ist die zeitliche Nähe und das Fehlen von weiteren Zwischenakten zur eigentlichen Ausführungshandlung[275].

In der Betäubung des Opfers, mit dem Ziel, es danach sofort zu töten, ist zweifellos eine derartige Ausführungsnähe zu sehen. Ein erfolgreicher Betäubungsversuch durch Mime würde daher die genannten Voraussetzungen erfüllen. Der Zwerg scheitert aber bereits beim Versuch, sein Opfer zum Trinken des Betäubungtrankes zu bewegen. Bedenkt man, daß für das versuchte Delikt die gleiche Strafdrohung gilt, wie für die vollendete Tat, wird man auch im emotionalen Bereich des Täters prüfen müssen, ob der Versuchsvorsatz dem Vollendungsvorsatz entspricht[276]. Maßgebliches Kriterium ist daher auch die Überwindung der entscheidenden Hemmschwelle zur eigentlichen Tatausführung[277].

Im gegenständlichen Fall kommt Mime bloß dazu, seinen Betäubungstrank anzubieten. Nach dem Tatplan des Zwerges ist diese Handlung von der eigentlichen Ausführung des Mordes noch weit entfernt. Mime müßte erst erreichen, daß Siegfried den Trank nimmt und wirklich trinkt. Selbst wenn Siegfried den Trank zu sich nehmen würde, was er im vorliegenden Fall nicht tut, wäre ein Gelingen von Mimes Mordplan noch nicht garantiert. Dazu ist es notwendig, daß der Absicht des Täters entsprechend die Bewußtlosigkeit des Opfers eintritt, was eine Frage der richtigen Dosierung der Ingredienzien des Getränkes ist. Erst nach Gelingen dieses Teiles des Planes könnte sich Mime des Schwertes bemächtigen. Solange sein Opfer nicht bewußtlos ist, hat er nicht einmal eine Tatwaffe, um die eigentliche Ausführungshandlung setzen zu können. Der Zwerg scheitert aber schon zu Beginn der Durchführung des vorbereitenden Teiles seines Mordplanes.

Durch die komplizierte Denkweise des Zwerges unterscheidet sich sein Plan vom simplen Lehrbuchfall, bei dem das Opfer einen vergifteten Kaffee offeriert bekommt, in der Erwartung, dieses werde ihn trinken und daran sterben. Hier wäre das Anbieten des Kaffees bereits eine Versuchshandlung, da sie der eigentlichen Tötung durch Zusichnehmen „unmittelbar vorangeht". Nach der unökonomischen kriminellen Planung Mimes dient der angebotene Trank aber bloß der Betäubung, nicht jedoch der Tötung des Opfers. Die Ausführung des Mordes soll erst nach Gelingen

---

274 *Burgstaller* JBl 1976, 119; *Platzgummer* JBl 1971, 246; EvBl 1978/115; JBl 1980, 607 = EvBl 1980/220; JBl 1978, 324 mit Anm Liebscher.
275 SSt 49/26; *Kienapfel* AT⁶ Z 21 Rz 19; *Triffterer* AT², 357; *Burgstaller* JBl 1976, 119f.
276 *Burgstaller* JBl 1976, 119.
277 EvBl 1981/192; EvBl 1982/98; EvBl 1975/283; EvBl 181/241; EvBl 1975/71; EvBl 1978/115; EvBl 1981/104; JBl 1983, 495.

dieses ersten Schrittes und auf ganz andere Weise erfolgen. Im Anbieten des Betäubungstrankes wird man daher noch keine der Ausführung des Mordes „unmittelbar vorangehende" und damit strafbare Handlung des versuchten Mordes sehen können. Mimes Vorgehen ließe sich nur als versuchte Betäubung Siegfrieds bewerten.

Es ist auch zu bezweifeln, daß Mime zu diesem Zeitpunkt schon die entscheidende Hemmschwelle zur Tötung und damit zur eigentlichen Tatausführung überwunden hat. Der Versuch, jemanden durch ein Schlafmittel in Bewußtlosigkeit zu versetzen, verlangt eine weitaus geringere emotionale Überwindung, als das Opfer dann mit dem Schwert zu töten. Die erfolgreiche Betäubung Siegfrieds wäre eine entscheidende Voraussetzung dafür, daß Mime bei der Ausführung seines Mordplanes überhaupt in das Versuchsstadium treten kann. Bis zur Erreichung dieses Punktes seines Planes hat der Zwerg auf Grund seiner physischen Unterlegenheit nicht einmal eine realistische Möglichkeit, den Mord auszuführen. Das Mixen des Trankes, sowie das Aufdrängen desselben sind Handlungen, die die Tatausführungen überhaupt erst ermöglichen sollen und damit straflose Vorbereitungshandlungen. Mimes Handlung wäre vergleichbar mit jener des Einbrechers, der sich erst bemüht, einen Nachtwächter vom Gebäude wegzulocken, um dann leichter einbrechen zu können.

Da Mime unter Zugrundelegung seines Tatplanes nicht über das Stadium einer straflosen Vorbereitungshandlung hinausgekommen ist, könnte ihm sein Verhalten strafrechtlich nicht zum Vorwurf gemacht werden. Mime wäre, wenn er die begonnene Ausführung seines Mordplanes „überlebt" hätte, nur wegen der Anstiftung Siegfrieds zur Ermordung Fafners zu bestrafen gewesen.

Die Strafbarkeit Siegfrieds

Die Tötung des Hortwächters

Siegfried ist ein weitgehend unwissendes Werkzeug, dessen sich Mime bedient, um seine Ziele zu erreichen. Die Naivität des jungen Helden wirkt sich positiv auf seine strafrechtliche Verantwortung aus. In der zweiten Szene des zweiten Aufzuges führt Mime Siegfried zur Behausung Fafners. Bald nachdem sich Fafner und Siegfried gegenüberstehen, kommt es zu der von Mime erwarteten tätlichen Auseinandersetzung. In einem kurzen Kampf tötet Siegfried Fafner und hat damit genau das getan, was Mime erreichen wollte.

Siegfried und Mime besitzen jedoch eine vollkommen unterschiedliche Vorstellung in Bezug auf die Beschaffenheit des Tatobjektes. Mime weiß, daß Fafner sich mit Hilfe des Tarnhelms in einen „ungeheuren eidechsenartigen Schlangenwurm"[278] verwandelt hat. Er ist sich bewußt, Siegfried zur Tötung eines Riesen zu verleiten. Daher ist seine Verhaltensweise auch als Anstiftung bzw Bestimmung zum Mord zu werten.

Siegfried hingegen hat dieses Wissen nicht. Er glaubt, ein Tier im Kampf zu töten. Siegfried befindet sich somit hinsichtlich des Tatobjektes in einem Irrtum. Er tötet zwar einen Riesen, doch sein Irrtum verhüllt ihm die Tatbildmäßigkeit seiner Handlung. Dieser Tatbildirrtum schließt den Vorsatz, einen Menschen im Kampf zu töten, aus[279]. Eine Bestrafung wegen vorsätzlichen Mordes (§ 75 StGB) kommt damit für seine Tat nicht in Betracht.

Beruht der Irrtum Siegfrieds auf einer Fahrlässigkeit, könnte er jedoch zumindest wegen fahrlässiger Tötung zur Verantwortung gezogen werden[280].

Es erscheint sehr zweifelhaft, ob Siegfried hinter dem „eidechsenartigen Reptil" den verwandelten Fafner als menschliches Lebewesen vermuten hätte können. Das einzige Indiz, das für die menschliche Abstammung seines Gegners spricht, ist dessen Fähigkeit zu reden. Siegfried, der fern jeglicher Zivilisation von Mime aufgezogen wurde, zieht daraus aber den Schluß, daß es sich um ein Tier mit außergewöhnlichen Fähigkeiten handelt. Dieser Schluß ist auch aus objektiver Sicht näher liegend, da der Täter sein Tatobjekt wohl in erster Linie nach seinem äußeren Erscheinungsbild beurteilt und nicht nach dessen Verhalten. Siegfried denkt daher nicht daran, daß er statt eines Tieres ein verwandeltes menschliches Lebewesen vor sich haben könnte.

> Siegfried (II. Aufzug, zweite Szene):
>
> Ei, bist du ein Tier,
> das zum Sprechen taugt,
> wohl ließ sich von dir was lernen?

Siegfried ist weder objektiv noch subjektiv eine Fahrlässigkeit hinsichtlich der Beurteilung des Tatobjektes vorzuwerfen. Eine Verantwortlichkeit wegen fahrlässiger Tötung (§ 80 StGB) scheidet daher ebenfalls aus.

Siegfrieds Absicht war aber sehr wohl darauf gerichtet, ein Tier zu töten. Den Tierliebhaber mutet dies sogleich als Tierquälerei an. Der Tatbestand der Tierquälerei (§ 222 StGB) stellt jedoch nur das vorsätzliche unnotwendige Quälen eines Tieres unter Strafe. Die Tötung von

---

278 Anweisung des Textes.
279 *Leukauf/Steininger* StGB³ § 5 Rz 32; *Kienapfel* AT⁶ Z 16 Rz 15.
280 *Triffterer* AT², 426; *Kienapfel* AT⁶ Z 16 Rz 11f.

Tieren, auch wenn dies unnotwendigerweise erfolgt, ist nicht als gerichtlich strafbare Handlung zu werten, solange sie nicht mit unnotwendigen Qualen verbunden ist[281].

Dem Tierfreund zum Trost und gleichzeitig zum Spott sei darauf hingewiesen, daß die vorsätzliche Tötung eines Tieres als Sachbeschädigung beurteilt werden könnte. Tiere sind zwar nach § 285a ABGB formell keine Sachen mehr, die für Sachen geltenden Vorschriften sind aber auf Tiere weiterhin anwendbar, soweit keine abweichenden Regelungen bestehen. Sie genießen daher auch strafrechtlichen Schutz durch den Tatbestand der Sachbeschädigung (§ 125 StGB).

Sachbeschädigung ist jedoch nur gegeben, wenn jemand eine „fremde" Sache zerstört, worunter eine Sache zu verstehen ist, die im Alleineigentum oder zumindest im Miteigentum einer anderen Person steht. Herrenlose Sachen, die in niemandes Eigentum stehen, können nicht Gegenstand einer Sachbeschädigung sein[282]. Der als Wurm getarnte Riese Fafner wäre der klassische Fall einer „herrenlosen Sache". Er ist sein eigener Herr. Eine Sachzerstörung iS des § 125 StGB könnte daher Siegfried nicht vorgeworfen werden.

In Unkenntnis der wirklichen Umstände und damit mangels einschlägigem Tatvorsatz hat Siegfried die Tötung Fafners nicht strafrechtlich zu verantworten.

Die Tötung des lästigen Ziehvaters

In der dritten Szene des zweiten Aufzuges erschlägt Siegfried Mime mit seinem Schwert, nachdem dieser mehrmals versucht hatte, ihn zur Einnahme eines Betäubungstrankes zu bewegen. Er kommt damit Mimes Mordabsichten zuvor und es ist zu fragen, ob Siegfrieds Tat durch Notwehr (§ 3 StGB) gerechtfertigt erscheint: Dazu muß eine Notwehrsituation vorliegen. Diese ist nur bei einem gegenwärtigen oder unmittelbar drohenden rechtswidrigen Angriff auf ein notwehrfähiges Gut gegeben[283]. Die von Mime geplante Ermordung Siegfrieds stellt einen beabsichtigten, rechtswidrigen Angriff auf das notwehrfähige Rechtsgut Leben dar. Einer Erörterung bedarf aber die Frage, ob der von Mime geplante Angriff „unmittelbar drohend" im Sinne des § 3 StGB ist.

Mime ist Siegfried körperlich weit unterlegen. Er muß daher sein Opfer zuerst betäuben, um es damit seiner Verteidigungsmöglichkeiten zu

---

281 *Marschall/Salomon* ÖJZ 1972, 456; *Pallin* WK § 222 Rz 16; *Leukauf/Steininger* StGB[3] § 222 Rz 5.
282 *R. Seiler* in *Triffterer* StGB-Komm § 125 Rz 14.
283 *Leukauf/Steininger* StGB[3] § 3 Rz 70; *Kienapfel* AT[6], Z 11 Rz 4.

berauben. Mime weiß, daß es für ihn nur gegenüber einem wehrlosen Siegfried möglich ist, einen erfolgversprechenden Mordanschlag zu unternehmen.

Siegfried ist jedoch in der Lage, Mimes Gedanken zu erkennen und so offenbart ihm Mime nichtsahnend seinen Tatplan. Mimes Vorhaben ist so von Anfang an zum Scheitern verurteilt, da sein Opfer den angebotenen Trank wohlweislich zurückweist. Zur Ausführung des eigentlichen Angriffs auf Siegfrieds Leben wird es daher erst gar nicht kommen können.

Der Notwehrübende darf eine Abwehrhandlung setzen, sobald sie sachlich geboten ist. Der Bedrohte ist verständlicherweise nicht gezwungen zu warten, bis sich die Gefahr für ihn erhöht und er sich nur mehr erschwert verteidigen kann[284]. Man muß sich im vorliegenden Fall aber die Frage stellen, was geschehen wäre, wenn Siegfried keine Abwehrhandlung gesetzt hätte. Solange er den Trank nicht zu sich nimmt, würde sich die Gefahr für sein Leben nicht erhöhen. Auf Grund seiner physischen Unterlegenheit wäre Mime nie in der Lage gewesen, seinem Opfer mit Gewalt den Trank einzuflößen oder es gar zu töten. Nicht einmal ein ernstlich geführter Angriff auf die körperliche Integrität ist bei diesem Kräfteverhältnis zu erwarten. Dessen ist sich der kühne Held freilich bewußt. Man könnte den geplanten Angriff schon zu diesem Zeitpunkt als mißlungen ansehen, was die Anwendung gerechtfertigter Notwehr ausschließt[285].

Mangels „unmittelbar drohendem" Angriff Mimes auf das Leben Siegfrieds fehlt es an einer Notwehrsituation. Da Mime mit dem Trank nur das erste Ziel seines Tatplans, nämlich die Betäubung des Opfers erreichen will, könnte man im Reichen des Trankes zwar keinen Angriff auf Siegfrieds Leben, aber doch zumindest einen unmittelbar drohenden Angriff auf Siegfrieds körperliche Integrität sehen. Siegfried hätte diesen aber allein schon durch seine Zurückweisung erfolgreich abwehren können und es bedürfte keiner weiteren Verteidigungsmaßnahmen. Die Tötung Mimes würde in jedem Fall das Maß rechtfertigender Notwehr überschreiten.

Es ist zu bezweifeln, ob Siegfried sein Handeln überhaupt als Verteidigung sieht. Es liegt vielmehr der Schluß nahe, daß er nur einen Anlaß gesucht hat, sich einen lästigen Zeitgenossen vom Hals zu schaffen[286]. Man könnte darin auch eine übertriebene Präventivmaßnahme gegen mögliche spätere hinterlistige Mordabsichten des Zwerges sehen. Derartige Vorbeugungsmaßnahmen sind aber nicht gerechtfertigt. Siegfried

---

[284] *Nowakowski* WK § 3 Rz 15; *Leukauf/Steininger* StGB³ § 3 Rz 71.
[285] EvBl 1966/40.
[286] Nach der hM bedarf es zur Notwehr zwar keines Verteidigungswillens, wohl aber der Kenntnis der Notwehrsituation: *Kienapfel* AT⁶ Z. 11 Rz 23; *Fuchs* AT I² 19. Kap IV 3.

tötet Mime aufgrund einer schon immer bestehenden Abneigung gegenüber seinem Ziehvater, sowie aus Zorn über dessen hinterhältiges Vorhaben, nicht aber, um einen drohenden Angriff auf sein Leben oder seine körperliche Integrität abzuwehren. Er hat daher die Tötung Mimes als Mord (§ 75 StGB) zu verantworten.

Charakterlich ist bei Siegfried mittlerweile insofern eine gewisse Reife feststellbar, als sein Handeln zumindest aus einer bestimmten nachvollziehbaren, wenngleich nicht zu rechtfertigenden Motivation heraus erfolgt. Fafner war noch Opfer einer momentanen Laune des jungen Helden. Die Tötung Mimes sollte wenigstens zukünftigen Unannehmlichkeiten vorbeugen.

Siegfried ist damit im Besitz von Hort und Ring. Er hält die Mittel der Macht in Händen, doch weiß der „reine Tor" sie nicht zu nutzen.

Siegfried (II. Aufzug, dritte Szene,
Tarnhelm und Ring in Händen haltend):

Was ihr mir nützt,
weiß ich nicht;
doch nahm ich euch
aus des Horts gehäuftem Gold

In der zweiten Szene des dritten Aufzuges trifft Siegfried auf Wotan. Ein letztes Mal noch versucht der oberste Gott seinen Machtanspruch zu dokumentieren und versperrt mit seinem Speer Siegfried den Weg. In den Speer sind die Runen der Verträge graviert, aus denen Wotan seinen Herrschaftsanspruch ableitet. Der kühne Held zögert nicht lange und zerschlägt dieses Symbol der Macht. Die vertraglich erlangte Macht Wotans endet damit. Es verbleibt der Ring als Symbol der Macht des Goldes und dieser Ring ist nun in den Händen eines Unwissenden – Siegfried.

Wotan (Rheingold, zweite Szene):

Verträge schützt
meines Speeres Schaft.

Wanderer (Siegfried, III. Aufzug, zweite Szene):

Noch hält meine Hand
der Herrschaft Haft.
(nachdem Siegfried Wotans Speer zerschlagen hat)
Zieh hin! Ich kann dich nicht halten!

Der Held zieht hierauf zu Brünnhilde, die Wotan am Ende der Walküre auf einen einsamen Felsen verbannt hatte. Obgleich sich diese in ,,wehrlosem Schlaf"[287] befindet, versetzt ihr Anblick Siegfried in Angst und Schrecken, da er erkennen muß, daß es sich dabei nicht um einen Mann handelt.

> Siegfried (III. Aufzug, dritte Szene):
>> Das ist kein Mann!
>> Brennender Zauber
>> zückt mir ins Herz;
>> feurige Angst
>> faßt meine Augen:
>> mir schwankt und schwindelt der Sinn!
>> Wen ruf ich zum Heil,
>> daß er mir helfe?
>> ...
>> O Mutter, Mutter!
>> Dein mutiges Kind!
>> Im Schlafe liegt eine Frau:
>> die hat ihn das Fürchten gelehrt!

Was Fafner nicht konnte, gelingt Brünnhilde. Den wahren Helden kann nur eine Frau das Fürchten lehren, blutige Kämpfe schrecken ihn nicht. Auch in diesem Punkt weist Siegfried große Übereinstimmung mit seinem Großvater Wotan auf. Der oberste Gott fürchtete sich vor seiner Ehefrau Fricka so sehr, daß er sogar seinen Sohn Siegmund dem ehelichen Frieden opferte, weil seine Frau dies von ihm verlangt hatte (Walküre, II. Aufzug, erste Szene).

Der Fluch des Ringes wird auch den naiven Helden ereilen. Selbst wenn der Besitzer vom ,,Glück", welches er in Händen hält, nichts weiß, sind ihm die mißgünstigen Neider gewiß.

---

[287] Wotan (Walküre III. Aufzug, zweite Szene):
> Hierher auf den Berg
> banne ich dich;
> in wehrlosen Schlaf
> schließ ich dich fest

Den wahren Helden kann nur eine Frau das Fürchten lehren,
blutige Kämpfe schrecken ihn nicht

Dritter Tag

Götterdämmerung

Das Spiel um Macht und Reichtum neigt sich dem prophezeiten Ende zu. Siegfried ist nun zwar im Besitz des Ringes, er hat jedoch nicht annähernd eine Vorstellung davon, welche Ziele man damit verfolgen kann. Wotan hingegen hat in der Zwischenzeit resignierend sein kriminelles Treiben wegen Erfolglosigkeit eingestellt. Er mußte erkennen, daß ein unabhängiger Handlanger nicht zu gewinnen ist. Der selbständige „Held", nach dem er suchte, der aus eigenem Antrieb heraus Hort und Ring gewinnt, hat selbstverständlich keine Veranlassung, diese Beute Wotan zu überlassen. Wotans Macht ist auf Verträge aufgebaut, welche seines Speeres Schaft schützt. An diese Verträge ist ein „Held" wie Siegfried, der jegliche sittliche und rechtliche Ordnung negiert, nicht gebunden. Er zerschlägt Wotans Speer (Siegfried, III. Aufzug, zweite Szene) und damit symbolisch auch dessen Machtanspruch. Leicht ist darin Wagners Intention zu erkennen, die Anarchie zu rechtfertigen. Freiheit bedeutete nach seiner Vorstellung, keine Herrschaft zu dulden, die gegen das eigene Wesen, Wissen und Wollen ist[288]. Wotan muß sich daher in Zukunft dem Lauf der Dinge fügen, ohne diese beeinflussen zu können. Der ungebundene Held ist in seiner Handlungsweise unberechenbar. Niemand weiß, zu welchen Taten ihn die Laune drängt und welche Konsequenzen diese nach sich ziehen. Das Seil der Nornen muß daher bei der Frage, was aus dem Nibelungenring werden soll, in Stücke reißen, wenn ein Unwissender ihn in Händen hält:

Die zweite Norn (Vorspiel zur Götterdämmerung):

> Aus Not und Neid
> ragt mir des Niblungen Ring:
> ein rächender Fluch
> nagt meiner Fäden Geflecht.
> Weißt du, was daraus wird?

Die dritte Norn *(das zugeworfene Seil hastig fassend)*:

> Zu locker das Seil,
> mir langt es nicht.
> Soll ich nach Norden
> neigen das Ende,
> straffer sei es gestreckt!
> Es riß!

---

288 Vgl *Gregor-Dellin* Richard Wagner[2], 290.

Götterdämmerung

???

Wenn Unwissende die Geschicke der Welt in die Hand nehmen, haben
Weise nichts mehr zu melden:

> Die drei Nornen (Vorspiel zur Götterdämmerung):
> **Zu End' ewiges Wissen!
> Der Welt melden
> Weise nichts mehr.**

Der Fluch des Ringes verschont aber auch nicht denjenigen, der davon keine Kenntnis hat und so läuft Siegfried direkt in sein Verderben, ohne es zu ahnen. Der ursprüngliche Titel dieses Teils der Tetralogie lautete „Siegfrieds Tod"[289]. Nachdem Siegfried den Ring als Symbol der Macht an sich gebracht hatte, dämmert auch den Göttern ihr Ende. Wagner entschied sich daher für eine Umbenennung in „Götterdämmerung". Inhaltlich deckt sich dieser Teil der Tetralogie mit wichtigen Partien des „Nibelungenliedes". Die „Götterdämmerung" wurde von Wagner als erstes gedichtet und sollte ursprünglich auch als Einzelwerk bestehen[290]. Das Ende der Geschichte stand damit von Anfang an fest. Mit den vorangehenden drei Werken hat Wagner in der Folge versucht, die Ursachen der Katastrophe aufzudecken und zu verdeutlichen. Durch dieses Zurückdenken im Handlungsablauf wurde der Ring zu einem Drama Wotans. Es ist eine Geschichte von Schuld und Tragik des obersten Gottes, die mit seiner Abdankung endet[291].

Des Blinden Gang zum Abgrund

Nachdem Siegfried Brünnhilde aus „wehrlosem" Schlaf erweckt hatte, scheint er im sicheren Hafen der Ehe Schutz gefunden zu haben (Vorspiel zum I. Aufzug der Götterdämmerung, zweiter Teil). Den Helden drängt es jedoch nicht zu untätiger Sicherheit, sondern zu Streit und so bricht Siegfried auf, um entlang des Rheines zum Hofe Gunthers zu gelangen, der dem Geschlecht der Gibichungen entstammt. Vorurteilsfrei wird er dort gleich gastlich aufgenommen.

---

289 *Wagner* Brief an August Röckel vom 25., 26. Januar 1854; *ders* Brief an Franz Liszt vom 20. November 1851.
290 *Wagner* Brief an Franz Liszt vom 20. November 1851; *ders* Brief an Theodor Uhlig vom 12. November 1851.
291 *Gregor-Dellin* Richard Wagner², 363f.

Siegfried (I. Aufzug, zweite Szene):

> Dich hört' ich rühmen
> weit am Rhein:
> nun ficht mit mir
> oder sei mein Freund!

Gunther:

> Laß den Kampf!
> Sei willkommen!

An Gunthers Hof trifft Siegfried auch auf Hagen, der in Wagners Werk der Sohn Alberichs ist. Hagen und Gunther sind Halbbrüder, da sie beide als Söhne von Grimhild geboren wurden[292]. Ein Willkommenstrunk Hagens benebelt Siegfrieds Sinne und läßt ihn rasch den ehelichen Alltag und damit seine Beziehung zu Brünnhilde vergessen.

Hagen zu Gutrune, die Schwester Gunthers (I. Aufzug, erste Szene):

> Träte nun Siegfried ein,
> genöss' er des würzigen Tranks,
> daß vor dir ein Weib er ersah,
> daß je ein Weib ihm genaht,
> vergessen müßt' er des ganz.

In diesem Zustand erklärt sich Siegfried bereit, für den unverheirateten Gunther, mit dem er kurz zuvor Blutsbrüderschaft getrunken hatte, eine Frau zu „freien". Diese Frau soll jedoch nach Gunthers Vorstellung Siegfrieds Gattin Brünnhilde sein, die dem heldenhaften Gedächtnis Siegfrieds nach dem Genuß von Hagens Trank „entfallen" war. Als anmutiges Gegengeschäft lockt Siegfried Gutrune, die Schwester Gunthers. Wenngleich durch „würzigen" Trank benebelt, dürfte Siegfried beim Anblick Gutrunes seine Beziehung zu Brünnhilde wohl eher verdrängt als vergessen haben.

---

[292] Hagen zu Gunther (I. Aufzug, erste Szene):
> Dich echt genannten
> acht ich zu neiden:
> Die beid' uns Brüder gebar,
> Frau Grimhild' hieß mich's begreifen.

Gunther:
> Halbbrüderzwist
> bezwang sich nie besser.

Siegfried zu Gutrune (I. Aufzug, zweite Szene):

> Ha, schönstes Weib!
> Schließe den Blick;
> das Herz in der Brust
> brennt mir sein Strahl:
> zu feurigen Strömen fühl ich
> ihn zehrend zünden mein Blut!

Siegfried erfüllt umgehend die Bitte Gunthers und führt Brünnhilde an dessen Hof. Der törichte Held läuft so blindlings in sein Verderben. Als Brünnhilde in der vierten Szene des zweiten Aufzuges gegenüber der versammelten Gefolgschaft Gunthers erklärt, mit Siegfried bereits vermählt zu sein, ist das Entsetzen groß. Noch immer benebelten Sinnes weiß sich Siegfried nicht anders zu helfen, als die aufgestellten Behauptungen als unrichtig zurückzuweisen und darauf auch noch einen Meineid auf Hagens Speer zu schwören. Die Ursache für Siegfrieds „Verwirrtheit" wird von Brünnhilde gleich richtig erkannt und läßt spontane Haßgefühle gegen die Nebenbuhlerin aufkommen.

Brünnhilde (II. Aufzug, fünfte Szene):

> Gutrune heißt der Zauber,
> der den Gatten mir entzückt!
> Angst treffe sie!

Seine Abstammung muß Siegfried nicht beweisen: Gleich wie sein Vater besitzt er die Gabe, sich in kürzester Zeit Feinde zu schaffen. Wie Siegmund mangelt es auch Siegfried grundsätzlich an jeglichem Unrechtsbewußtsein, da er von der Richtigkeit seines Verhaltens überzeugt ist. Die Konsequenzen, welche dadurch heraufbeschworen werden, sind die gleichen, wie bereits in der Walküre: Rasch kommen die Betrogenen überein, daß nur durch den Tod Siegfrieds die verletzte Sippenehre wieder hergestellt werden kann.

Durch das Verhalten Siegfrieds fühlen sich sowohl Gunther als auch Brünnhilde verraten. Hagen, der durch seinen Willkommenstrunk im Einvernehmen mit Gutrune die Voraussetzungen für den Gedächtnisverlust Siegfrieds geschaffen hatte und daher von dessen verminderter Schuldfähigkeit weiß, zeigt dennoch sofort seine Bereitschaft, den Verrat rächen zu wollen. Als Mann der Tat gelangt er rasch zur Erkenntnis, daß in diesem prekären Fall Denken und Erwägen nicht zielführend sei, sondern nur mehr mit dem Tod Siegfrieds allen geholfen werden könne.

Hagen zu Gunther (II. Aufzug, fünfte Szene):

> Dir hilft kein Hirn,
> dir hilft keine Hand:
> dir hilft nur – Siegfrieds Tod!

Gunther zeigt sich anfangs etwas bestürzt über diesen „handfesten" Vorschlag, während sich Brünnhilde sofort mit der Absicht Hagens anfreunden kann. Am Ende der fünften Szene des zweiten Aufzuges sind sowohl Brünnhilde als auch Gunther von der „Notwendigkeit" der Ermordung Siegfrieds überzeugt. Mit der Verschwörungsszene, die vor dem im Hintergrund über die Bühne gehenden Hochzeitszug von Gutrune und Siegfried stattfindet, gipfelt der zweite Aufzug in einem dramatischen Höhepunkt. Die brutal schaurige Musik, die den Ausspruch des Todesurteils über Siegfried begleitet, vermischt sich plötzlich mit dem leuchtenden Glanz und der freudigen Ausgelassenheit des Brautzuges.

Gunther und Brünnhilde zusammen:

> So soll es sein!
> Siegfried falle!
> Sühn' er die Schmach,
> die er mir schuf!

Nach gemeinsam gefälltem Urteil kommt man rasch überein, daß für die Vollstreckung Hagen zuständig sei. In der sozialen Hierarchie ist er der zuletzt Gereihte und damit muß wohl auch die Umsetzung unangenehmer Vorhaben bei ihm hängenbleiben.

Mordkomplott zwischen Brünnhilde, Hagen und Gunther

Es liegt nahe, in der Verschwörungsszene des zweiten Aufzuges den klassischen Fall eines Mordkomplotts (§ 277 StGB) zu erblicken. Dieser Tatbestand besteht in der Verabredung zur gemeinsamen Ausführung einer der in § 277 Abs 1 StGB taxativ aufgezählten strafbaren Handlungen.

Grundsätzlich ist die Verabredung zur Ausführung strafbarer Handlungen nur als straflose Vorbereitung eines Delikts anzusehen. Bei gewissen schweren Straftaten, den sogenannten Komplottdelikten, schien es dem Gesetzgeber aber angebracht, bereits die Verabredung dazu wegen ihrer besonderen Gefährlichkeit unter Strafe zu stellen. Kommt es in der Folge tatsächlich zur Tatausführung, tritt der Tatbestand des Komplotts (§ 277 StGB) subsidiär zurück.

Der von Hagen, Gunther und Brünnhilde geplante Mord würde ein derartiges Komplottdelikt darstellen. Das Verabreden im Sinne des § 277 StGB liegt darin, daß man eine Willenseinigung über die geplante Tatausführung erzielt und die Tat bereits in ihren wesentlichen Umrissen konkretisiert wird[293].

Am Ende der fünften Szene des zweiten Aufzuges sind nicht nur Hagen und Brünnhilde, sondern auch Gunther, der anfangs noch Bedenken hatte, zur Ermordung Siegfrieds entschlossen. Die Tatausführung steht zu diesem Zeitpunkt auch schon in ihren Einzelheiten fest. Der Vorschlag Hagens, Siegfried auf der gemeinsamen Jagd am nächsten Tag zu töten und den Mord als Jagdunfall auszugeben, findet uneingeschränkte Zustimmung. Durch Verschleierung der Tat soll der häusliche Frieden gewahrt werden. Immerhin ist Siegfried mittlerweile der Gatte Gutrunes und diese würde möglicherweise die Handlungsweise ihres Bruders Gunther nicht gutheißen.

Hagen zu Gunther (II. Aufzug, fünfte Szene):

> Muß sein Tod sie betrüben,
> verhehlt sei ihr die Tat.
> Auf muntres Jagen
> ziehen wir morgen:
> der Edle braust uns voran,
> ein Eber bracht' ihn da um.

Gunther und Brünnhilde:

> So soll es sein!

Voraussetzung für die Strafbarkeit wegen Verabredung eines Komplotts (§ 277 StGB) ist aber nicht nur, daß sich die Komplottanten hinsichtlich der Begehung eines bestimmten Deliktes einig sind, die Norm verlangt darüber hinaus auch noch, daß der Tatplan eine gemeinsame Tatausführung vorsieht. Jeder der Verabredeten muß gewillt sein, an der geplanten Straftat als unmittelbarer Täter mitzuwirken[294]. Diese Voraussetzung wird aus der Bestimmung des Gesetzes, daß die beteiligten Personen eine „gemeinsame" Ausführung der Tat planen müssen, deutlich. Ein Kom-

---

293 *Leukauf/Steininger* StGB[3] § 277 Rz 4; *Steininger* WK § 277 Rz 3; SSt 50/10 = EvBl 1979/146.
294 *Steininger* WK § 277 Rz 5, *Foregger/Kodek* StGB[6] § 277 Erl II; *Leukauf/Steininger* StGB[3] § 277 Rz 5; SSt 47/79.

plott im Sinne des § 277 StGB kommt demnach nicht zustande, wenn die Absprache die Tatausführung nur durch einen Komplottanten vorsieht. Hagen soll den Mord jedoch alleine ausführen. Von ihm stammt auch der Tatplan. Eine gemeinsame Tatausführung mit Hagen ist zu keinem Zeitpunkt geplant. Damit fehlt eine wesentliche Voraussetzung für das Vorliegen eines strafbaren Mordkomplotts.

Die ausdrückliche Billigung Gunthers und Brünnhildes ist für Hagen aber wichtig, da er glaubt, damit seine Tat auch gegenüber Außenstehenden besser rechtfertigen zu können und sein Handeln auf diese Weise abgesichert wissen will. Ihm schwebt die Rolle des bloßen ,,Vollstreckers" eines gemeinsam gefaßten ,,Strafbeschlußes" vor. Der Beitrag Brünnhildes und Gunthers liegt damit eher in einer psychischen Bestärkung des Tatentschlußes von Hagen. Sie machen sich nur als Beitragstäter (§ 12 StGB 3. Alt) strafrechtlich verantwortlich.

Die Strafbarkeit des Vollstreckers

In der zweiten Szene des dritten Aufzuges tötet Hagen Siegfried mit seinem Speer vor der versammelten Jagdgesellschaft. Siegfried, der sich in weinseliger Runde seiner ersten großen Liebe, Brünnhilde, wieder entsinnt, bedenkt nicht, daß er mit seiner Schilderung gleichzeitig auch den Meineid auf Hagens Waffe eingesteht. Sein umfassendes öffentliches Geständnis gibt Hagen die ideale Gelegenheit, den verabredeten Mord auszuführen, weil damit auch seine moralische Rechtfertigung gegenüber den Anwesenden gesichert ist.

<blockquote>
Vier Mannen (III. Aufzug, zweite Szene):

Hagen, was tust du?

Hagen:

Meineid räch' ich!
</blockquote>

Auch hier dokumentiert sich eine auffallende Parallele zwischen Siegfried und Siegmund. Das Fehlen jeglichen Unrechtsbewußtseins veranlaßte im ersten Aufzug der Walküre Siegfrieds Vater frei von seinen ,,Heldentaten" zu erzählen, was in Wirklichkeit ein Geständnis seiner Verbrechen war und dementsprechende Konsequenzen nach sich zog. Siegfried verhält sich in ähnlicher Weise ungeschickt und bezahlt dies in gleicher Weise mit seinem Leben.

Nach herrschendem Rechtsbewußtsein könnte ein Meineid keine hinreichende Rechtfertigung für einen Mord abgeben. Siegfrieds Geständnis, mit dem offenkundig wird, daß er seine eigene Frau an Gunther verkauft hat, um als Gegenleistung dessen Schwester zu gewinnen, läßt Hagens Tat aber vor allen anwesenden Zeugen in einem milderen Licht erscheinen.

Trotz dieses ablehnungsbedürftigen Verhaltens Siegfrieds werden sich auch die Initiatoren seiner Ermordung zu verantworten haben.

Die Strafbarkeit der betrogenen Ehefrau

Brünnhilde ist nur als Bestimmungs- oder Beitragstäterin (§ 12 StGB) in Betracht zu ziehen, da sie sich an der eigentlichen Ausführungshandlung nicht beteiligt. Eine Anstiftung bzw Bestimmung zur Ausführung einer strafbaren Handlung im Sinne des § 12 StGB liegt nur vor, wenn jemand vorsätzlich einen anderen dazu veranlaßt, eine bestimmte strafbare Handlung auszuführen[295].

Brünnhilde gibt in der fünften Szene des zweiten Aufzuges deutlich zu verstehen, daß nur der Tod Siegfrieds den Verrat an ihr sühnen könne.

Brünnhilde (II. Aufzug, fünfte Szene):

Doch des einen Tod
taugt mir für alle:
Siegfried falle
zur Sühne für sich und euch!

Hagen, der sofort seine Bereitschaft zur notwendigen Tat bekundet, wird von Brünnhilde anfangs für nicht fähig gehalten, diese auch auszuführen. Ein aufdringlicher „Helfer" läßt sich aber nicht so leicht abweisen und so eröffnet ihm Brünnhilde die einzige Möglichkeit, wie Siegfried getötet werden könnte: Die Waffe müßte ihn hinterlistig in den Rücken treffen, da er nur dort verwundbar sei. Hagen nimmt diesen Hinweis dankbar entgegen.

Wesen der Bestimmungstäterschaft ist es, daß der Täter im unmittelbar Ausführenden erst den Entschluß zur Tat erweckt. Dies setzt voraus, daß der andere den Handlungsentschluß noch nicht gefaßt hat[296].

Hagen ist aber schon bevor Brünnhilde die „Notwendigkeit" von Siegfrieds Tod ausspricht, bereit, dessen Verrat zu rächen (II. Aufzug, Beginn der fünften Szene). In Wirklichkeit verfolgt er allerdings das Ziel, den Ring des Opfers zu erlangen. Hagen weiß, daß dazu der Tod Siegfrieds notwendig ist, da dieser sonst wohl nicht bereit wäre, ihn freiwillig aus

---

295 *Kienapfel* AT[6] E 4 Rz 9; EvBl 1995/160.
296 *Triffterer* AT[2] 402; *Foregger/Kodek* StGB[6] § 12 III; SSt 46/81; EvBl 1977/34.

der Hand zu geben. Er bemüht sich daher, nach einem seiner Meinung nach moralisch vertretbaren Grund für die Tat zu suchen und von Brünnhilde eine erfolgversprechende Möglichkeit zur Tatausführung zu erfahren. Hagen will sein Verhalten in der Öffentlichkeit als moralisch gerechtfertigte Rache für eine verräterische Handlung verstanden wissen.

Hagen hat demnach schon zu einem viel früheren Zeitpunkt den Tatentschluß gefaßt. Brünnhilde kann gar nicht zur Bestimmungstäterin werden, denn der Handlungsentschluß Hagens liegt bereits vor.

Wohl aber leistet Brünnhilde Hagen eine entscheidende Hilfe bei der Ausführung seines Vorhabens, indem sie ihm erklärt, daß Siegfried nur von hinten getötet werden könne. Sie verringert damit das Risiko für Hagen, bei der Ausführung der Tat zu scheitern. Ein Fehlversuch des „Vollstreckers" könnte diesen in ernste Schwierigkeiten bringen. Brünnhilde leistet durch ihren Rat nicht nur einen entscheidenden Beitrag zum Gelingen der Tat, sondern auch zum Schutze Hagens.

Beitragstäter ist jeder, der durch seine Hilfeleistung die Tat eines anderen fördert, wobei es gleichgültig ist in welcher Art und Weise dies erfolgt[297]. Brünnhilde unterstützt die geplante Tat Hagens durch die Erteilung eines hilfreichen Ratschlages. Sie fördert damit die Ermordung Siegfrieds und hat sich als Beitragstäterin zum Mord zu verantworten (§ 12 StGB 3. Alt iVm § 75 StGB).

Die Strafbarkeit des unglücklichen Freiers

Gunther zeigt sich anfangs entsetzt über Hagens Mordabsichten. Die schwerwiegende Verletzung seiner eigenen Ehre scheint ihm noch kein hinreichender Anlaß zur Ausführung eines Mordes zu sein. Die Tatsache, daß Siegfried seine eigene Gemahlin für Gunther als Frau freit, stört den Ehrenmann offensichtlich wenig. Ein Meinungsumschwung tritt erst ein, als ihm Hagen eröffnet, daß es dabei auch den Ring des Nibelungen zu erlangen gibt, der ihm unvorstellbare Macht verschaffen könne. Macht und Reichtum sind für Gunther sofort ein hinreichender Anreiz zur Ausführung eines Mordes: Für Gold gilt es zu kämpfen, für die Ehre nicht.

Hagen zu Gunther (II. Aufzug, fünfte Szene):

> Er falle – dir zum Heil!
> Ungeheure Macht wird dir,
> gewinnst von ihm du den Ring,
> den der Tod ihm wohl nur entreißt.

---

297 *Kienapfel* AT[6] E 5 Rz 8; *Leukauf/Steininger* StGB[3] § 12 Rz 44.

Als Bestimmungstäter kommt Gunther aus dem gleichen Grund wie Brünnhilde nicht in Betracht. Nicht er ist es, der in Hagen den Tatentschluß weckt. Hagen versucht von ihm nur eine Befürwortung seiner schon bestehenden Mordabsicht zu erlangen.

Es bleibt daher nur zu prüfen, ob Gunther durch seine Zustimmung in irgendeiner Weise zu Siegfrieds Ermordung beigetragen hat. Eine Hilfeleistung in Form einer physischen Unterstützung der Tat ist bei Gunther nicht auszumachen. Er wird von Hagen auch nicht zu einer Hilfeleistung bei der Ausführung des Mordes ersucht. Das einzige, was er tut und wozu er auch von Hagen aufgefordert wird, ist die Abgabe einer Zustimmung zur Ermordung Siegfrieds. Darin ließe sich zumindest eine psychische Unterstützung der Tat sehen, wenn diese Befürwortung zu einer Bestärkung von Hagens Tatentschluß geführt hat[298].

Hagen scheint die Einstellung Gunthers zu seinem Mordplan viel zu bedeuten. Er versucht dessen Zustimmung zu erreichen, indem er ihn auf Eigenschaften des Ringes, der mit der Tat erlangt werden könnte, aufmerksam macht. Dies ist verwunderlich, da es Hagens wahres Ziel ist, den Ring für sich alleine zu erlangen und Gunther ihm nun diesen streitig machen könnte. Für Hagen ist offensichtlich die Befürwortung der Ermordung Siegfrieds durch Gunther von großer Wichtigkeit, weil sie eine soziale Rechtfertigung bedeuten würde. Nur so ist sein Bemühen zu erklären, die möglichen Vorteile der Tat für andere herauszustreichen, auch wenn dies für das Erreichen der eigenen Ziele hinderlich sein könnte. Da Hagen sein Handeln in den Augen der anderen moralisch gerechtfertigt wissen möchte, kann angenommen werden, daß ohne die Zustimmung Gunthers der Mord trotz des schon bestehenden Tatentschlusses von Hagen nicht ausgeführt worden wäre.

Hagens Taktik besteht darin, Gunther und Brünnhilde davon zu überzeugen, daß er nur in ihrem Interesse tätig werde und daher auch ihre moralische Unterstützung erwarte.

Die ausdrückliche Billigung Gunthers muß daher als psychische Unterstützung der Tat (§ 12 StGB 3. Alt) gewertet werden. Gunther macht sich demnach ebenso wie Brünnhilde als Beitragstäter zum Mord strafbar (§ 12 iVm § 75 StGB).

Die Strafbarkeit des Drahtziehers

Der „große" Mann im Hintergrund ist der kleine Zwerg Alberich. Er hält alle Fäden des Geschehens in Händen und sieht nun die Möglichkeit

---

298 *Leukauf/Steininger* StGB³ § 12 Rz 45; JBl 1984, 267.

gegeben, mit Hilfe Hagens wieder in den Besitz des Ringes zu gelangen, den ihm Wotan einst geraubt hatte (Rheingold, vierte Szene). Hagen ist in Wagners Tetralogie der Sohn Alberichs und Grimhilds.

Hagen zu Gunther (I. Aufzug, erste Szene):
> die beid' uns Brüder gebar,
> Frau Grimhild' hieß mich's begreifen.

Alberich zu Hagen (II. Aufzug, erste Szene):
> Hagen, mein Sohn!
> Hasse die Frohen!

Auch wenn Alberich die Liebe verflucht hatte, waren damit noch nicht seine Möglichkeiten geschwunden, einen Sohn zu zeugen. Liebe ist dafür nicht erforderlich, wie der Zwerg bereits in der ersten Szene des Rheingoldes erkannt hatte. Frauen überwältigt in erster Linie das Gold und nicht die Liebe und so hatte Alberich leichtes Spiel:

Wotan (Walküre, II. Aufzug, zweite Szene):
> Vom Niblung jüngst
> vernahm ich die Mär,
> daß ein Weib der Zwerg bewältigt,
> des Gunst Gold ihm erzwang.

Die Tatsache, daß Alberich Drahtzieher des Geschehens ist, bedingt aber noch nicht, daß dieser auch für den Mord an Siegfried zur Verantwortung gezogen werden könnte.

Alberich beschwört in der erste Szene des zweiten Aufzuges noch einmal Hagen, ihm treu zu sein und ihm den Ring zu verschaffen. Er erzählt ihm weiters, daß Wotan seine ganze Macht an Siegfried verloren habe und es daher nur mehr notwendig sei, diesen Abkömmling zu „verderben".

Alberich (II. Aufzug, erste Szene):
> Ihn zu verderben,
> taugt uns nun einzig!
> Hörst du, Hagen, mein Sohn?

Diese Aussage ist der einzige Hinweis darauf, daß Alberich Siegfried in irgendeiner Weise schaden will. Er gibt bloß mehrmals zu verstehen, daß es ihm auf die Rückerlangung des Ringes ankommt.

Alberich (II. Aufzug, erste Szene):

𝔷𝔲 𝔷ä𝔥𝔢𝔪 𝔥𝔞ß 𝔡𝔬𝔠𝔥
𝔢𝔯𝔷𝔬𝔤 𝔦𝔠𝔥 𝔥𝔞𝔤𝔢𝔫,
𝔡𝔢𝔯 𝔰𝔬𝔩𝔩 𝔪𝔦𝔠𝔥 𝔫𝔲𝔫 𝔯ä𝔠𝔥𝔢𝔫,
𝔡𝔢𝔫 ℜ𝔦𝔫𝔤 𝔤𝔢𝔴𝔦𝔫𝔫𝔢𝔫
𝔡𝔢𝔪 𝔚ä𝔩𝔣𝔲𝔫𝔤 𝔲𝔫𝔡 𝔚𝔬𝔱𝔞𝔫 𝔷𝔲𝔪 𝔥𝔬𝔥𝔫!
𝔖𝔠𝔥𝔴ö𝔯𝔰𝔱 𝔡𝔲 𝔪𝔦𝔯'𝔰 𝔥𝔞𝔤𝔢𝔫, 𝔪𝔢𝔦𝔫 𝔖𝔬𝔥𝔫?

Bestimmungstäter (§ 12 StGB 2. Alt) ist nur derjenige, der vorsätzlich einen anderen zu einer individuell bestimmten strafbaren Handlung verleitet. Nicht erforderlich ist es, daß die Tat des anderen bereits in allen Einzelheiten feststeht[299]. Es wird als ausreichend anzusehen sein, wenn das zu begehende Delikt der Art nach und in groben Umrissen in der Vorstellung des Bestimmenden vorhanden ist[300].

Alberich gibt gegenüber Hagen zu erkennen, daß er Siegfrieds ,,Verderben" für notwendig erachtet. Dafür soll Hagen sorgen. Eine Bestimmung zum Mord ist in dieser vagen Aussage nicht erkennbar, da die Absicht, eine Person zu ,,verderben" nicht notwendig bedeutet, daß diese getötet werden soll. Für sein Verderben im weitesten Sinne sorgt Siegfried bereits selbst, als er beim Anblick Gutrunes dieser verfällt und sie um den Preis seiner eigenen Frau, Brünnhilde, erwirbt.

Es ist auch nicht ersichtlich, warum es Alberich auf den Tod Siegfrieds ankommen sollte. Sein Ziel ist nur die Erlangung des Ringes. In welcher Weise Hagen dies zustandebringt, bleibt ihm überlassen. Siegfried kann Alberich weder mit noch ohne Ring gefährlich werden. Einerseits ist er sich nicht bewußt, welche Möglichkeiten ihm sein wertvoller Besitz eröffnet, andererseits würde er mit seiner Naivität der listigen Intelligenz Alberichs stets unterlegen sein. Der Mord an Siegfried ist Hagens eigene Idee und Bestandteil seines Planes zur Erlangung des Nibelungenringes. Alberich hat dazu weder einen Beitrag geleistet, noch den Anstoß gegeben. In seiner Aussage in der erste Szene des zweiten Aufzuges ist keine Bestimmung zur Ausführung eines Mordes zu erblicken. Viele ,,schätzenswerte" Zeitgenossen setzen sich das ,,Verderben" eines anderen zum Ziel und arbeiten mit geschicktem Intrigenspiel darauf hin, ohne in irgendeiner Form zur Verantwortung gezogen werden zu können.

In Alberichs Intrigenspiel könnte eine Aufforderung zum Raub bzw Diebstahl des Ringes erblickt werden. Hier stellt sich aber das gleiche Problem wie in der erste Szene des Rheingoldes. Alberich hält sich für

---

[299] *Kienapfel* JBl 1974, 183; *ders* AT⁶ E 4 Rz 12; SSt 47/30 = EvBl 1977/34; EvBl 1976/287.
[300] *Leukauf/Steininger* StGB³ § 12 Rz 33; *Foregger/Kodek* StGB⁶ § 12 Erl III; EvBl 1973/108; EvBl 1976/287; EvBl 1977/34; EvBl 1979/230; SSt 47/30; JBl 1978, 103.

den rechtmäßigen Eigentümer des von ihm gefertigten Ringes. Wenn er Hagen dazu veranlassen will, ihm den Ring wieder zu verschaffen, ist sein Ziel die Rückerlangung seines Eigentums, das ihm einst Wotan gewaltsam weggenommen hatte. Sowohl Diebstahl (§ 127 StGB) als auch Raub (§ 142 StGB) setzen voraus, daß der Täter den Vorsatz hat, sich durch die Wegnahme einer fremden Sache unrechtmäßig zu bereichern. Alberich fehlt der Vorsatz, eine fremde Sache wegzunehmen und sich damit unrechtmäßig zu bereichern. Er will daher auch nicht Hagen zu einer strafbaren Handlung in diesem Sinne bestimmen. Aus seiner Sicht soll Hagen ihm Hilfe bei der rechtmäßigen Wiedererlangung seines Eigentums leisten. Alberich fehlt daher der Vorsatz, Bestimmungstäter (§ 12 StGB 2. Alt) zum Raub bzw Diebstahl zu sein[301].

Kriminelle Methoden würden auch nicht zum Charakterbild Alberichs passen. Als einer der ganz wenigen Akteure der Ringtetralogie hat sich der Zwerg nie etwas zuschulden kommen lassen. Warum sollte er seine aufrichtige Lebensweise plötzlich ändern? Alberich ist ein listiger, aber kein krimineller Zwerg. Selbst in der Rache bleibt er ein „Ehrenmann". Im Gegensatz zu Wotan, verrät ihm seine überragende Intelligenz, wie machtpolitische Ziele zu erreichen wären, ohne dabei der Kriminalität zu verfallen. Die Lebenserfahrung müßte den Zwerg jedoch gelehrt haben, daß der unaufrichtig Handelnde meist im Vorteil ist. Auf allgemeine Sympathie wird der Zwerg nie hoffen dürfen: Sein nachteiliges Äußeres und sein Mißerfolg stehen dieser entgegen. In einer Leistungsgesellschaft zählt das Erreichte, nicht die Art und Weise, wie der Weg dorthin beschritten wurde.

Die Strafbarkeit der Beteiligten nach germanischem Recht

Aus dem Blickwinkel historischen Rechtsdenkens müßte die Strafbarkeit Gunthers und Brünnhildes anders beurteilt werden. Das germanische Recht ging bei der Beurteilung einer Straftat nur vom äußeren Erfolg aus. Die strafrechtliche Haftung traf nur den, der durch die Missetat einen Schaden verursacht hatte. Nach dem wahrnehmbaren rechtswidrigen Erfolg richtete sich dann die strafrechtliche Bewertung[302]. Diese Eigenart des germanischen Strafrechts wird auch durch die Rechtssprichwörter: „Die Tat tötet den Mann" und „Man kann falschen Mut nicht sehen, die Tat sei denn dabei" deutlich[303].

---
301 Vgl Ausführungen zu Rheingold erste Szene.
302 *Brunner* Grundzüge der deutschen Rechtsgeschichte[5], 20; *Schwerin/Thieme* Grundzüge der deutschen Rechtsgeschichte[4], 28; *Schröder/Künßberg* Lehrbuch der deutschen Rechtsgeschichte[7], 88f; *Conrad* Deutsche Rechtsgeschichte Bd I[2], 49; *Planitz/Eckhardt* Deutsche Rechtsgeschichte[4], 60.
303 *Mitteis/Lieberich* Deutsche Rechtsgeschichte[19], 43; *Schwerin* Deutsche Rechtsgeschichte[2],

Der Rechtsgrundsatz der Erfolgshaftung führte zu zwei logischen Schlußfolgerungen: Zum einen war die verbrecherische Tat auch dann strafbar, wenn der verbrecherische Wille gefehlt hatte. Es wurde somit auch in der absichtslosen Tat eine Missetat erblickt. Nur teilweise berücksichtigte das germanische Recht bereits Umstände, die eine Tat als nicht verbrecherisches Verhalten kennzeichneten. Typische Tatbestände, bei denen man aus der allgemeinen Erfahrung heraus das Vorliegen eines Willens zur Schadensstiftung oder eine böse Absicht nicht annahm, galten als Ungefährwerke und wurden milder bestraft. Ob die Tat im konkreten Einzelfall vielleicht doch mit böser Absicht erfolgt war, wurde dann nicht geprüft[304]. Oft zitiertes Beispiel ist die Tötung durch einen beim Fällen niederstürzenden Baum[305].

Zum anderen führte der Rechtsgrundsatz der Erfolgshaftung dazu, daß Taten, die keinen wahrnehmbaren strafrechtlichen Erfolg aufwiesen, als nicht strafwürdig angesehen wurden[306]. Selbst der Versuch eines Verbrechens wurde nicht bestraft. Erst wenn der Versuch einen wahrnehmbaren Erfolg gehabt hatte, durch den der Rechtsfrieden verletzt wurde, konnte eine Strafe verhängt werden[307]. Diese Strafe bezog sich dann aber immer nur auf das, was äußerlich wahrnehmbar war und nicht auf das, was der Täter eigentlich gewollt hatte. Das germanische Recht nahm demnach ein selbständiges Versuchsdelikt nur dann an, wenn dieses bereits eine Tat im strafrechtlichen Sinn enthielt[308].

Aus dem Prinzip der Erfolgshaftung resultierend wurde eine verbrecherische Gesinnung, die darin zum Ausdruck kam, daß jemand einen anderen zu einer Tat anstiftete, auch nicht bestraft. Der Täter verursachte dadurch nicht unmittelbar einen rechtswidrigen Schaden. Strafrechtlich zur Verantwortung konnte in diesem Fall nur derjenige gezogen werden, der als unmittelbarer Täter die Tat ausgeführt und damit auch den Eintritt des Erfolges bewirkt hatte. Anstiftung und Beihilfe, die nach geltendem

---

155; *Conrad* Deutsche Rechtsgeschichte Bd I², 49; *Planitz/Eckhardt* Deutsche Rechtsgeschichte⁴, 60.
304 *Schwerin/Thieme* Grundzüge der deutschen Rechtsgeschichte⁴, 28.
305 *Planitz/Eckhardt* Deutsche Rechtsgeschichte⁴, 60; *Mitteis/Lieberich* Deutsche Rechtsgeschichte¹⁹, 43; *Hoke* Österreichische und deutsche Rechtsgeschichte, 27.
306 *Conrad* Deutsche Rechtsgeschichte Bd I², 49; *Mitteis/Lieberich* Deutsche Rechtsgeschichte¹⁹, 43.
307 *Hoke* Österreichische und deutsche Rechtsgeschichte, 27.
308 Soweit Versuch, Anstiftung und Beihilfe kein selbständiges Delikt enthielten waren sie straflos: *Schröder/Künßberg* Lehrbuch der deutschen Rechtsgeschichte⁷, 89.
Als eigenes Versuchsdelikt galt später zB die Wegelagerei oder das Schwert zücken: *Mitteis/Lieberich* Deutsche Rechtsgeschichte¹⁹, 43; *Planitz/Eckhardt* Deutsche Rechtsgeschichte⁴, 60; *Conrad* Deutsche Rechtsgeschichte Bd I², 49; *Schwerin* Deutsche Rechtsgeschichte², 156; *Brunner* Grundzüge der deutschen Rechtsgeschichte⁵, 20.

Recht gleich wie die eigentliche Tatausführung bestraft werden, waren nach germanischem Recht straflos[309].

Legt man germanisches Rechtsdenken zugrunde, könnte nur Hagen zur Verantwortung gezogen werden, da nur ihn die Erfolgshaftung trifft. Seine Tat ist die Tötung Siegfrieds. Brünnhilde und Gunther wollen zwar ebenso dessen Tod und fördern daher die Tat Hagens durch Ratschläge hinsichtlich der Ausführung und Bestärkung des Tatentschlußes. Nach historischer Rechtsauffassung führen die beiden aber nicht unmittelbar einen rechtswidrigen Erfolg herbei und begehen daher in diesem Sinne keine Tat[310].

Hinsichtlich der strafrechtlichen Verantwortlichkeit Hagens müßte allerdings auch noch geprüft werden, ob der auf Hagens Speer geschworene Meineid zu damaliger Zeit eine Tötung Siegfrieds gerechtfertigt hätte. Ein staatliches System, welches Rechtsbrüche zu verfolgen hatte, gab es nicht. Durch den Meineid, der auf Hagens Waffe geschworen wurde, ist Hagen in seiner Ehre verletzt worden. Wie dieser Meineid zustande kam, war zu germanischer Zeit unerheblich. Es zählte nur die nach außen hin erkennbare Tat, die nach Siegfrieds Geständnis für jedermann offensichtlich war. Zur Wahrung seiner Ehre wäre Hagen in jedem Fall gezwungen, den Meineid zu rächen.

---

309 *Mitteis/Lieberich* Deutsche Rechtsgeschichte[19], 43; *Schwerin/Thieme* Grundzüge der deutschen Rechtsgeschichte[4], 29.
310 *Schwerin* Deutsche Rechtsgeschichte[2], 156; *Schröder/Künßberg* Lehrbuch der deutschen Rechtsgeschichte[7], 89; *Planitz/Eckhardt* Deutsche Rechtsgeschichte[4], 61; *Mitteis/Lieberich* Deutsche Rechtsgeschichte[19], 43.

Das Ende

Loge (Rheingold, vierte Szene):

> Ihrem Ende eilen sie zu,
> die so stark im Bestehen sich wähnen.
> Fast schäm ich mich,
> mit ihnen zu schaffen

Mit dieser Prophezeiung Loges schließt das Rheingold. Die Götterdämmerung bestätigt die dunkle Vorahnung des weisen Halbgottes.

Hagen und Gunther geraten, ähnlich wie Fafner und Fasolt, in Streit darüber, wem der Ring zusteht. Hagen erschlägt dabei Gunther und macht sich damit nach der Ermordung Siegfrieds auch noch des Mordes an seinem Halbbruder schuldig. Kurz darauf ereilt ihn selbst das Schicksal und er ertrinkt in den Fluten des Rheines.

Brünnhilde, durch Lebenserfahrung weise geworden, obliegt nun die Lösung des unentrinnbaren Fluches. Ein alles vernichtendes und damit reinigendes Feuer soll die Welt von allem Übel befreien. Brünnhilde nimmt den unheilbringenen Ring an sich, entzündet den Scheiterhaufen, der zur Bestattung Siegfrieds dient und stürzt sich danach selbst in die lodernden Flammen. Das Feuer breitet sich rasch auf die Halle der Gibichungen aus und erfaßt zum Schluß auch noch Walhall, die Burg der Götter. Aus der Asche entnehmen die Rheintöchter den Ring, der damit der Natur wieder zurückgegeben ist. Ein grandioser Schlußmonolog Brünnhildes beendet die Tetralogie.

Brünnhilde (III. Aufzug, dritte Szene):

> ...
> Alles, alles,
> alles weiß ich,
> alles ward mir nun frei!
> ...
> Mein Erbe nun
> nehm ich zu eigen.
> Verfluchter Reif!
> Furchtbarer Ring!
> Dein Gold faß ich
> und geb es nun fort.
> Der Wassertiefe
> weise Schwestern,
> des Rheines schwimmende Töchter,
> euch dank ich redlichen Rat.

> Was ihr begehrt,
> ich geb es euch:
> aus meiner Asche
> nehmt es zu eigen!
> Das Feuer, das mich verbrennt,
> rein'ge vom Fluche den Ring!
>
> ...

Wenngleich die Handlung der Tetralogie gezeichnet ist vom Schrecken der Gewalt, ausgelöst von der Gier nach Macht und Reichtum, entläßt der Schluß den Zuhörer in einer gelösten, friedlichen Stimmung. Symbolisch wird durch das Feuer die herrschende Ordnung zerstört und die Welt vom Fluch des Strebens nach Macht und Reichtum gereinigt. Damit ist die Grundlage für die Entwicklung einer neuen, unbelasteten Zukunft geschaffen worden. Die im Ring dokumentierte negative Weltsicht des Komponisten wandelt sich zum Ende hin zu einem hoffnungsvollen Blick in eine bessere, neue Zeit.

Hätte Wotan im Rheingold auf den weisen Rat Loges gehört und Hort und Ring den Rheintöchtern zurückgegeben, wäre seine auf Verträgen basierende Machtstellung gesichert gewesen. Sein größter Fehler war jedoch, daß er alles Unheil immer der Macht von Alberichs Fluch zuschrieb und den wahren Grund dafür nie erkannte[311]. Erst als den unwissenden Held Siegfried das Ende ereilt, wird es offenkundig, daß einzig die Gier nach Gold und Macht die Wurzel allen Übels ist. Wer das Objekt der Begierde in Händen hält, gleich ob er sich dessen bewußt ist oder nicht, zieht mißgünstige Neider an. Wenn der Ring am Ende der Götterdämmerung in den Fluten des Rheines versinkt und damit der Natur zurückgegeben wird, ist die Welt wieder heil. Dort harrt das Gold mit verlockendem Glanze neuerlich einem Entdecker, der sich der ,,Wunder" bewußt ist, die es damit zu erreichen gilt. Das Spiel um Macht und Reichtum wird dann von neuem beginnen und der Friede enden.

Die Götterdämmerung schließt szenisch an jener Stelle, an der die erste Szene des Rheingoldes begonnen hat und betont damit die innere und äußere Geschlossenheit von Wagners Tetralogie. Gleich einem ,,Ring" weist die Handlung kein Ende auf. Der Ring des Nibelungen *,,zeigt die Natur in ihrer unentstellten Wahrheit"*[312]: Jedes noch so schreckliche Ende ist gleichzeitig ein Neuanfang mit allen Chancen für eine bessere Zukunft.

---

311 *Wagner* Brief an August Röckel vom 25., 26. Januar 1854.
312 *Wagner* Brief an August Röckel vom 25., 26. Januar 1854.

Literaturverzeichnis

Amira/Eckhardt, Germanisches Recht, Band II, 4. Aufl, Berlin 1967.
Apathy, in *Schwimann* Praxiskommentar zum ABGB samt Nebengesetzen, Band V, §§ 859–901, 2. Aufl, Wien 1997.
Baier, Das Traditionsprinzip bei der Übereignung beweglicher Sachen, ÖJZ 1971, 421ff.
Bertel, Die Vermögensdelikte im StGB, Eisenstadt 1980.
ders, Wiener Kommentar zum Strafgesetzbuch, §§ 125–141 StGB, Wien 1979.
Bertel/Schwaighofer, Österreichisches Strafrecht Besonderer Teil I, 5. Aufl, Wien 1998.
Beyerle, Der Ursprung der Bürgschaft, ZRG germanistische Abteilung, Band 47 (1927), 567ff.
Brunner, Grundzüge der deutschen Rechtsgeschichte, 5. Aufl, München–Leipzig 1912.
Burgstaller, Über den Verbrechensversuch, JBl 1969, 521ff.
ders, Diebstahl, Veruntreuung und Unterschlagung ÖJZ 1974, 540ff.
ders, Zur Täterschaftsregelung im neuen StGB, RZ 1975, 13ff, 29ff.
ders, Der Versuch nach § 15 StGB, JBl 1976, 113ff.
ders, Die Scheinkonkurrenz im Strafrecht, JBl 1978, 393ff.
Conrad, Deutsche Rechtsgeschichte, Band I (Frühzeit und Mittelalter), 2. Aufl, Karlsruhe 1962.
Donington, Wagner's „Ring" and its symbols (1963), deutsche Fassung, 2. Aufl, Stuttgart 1978.
Ehrenzweig/Mayerhofer, System des österreichischen allgemeinen Privatrechts, Das Recht der Schuldverhältnisse, 1. Abteilung – Allgemeine Lehren, 3. Aufl, Wien 1986.
Esser/Weyers, Schuldrecht, Band II, Besonderer Teil, 6. Aufl, Heidelberg 1984.
Floßmann, Österreichische Privatrechtsgeschichte, 3. Aufl, Wien 1996.
Foregger/Kodek, Strafgesetzbuch, StGB samt den wichtigsten Nebengesetzen, Kurzkommentar, 6. Aufl, Wien 1997.
Fuchs, Österreichisches Strafrecht Allgemeiner Teil I, 2. Aufl, Wien 1997.
Genzmer, Die germanische Sippe als Rechtsgebilde, ZRG germanistische Abteilung, Band 67 (1950), 34ff.
Gregor-Dellin, Richard Wagner, 2. Aufl, München 1995.
Gschnitzer, Österreichisches Sachenrecht, 2. Aufl, Wien 1985.
ders, Österreichisches Schuldrecht, Allgemeiner Teil, 2. Aufl, Wien 1986.
ders, in *Klang* Kommentar zum Allgemeinen bürgerlichen Gesetzbuch, Band IV, 1. Halbbd, 2. Aufl, Wien 1968.
Hoke, Österreichische und deutsche Rechtsgeschichte, Wien 1992.
Hübner, Grundzüge des deutschen Privatrechts, 2. Nachdruck der 5. Aufl (1930), Aalen 1982.
Kienapfel, Strafrecht Allgemeiner Teil, 6. Aufl, Wien 1996.
ders, Grundriß des österreichischen Strafrechts, Besonderer Teil I, 4. Aufl, Wien 1997.

ders, Grundriß des österreichischen Strafrechts, Besonderer Teil II, 3. Aufl, Wien 1993.

ders, Die Einheitstäterregelung der §§ 12ff und 32ff StGB, JBl 1974, 180ff.

ders, Unrechtsbewußtsein und Verbotsirrtum, ÖJZ 1976, 113ff.

Klang, in *Klang*, Kommentar zum Allgemeinen bürgerlichen Gesetzbuch, Band II, 2. Aufl, Wien 1968.

Klicka, in *Schwimann* Praxiskommentar zum ABGB samt Nebengesetzen, Band II, §§ 285–363, §§ 365–430, 2. Aufl, Wien 1998.

Kohler, Shakespeare vor dem Forum der Jurisprudenz, Würzburg 1883.

ders, Fausts Pakt mit Mephistopheles in juristischer Beleuchtung; Goethe Jahrbuch Band XXIV, Hrsg *Geiger*, Frankfurt 1903, 119ff.

Koziol/Welser, Grundriß des bürgerlichen Rechts, Band I – Allgemeiner Teil und Schuldrecht, 10. Aufl, Wien 1995.

Kroeschell, Die Sippe im germanischen Recht, ZRG germanistische Abteilung, Band 77 (1960), 1ff.

Köbler, Deutsche Rechtsgeschichte, 5. Aufl, München 1996.

Köstler, Raub, Kauf und Friedelehe bei den Germanen, ZRG germanistische Abteilung, Band 63 (1943), 92ff.

Landsberg, Fausts Pakt mit Mephistopheles in juristischer Beleuchtung; Goethe Jahrbuch Band XXIV, Hrsg *Geiger*, Frankfurt 1903, 114ff.

Larenz, Lehrbuch des Schuldrechts, Band II, Besonderer Teil, 12. Aufl, München 1981.

Leukauf/Steininger, Kommentar zum Strafgesetzbuch, 3. Aufl, Eisenstadt 1992.

Lewisch, Strafrecht Besonderer Teil I, Wien 1997.

Liebscher, in Wiener Kommentar zum Strafgesetzbuch, §§ 146–168 StGB, Wien 1981.

Linke, Das Europäische Übereinkommen zur Bekämpfung des Terrorismus vom 27. Jänner 1977, ÖJZ 1977, 232ff.

Marschall/Salomon, Die neuen Quälereitatbestände, ÖJZ 1972, 449ff.

Maurach/Zipf, Strafrecht Allgemeiner Teil, Teilband I, 8. Aufl, Heidelberg 1992.

Maurach/Gössel/Zipf, Strafrecht Allgemeiner Teil, Teilband II, 7. Aufl, Heidelberg 1989.

Mayerhofer, Mord und Totschlag in Österreich, ÖJZ 1980, 290ff.

Meyer, Gerüft, Handhaftverfahren und Anefang, ZRG germanistische Abteilung, Band 37 (1916), 382ff.

ders, Friedelehe und Mutterrecht, ZRG germanistische Abteilung, Band 47 (1927), 198ff.

Mitteis/Lieberich, Deutsches Privatrecht, 9. Aufl, München 1981.

dies, Deutsche Rechtsgeschichte, 19. Aufl, München 1992.

Moos, in Wiener Kommentar zum Strafgesetzbuch, §§ 75–79 StGB, Wien 1984.

Müller/Dietz, Zur Entwicklung des strafrechtlichen Gewaltbegriffs, GA 1974, 33ff.

ders, Kriminalstrafe(n) und Literatur, in: 140 Jahre Golddammer's Archiv, 1993, 157ff.

ders, Grenzüberschreitungen, Beiträge zur Beziehung zwischen Literatur und Recht, Baden-Baden 1990.

Müller G., Recht und Staat in unserer Dichtung, Hannover–Leipzig 1924.
Nowakowski, in Wiener Kommentar zum Strafgesetzbuch, §§ 3–5 StGB, Wien 1984.
Ogris, Die persönlichen Sicherheiten im Spätmittelalter, ZRG germanistische Abteilung, Band 82 (1965), 140ff.
Pallin, in Wiener Kommentar zum Strafgesetzbuch, § 222 StGB, Wien 1981.
Pidde, Richard Wagners „Ring des Nibelungen" im Lichte des deutschen Strafrechts, 3. Aufl, 1982.
Planitz/Eckhardt, Deutsche Rechtsgeschichte, 4. Aufl, Köln–Wien 1981.
Platzgummer, Die „Allgemeinen Bestimmungen" des Strafgesetzentwurfes im Lichte der neueren Strafrechtsdogmatik, JBl 1971, 236ff.
Radbruch, Shakespeare – Maß für Maß, in Gestalten und Gedanken, Stuttgart 1954, 41ff.
Roeder, Der strafrechtliche Gewahrsamsbegriff, ÖJZ 1966, 373ff.
Roxin, Täterschaft und Tatherrschaft, 6. Aufl, Berlin 1994.
Rummel, in *Rummel*, Kommentar zum Allgemeinen bürgerlichen Gesetzbuch, Band I, 2. Aufl, Wien 1990.
Schertz, Eine analytisch-psychologische Deutung der Gestalten der Tetralogie „Der Ring des Nibelungen" von Richard Wagner, Dissertation, Salzburg 1976.
Schick, Die Vorwerfbarkeit des Verbotsirrtums bei Handeln auf falschen Rat, ÖJZ 1980, 595ff.
Schima, Erpressung und Nötigung, Wien 1973.
Schröder/Künßberg, Lehrbuch der deutschen Rechtsgeschichte, 7. Aufl, Berlin–Leipzig 1932.
Schwaighofer, Plötzliches Losreißen – Gewalt im Sinne des § 269 StGB?, ÖJZ 1981, 120ff.
Schwerin, Deutsche Rechtsgeschichte, Aus Grundriß der Geschichtswissenschaft, II. Reihe, Abt 5, 2. Aufl, Leipzig–Berlin 1915.
Schwerin/Thieme, Grundzüge der deutschen Rechtsgeschichte, 4. Aufl, Berlin–München 1950.
Schönke/Schröder, Strafgesetzbuch, Kommentar, 25. Aufl, München 1997.
Seelig, Lehrbuch der Kriminologie, 3. Aufl, Graz 1963.
Seiler R., Die Gewalt als Mittel der Nötigung, in *Pallin*-FS (1989), 381ff.
ders, in *Triffterer* StGB Kommentar, 5. Lieferung, §§ 105, 106, 125, Stand Juli 1997.
Shaw B., Ein Wagner-Brevier (Kommentar zum Ring des Nibelungen), englische Originaltitel „The perfect Wagnerite", 8. Aufl, Frankfurt am Main 1996.
Spendel, Schillers „Wilhelm Tell" und das Recht, ZStrR 1990, 154ff.
Steininger H., Die Notwehr in der neueren Rechtsprechung des OGH, ÖJZ 1980, 225ff.
ders, Der Putativnotwehrexzeß, ÖJZ 1986, 747ff.
ders, in Wiener Kommentar zum Strafgesetzbuch, §§ 274–286 StGB, Wien 1988.
Stigelbauer, Nötigung und Erpressung im neuen Strafrecht, ÖJZ 1974, 645ff.
Triffterer, Die österreichische Beteiligungslehre, Wien 1983.
ders, Österreichisches Strafrecht Allgemeiner Teil, 2. Aufl, Wien 1985.

Unruh, Wargus. Friedlosigkeit und magisch kultische Vorstellungen bei den Germanen, ZRG germanistische Abteilung, Band 74 (1957), 1ff.

Wagner Richard, Oper und Drama, 1852 (die Seitenangaben beziehen sich auf die Ausgabe Reclam, 1984).

ders, Briefe, ausgewählt und herausgegeben von *H. J. Bauer*, Reclam Stuttgart 1995.

Wegscheider, Plötzliches Entreißen einer Sache – Raub oder Diebstahl?, ÖJZ 1975, 516ff.

Wessels, Strafrecht Allgemeiner Teil, 26. Aufl, Heidelberg 1996.

ders, Strafrecht Besonderer Teil I, 21. Aufl, Heidelberg 1997.

ders, Strafrecht Besonderer Teil II, 20. Aufl, Heidelberg 1997.

Würdinger, Einwirkung des Christentums auf das angelsächsische Recht, ZRG germanistische Abteilung, Band 55 (1935), 105ff.

Zipf, Die mittelbare Täterschaft und ihre Einordnung in § 12 StGB, ÖJZ 1975, 617ff.

ders, in Wiener Kommentar zum Strafgesetzbuch, §§ 142–145, Wien 1985.

Zöchling, Freispruch für Tosca – Jago soll hängen (Fiktive Prozesse), 2. Aufl, München–Wien 1986.

Diskographie

Die nachfolgende Aufstellung enthält eine Auswahl empfehlenswerter Einspielungen.

Gesamtaufnahmen

Clemens Krauss, Bayreuther Festspiele 1953, Live-Mitschnitt, verschiedene Labels.

Das Rheingold: *Wotan*, Hans Hotter; *Donner*, Hermann Uhde; *Froh*, Gerhard Stolze; *Loge*, Erich Witte; *Alberich*, Gustav Neidlinger; *Mime*, Paul Kuen; *Fasolt*, Ludwig Weber; *Fafner*, Josef Greindl; *Fricka*, Ira Malaniuk; *Freia*, Bruni Falcon; *Erda*, Maria von Ilosvay; *Woglinde*, Erika Zimmermann; *Wellgunde*, Hetty Plümacher; *Floßhilde*, Gisela Litz.

Die Walküre: *Siegmund*, Ramon Vinay; *Hunding*, Josef Greindl; *Wotan*, Hans Hotter; *Sieglinde*, Regina Resnik; *Brünnhilde*, Astrid Varnay; *Fricka*, Ira Malaniuk.

Siegfried: *Siegfried*, Wolfgang Windgassen; *Mime*, Paul Kuen; *Der Wanderer*, Hans Hotter; *Alberich*, Gustav Neidlinger; *Fafner*, Josef Greindl; *Erda*, Maria von Ilosvay; *Brünnhilde*, Astrid Varnay; *Stimme des Waldvogels*, Rita Streich.

Götterdämmerung: *Siegfried*, Wolfgang Windgassen; *Gunther*, Hermann Uhde; *Alberich*, Gustav Neidlinger; *Hagen*, Josef Greindl; *Brünnhilde*, Astrid Varnay; *Gutrune*, N. Hinsch-Gröndahl; *Waltraute*, Ira Malaniuk; *Erste Norn*, Maria von Ilosvay; *Zweite Norn*, Ira Malaniuk; *Dritte Norn*, Regina Resnik; *Woglinde* Erika Zimmermann; *Wellgunde*, Hetty Plümacher; *Floßhilde*, Gisela Litz.

Wilhelm Furtwängler, Orchestra Sinfonica Della Radio Italiana (RAI), Rom 1953, Live-Mitschnitt, konzertant, EMI.

Das Rheingold: *Wotan*, Ferdinand Frantz; *Donner*, Alfred Poell; *Froh*, Lorenz Fehenberger; *Loge*, Wolfgang Windgassen; *Alberich*, Gustav Neidlinger; *Mime*, Julius Patzak; *Fasolt*, Josef Greindl; *Fafner*, Gottlob Frick; *Fricka*, Ira Malaniuk; *Freia*, Elisabeth Grümmer; *Erda*, Ruth Siewert; *Woglinde*, Sena Jurinac; *Wellgunde*, Magda Gabory; *Floßhilde*, Hilde Rössl-Majdan.

Die Walküre: *Siegmund*, Wolfgang Windgassen; *Hunding*, Gottlob Frick; *Wotan*, Ferdinand Frantz; *Sieglinde*, Hilde Konetzni; *Brünnhilde*, Martha Mödl; *Fricka*, Elsa Cavelti.

Siegfried: *Siegfried*, Ludwig Suthaus; *Mime*, Julius Patzak; *Der Wanderer*, Ferdinand Frantz; *Alberich*, Alois Pernerstorfer; *Fafner*, Josef Greindl; *Erda*, Margarete Klose; *Brünnhilde*, Martha Mödl; *Stimme des Waldvogels*, Rita Streich.

Götterdämmerung: *Siegfried*, Ludwig Suthaus; *Gunther*, Alfred Poell; *Alberich*, Alois Pernerstorfer; *Hagen*, Josef Greindl; *Brünnhilde*, Martha Mödl; *Gutrune*, Sena Jurinac; *Waltraute*, Margarete Klose; *Erste Norn*, Margarete Klose; *Zweite Norn*, Hilde Rössl-Majdan; *Dritte Norn*, Sena Jurinac; *Woglinde* Sena Jurinac; *Wellgunde*, Magda Gabory; *Floßhilde*, Hilde Rössl-Majdan.

Hans Knappertsbusch, Bayreuther Festspiele 1957, Live-Mitschnitt, verschiedene Labels.

Das Rheingold: *Wotan*, Hans Hotter; *Donner*, Toni Blankenheim; *Froh*, Josef Traxel; *Loge*, Ludwig Suthaus; *Alberich*, Gustav Neidlinger; *Mime*, Paul Kuen; *Fasolt*, Arnold van Mill; *Fafner*, Josef Greindl; *Fricka*, Georgine von Milinkovic; *Freia*, Elisabeth Grümmer; *Erda*, Maria von Ilosvay; *Woglinde*, Dorothea Siebert; *Wellgunde*, Paula Lenchner; *Floßhilde*, Elisabeth Schärtel.

Die Walküre: *Siegmund*, Ramon Vinay; *Hunding*, Josef Greindl; *Wotan*, Hans Hotter; *Sieglinde*, Birgit Nilsson; *Brünnhilde*, Astrid Varnay; *Fricka*, Georgine von Milinkovic.

Siegfried: *Siegfried*, Bernd Aldenhoff; *Mime*, Paul Kuen; *Der Wanderer*, Hans Hotter; *Alberich*, Gustav Neidlinger; *Fafner*, Josef Greindl; *Erda*, Maria von Ilosvay; *Brünnhilde*, Astrid Varnay; *Stimme des Waldvogels*, Ilse Hollweg.

Götterdämmerung: *Siegfried*, Wolfgang Windgassen; *Gunther*, Hermann Uhde; *Alberich*, Gustav Neidlinger; *Hagen*, Josef Greindl; *Brünnhilde*, Astrid Varnay; *Gutrune*, Elisabeth Grümmer; *Waltraute*, Maria von Ilosvay; *Erste Norn*, Maria von Ilosvay; *Zweite Norn*, Elisabeth Schärtel; *Dritte Norn*, Birgit Nilsson; *Woglinde* Dorothea Siebert; *Wellgunde*, Paula Lenchner; *Floßhilde*, Elisabeth Schärtel.

Karl Böhm, Bayreuther Festspiele 1967, Live-Mitschnitt, Philips.

Das Rheingold: *Wotan*, Theo Adam; *Donner*, Gerd Nienstedt; *Froh*, Hermin Esser; *Loge*, Wolfgang Windgassen; *Alberich*, Gustav Neidlinger; *Mime*, Erwin Wohlfahrt; *Fasolt*, Martti Talvela; *Fafner*, Kurt Böhme; *Fricka*, Annelies Burmeister; *Freia*, Anja Silja; *Erda*, Vera Soukupova; *Woglinde*, Dorothea Siebert; *Wellgunde*, Helga Dernesch; *Floßhilde*, Ruth Hesse.

Die Walküre: *Siegmund*, James King; *Hunding*, Gerd Nienstedt; *Wotan*, Theo Adam; *Sieglinde*, Leonie Rysanek; *Brünnhilde*, Birgit Nilsson; *Fricka*, Annelies Burmeister.

Siegfried: *Siegfried*, Wolfgang Windgassen; *Mime*, Erwin Wohlfahrt; *Der Wanderer*, Theo Adam; *Alberich*, Gustav Neidlinger; *Fafner*, Kurt Böhme; *Erda*, Vera Soukupova; *Brünnhilde*, Birgit Nilsson; *Stimme des Waldvogels*, Erika Köth.

Götterdämmerung: *Siegfried*, Wolfgang Windgassen; *Gunther*, Thomas Stewart; *Alberich*, Gustav Neidlinger; *Hagen*, Josef Greindl; *Brünnhilde*, Birgit Nilsson; *Gutrune*, Ludmila Dvoraková; *Waltraute*, Martha Mödl; *Erste Norn*, Marga Höffgen; *Zweite Norn*, Annelies Burmeister; *Dritte Norn*, Anja Silja; *Woglinde* Dorothea Siebert; *Wellgunde*, Helga Dernesch; *Floßhilde*, Sieglinde Wagner.

Herbert von Karajan, Berliner Philharmoniker 1967–1970, Deutsche Grammophon.

Das Rheingold: *Wotan*, Dietrich Fischer-Dieskau; *Donner*, Robert Kerns; *Froh*, Donald Grobe; *Loge*, Gerhard Stolze; *Alberich*, Zoltan Kelemen; *Mime*, Erwin Wohlfahrt; *Fasolt*, Martti Talvela; *Fafner*, Karl Ridderbusch; *Fricka*, Josephine Veasey; *Freia*, Simone Mangelsdorff; *Erda*, Oralia Dominguez; *Woglinde*, Helen Donath; *Wellgunde*, Edda Moser; *Floßhilde*, Anna Reynolds.

Die Walküre: *Siegmund*, Jon Vickers; *Hunding*, Martti Talvela; *Wotan*, Thomas Stewart; *Sieglinde*, Gundula Janowitz; *Brünnhilde*, Régine Crespin; *Fricka*, Josephine Veasey.

Siegfried: *Siegfried*, Jess Thomas; *Mime*, Gerhard Stolze; *Der Wanderer*, Thomas Stewart; *Alberich*, Zoltan Kelemen; *Fafner*, Karl Ridderbusch; *Erda*, Oralia Dominguez; *Brünnhilde*, Helga Dernesch; *Stimme des Waldvogels*, Catherine Gayer.

Götterdämmerung: *Siegfried*, Helge Brilioth; *Gunther*, Thomas Stewart; *Alberich*, Zoltan Kelemen; *Hagen*, Karl Ridderbusch; *Brünnhilde*, Helga Dernesch; *Gutrune*, Gundula Janowitz; *Waltraute*, Christa Ludwig; *Erste Norn*, Lili Chookasian; *Zweite Norn*, Christa Ludwig; *Dritte Norn*, Catarina Ligendza; *Woglinde* Liselotte Rebmann; *Wellgunde*, Edda Moser; *Floßhilde*, Anna Reynolds.

Einzelaufnahmen

Das Rheingold: Metropolitan, New York 3.4.1937, Arthur Bodanzky, Live-Mitschnitt, verschiedene Labels.

Wotan, Friedrich Schorr; *Donner*, Julius Huehn; *Froh*, Hans Clemens; *Loge*, René Maison; *Alberich*, Eduard Habich; *Mime*, Karl Laufkötter; *Fasolt*, Norman Cordon; *Fafner*, Emanuel List; *Fricka*, Karin Branzell; *Freia*, Dorothee Manski; *Erda*, Doris Doe; *Woglinde*, Stella Andreva; *Wellgunde*, Irra Pettina; *Floßhilde*, Doris Doe.

Die Walküre: Metropolitan, New York 6.12.1941, Erich Leinsdorf, Live-Mitschnitt, Myto-Records.

Siegmund, Lauritz Melchior; *Hunding*, Alexander Kipnis; *Wotan*, Friedrich Schorr; *Sieglinde*, Astrid Varnay; *Brünnhilde*, Helen Traubel; *Fricka,* Kerstin Thorborg.

Die Walküre, I. Aufzug: Wiener Philharmoniker, Wien 20.–22.6.1935, Bruno Walter, EMI.

Siegmund, Lauritz Melchior; *Hunding*, Emanuel List; *Sieglinde*, Lotte Lehmann.

Die Walküre, II. Aufzug: Wiener Philharmoniker (Szene 3 u 5, Bruno Walter), Wien 26.6.1935; Orchester der Staatsoper Berlin (Szene 1, 2 u 4, Bruno Seidler-Winkler), Berlin 19. u 20.9.1938, EMI.

Siegmund, Lauritz Melchior; *Hunding*, Emanuel List; *Sieglinde*, Lotte Lehmann; *Wotan*, Hans Hotter; *Brünnhilde*, Marta Fuchs; *Fricka*, Margarete Klose.

Siegfried: Ausschnitte, 1927–1932, dana-cord 319–321, Melchior Anthology Vol.5.

Siegfried, Lauritz Melchior; *Mime*, Heinrich Tessmer; *Der Wanderer*, Friedrich Schorr; *Fafner*, Eduard Habich.

Götterdämmerung: Bayreuther Festspiele 21.7.1942, Karl Elmendorff, Live-Mitschnitt, Preiser-Records.

Siegfried, Set Svanholm; *Gunther*, Egmont Koch; *Alberich*, Robert Burg; *Hagen*, Friedrich Dalberg; *Brünnhilde*, Marta Fuchs; *Gutrune*, Else Fischer; *Waltraute*, Camilla Kallab; *Erste Norn*, Camilla Kallab; *Zweite Norn*, Hildegard Jachnow; *Dritte Norn*, Charlotte Siewert; *Woglinde* Hilde Scheppan; *Wellgunde*, Irmgard Langhammer; *Floßhilde*, Margery Booth.

Namen- und Sachregister

A
Alberich 17, 23, 28 ff, 83 ff
Anarchie 21, 164
Auslobung 51 f

B
Bereicherung 48 ff, 97
Bestimmungstäterschaft 105, 152
Blutschande 119 ff
Brief an
— *Devrient* 18
— *König Ludwig II* 24
— *Liszt* 19, 22, 27 f, 34, 38, 40, 42, 49, 132, 166
— *Röckel* 5, 14, 16, 19, 22, 27, 29, 31 f, 38 ff, 43, 108, 132 f, 146, 148, 166, 182
— *Uhlig* 16, 18, 132, 166
— *Wesendonck* 21 f, 133
— *Wolfram* 133
— *Wüllner* 24
Brünnhilde 131, 134 ff, 138 ff, 162, 172 f, 181 f

C
Charakterdarstellung 17 ff, 20, 23, 28, 52 f, 64, 70, 86, 95, 119 f, 155 ff, 177

D
Diebstahl 40 ff

E
Ehebruch 119, 130 ff
Ehre 173
Entführung 61, 90
Erda 131
Erfolgshaftung 178 f
Erpressung 86, 93 ff

F
Fafner 57, 62 f, 102 ff, 108 f, 147 f
Fasolt 57, 62 f, 102 ff, 108
Fehde 80, 109 ff
Feuer 181 f
Fluch 31, 37 f, 48 f, 106 ff, 166, 181 f
Freia 57 ff, 62, 71 ff
Freiheitsentziehung 91 f
Fricka 31, 122, 130 ff
Friedloser 113 f

G
Geiselschaft 81
Geschäftsehe 63, 78 ff
Gesellschaftssystem 15, 28, 43, 97
Gibichungen 166
Götterdämmerung 17, 24, 164 ff
Gold 29 ff, 83 ff, 173, 182
Gunther 166 ff

H
Hagen 167 ff
Hehler 105 ff
Heiratszwang 73 f
historisches Rechtsverständnis 72 ff, 177 ff
Hort 83 ff, 95
Hunding 21, 116 f, 122 ff

I
Interpretation 15
Irrtum 151, 158

K
Kaufehe 66, 76
Klassenkonflikt 32
Komplott 169 ff
Konventionen 16

L
Leitmotiv 19, 27, 120, 143
Loge 45, 57 ff, 86, 95 ff, 108, 181

M
Machtgier 29
Meineid 168, 179
Meistersinger 22
Mime 146 ff
Mord 107, 151 ff
Musikdrama 16
Mythos 15

N
Nachtalbe 32
Nibelungenvolk 86
Nötigung 93 ff
Nornen 164 f
Notwehr 124

O
Operndrama 14, 22, 122

P
Pfand 61, 79 ff

R
Rache 118, 122 ff
Raub 35 ff, 86, 98
Raub des Rheingoldes 27 ff, 35 ff
Rechtfertigung 95 ff, 123 ff, 174
Revolution 18, 22, 32
Rhein 46, 181 f
Rheintöchter 26 ff, 181 f
Riesen 57, 62 f, 102 ff
Ring 30, 88, 94 f, 106 ff, 123, 145, 164, 175, 181

S
Sachbeschädigung 159
Schuld 126 ff
Selbstjustiz 121

Siegfried 110, 143, 145 ff, 157 ff, 164
Siegmund 20 f, 110 ff, 122 ff, 130, 137 f
Sippe 73 ff, 109 ff, 168
soziale Gerechtigkeit 93 ff
Speer 161, 164
Staat 24, 121
Suggestionskraft 15, 20, 120 ff

T
Tarnhelm 88, 98, 106, 148
Tierquälerei 158 f
Totschlag 126 ff
Tristan 21

U
Überzeugungsverbrecher 116
Umverteilung 93 ff, 98 ff

V
Verträge 54 ff, 68 ff, 161
Vertragsehe 66, 72 ff, 78

W
Walküre 21, 109 ff
Wanderer 145 ff
Weltherrschaft 86
Wergeld 76 ff
Werteigenschaft 43
Wertvorstellungen 19 ff
Wolfe 114
Wotan 19 ff, 54 ff, 62 f, 86, 110, 122, 129 ff, 140 ff

Z
Zweikampf 123 ff

JURISTISCHE SCHRIFTENREIHE

KNAPPITSCH
Der Arbeitsgerichtsrechtsschutz nach den ARB 1994
Band 123, 3-7046-1246-4, 246 S., br., öS 448,–

HOLZNER
Ehevermögen bei Scheidung und bei Tod
Unvereinbarkeit zweier Auseinandersetzungsmodelle
Band 124, 3-7046-1251-0, 220 S., br., öS 398,–

HOFMANN/HOLLÄNDER/MERLI/WIEDERIN (Hg.)
Armut und Verfassung
Sozialstaatlichkeit im Europäischen Vergleich
Band 127, 3-7046-1320-7, 348 Seiten, br., öS 448,–

BOESCH
Betriebsübergang und Insolvenz
Band 128, 3-7046-1263-4, 208 Seiten, br., öS 398,–

HELPING HANDS (Hg.)
Fremdenrecht in der EU
Band 129, 3-7046-1268-5, 412 Seiten, br., öS 598,–

MÜLLER
Der Nachbar im Betriebsanlagenrecht
Band 130, 3-7046-1277-4, 416 Seiten, br., öS 598,–

BIRKLBAUER
Die teilbedingte Strafnachsicht
Ein Weg moderner Kriminalpolitik
Band 131, 3-7046-1295-2, 271 Seiten, br., öS 398,–

WALTER
Die Treuhand im Exekutions- und Insolvenzverfahren
Band 134, 3-7046-1307-X, 185 Seiten, br., öS 448,–

BREITER
Fahrlässige Krida nach Zahlungsunfähigkeit
Band 135, 3-7046-1309-6, 264 Seiten, br., öS 398,–

Verlag Österreich   A-1037 Wien, Rennweg 12a, Postf. 129, Tel: (01) 797 89-315, Fax: (01) 797 89-589, e-mail: buch@verlag.oesd.co.at

STRAFRECHT

Strafrecht:
ARHG, FinStrG, GRBG, JGG, MedienG, MilStG, PornographieG, SPG und RLV, StGB, StPO, StEG, StrafregisterG, SMG, StVO, TilgungsG, VOG, WaffengebrauchsG, WaffG

Verfassungsgesetze:
B-VG, EMRK, BVG über den Schutz der persönlichen Freiheit, StGG, Gesetz zum Schutze des Hausrechtes

Einzelne Bestimmungen:
ASVG, BWG, BörseG, DSG, DevisenG, EGVG, FrG, KartellG, KAG, KriegsmaterialG, LMG, MRG, NotzeichenG, SDÜ, TKG, Übereinkommen gegen Folter, Verbot von Anti-Personen-Minen und Laserwaffen, Verbotsgesetz 1947, WG, WeinG, ZDG

Pleischl/Soyer
Strafrecht

3-7046-1242-1,
966 Seiten, broschiert,
öS 190,–

Verlag Österreich
A-1037 Wien, Rennweg 12a,
Tel: (01) 797 89-315, Fax: -589
e-mail: order@verlag.oesd.co.at

Studienliteratur

Insolvenzverschleppung und **effektiver Gläubigerschutz**

Voraussetzung unmittelbarer Täterschaft
- Leitender Angestellter nach § 161 StGB
- Der sogenannte de-facto-Geschäftsführer

Fahrlässige Unkenntnis der Zahlungsunfähigkeit

Vereitelung oder **Schmälerung** der **Gläubigerbefriedigung**
- Präzisierung des Vollendungszeitpunkts
- Neugläubigerschutz

Verhaltensweisen des § 159 Abs 1 Z 2 StGB
- Nicht rechtzeitig gestellter Insolvenzantrag
  - Außergerichtliche Sanierungsbemühungen
  - Beginn und Ende der 60-Tage-Frist
  - Begriff der Überschuldung und Auswirkungen der Fortbestehensprognose
- Weitere Verhaltensweisen
  - Eingehen und Zahlen einer Schuld; Pfandbestellung

Kausalität des Schuldnerverhaltens
- Weitere geschäftliche Tätigkeit des Schuldners
- Kausalität der Unterlassung

Beteiligung
- Vorsätzliche und fahrlässige Beteiligung
- Objektive Sorgfaltswidrigkeit, Tätergruppen

3-7046-1309-6, 264 Seiten, broschiert, öS 398,–

Österreichische Staatsdruckerei AG,
Rennweg 12a, 1037 Wien, Tel.: (01) 797 89-315, Fax: -589
e-mail: order@verlag.oesd.co.at

- **Zur Entstehungsgeschichte des Problems**
- **Güterrecht während aufrechter Ehe**
  - Folgen der Gütertrennung
  - Miterwerb dinglicher Rechte trotz Gütertrennung
  - Familienrechtliche Vermögensbindungen
  - Unterhaltsnachforderung und Bereicherungsausgleich als Korrektiv?
- **Bei Scheidung: Aufteilung nach §§ 81ff EheG**
  - Aufteilungsgegenstand, Aufteilungskriterien, Stärken und Schwächen der Aufteilung
  - Verhältnis zu den gütergemeinschaftsrechtlichen Aufteilungsregeln
  - Höchstpersönlichkeit des Aufteilungsanspruchs
- **Bei Tod eines Ehegatten: Erbrechtliche „Lösung"**
  - Vermögensfolgenvergleich Erbrecht - Aufteilung
  - Keine Rechtfertigung der Verschiedenbehandlung durch Erbrecht im engeren Sinn, Vorausvermächtnis, Pflichtteilsrecht, Unterhaltsanspruch, Witwen(r)pension, Interessen sonstiger Erben, Gelingen der Ehe
- **Konsequenzen**
  De lege lata: § 759 Abs 2 ABGB
  De lege ferenda: Aufteilung auch im Todesfall
  - Änderungsbedarf für die Aufteilung
  - Änderungsbedarf im Erbrecht?
  - Folgeprobleme
  - Notwendigkeit von Übergangsbestimmungen

HOLZNER

EHEVERMÖGEN BEI SCHEIDUNG UND BEI TOD

JURISTISCHE SCHRIFTENREIHE BAND 124

Verlag Österreich

3-7046-1251-0, 220 Seiten, broschiert, öS 398,–

Österreichische Staatsdruckerei AG,
Rennweg 12a, 1037 Wien, Tel.: (01) 797 89-315, Fax: -589
e-mail: order@verlag.oesd.co.at

- **Strafregistergesetz 1968**
- **Tilgungsgesetz 1972**
- Europäisches Übereinkommen vom 20. April 1969 über die **Rechtshilfe** in Strafsachen
- Zusatzprotokoll zum Europäischen Übereinkommen über die Rechtshilfe in Strafsachen
- Verträge über die **Ergänzung** des Europäischen Übereinkommens über die Rechtshilfe in Strafsachen und die Erleichterung seiner Anwendung
- **Bilaterale Verträge** über die Rechtshilfe in Strafsachen
- **Suchtmittel**gesetz
- **Rechtspraktikanten**gesetz
- **Jugendgerichts**gesetz
- **Paß**gesetz 1992
- Zivildienstgesetz 1986
- Geschäftsordnung für die Gerichte erster und zweiter Instanz
- Erlaß des Bundesministeriums für Justiz über die **gnadenweise Beschränkung** der Auskunft aus dem Strafregister
- Schengener Durchführungsübereinkommen vom 19. Juni 1996
- Fahndungs- und Informationsvorschrift **(FIV 1997)**

3-7046-1232-4, 208 Seiten, broschiert, öS 398,–

Österreichische Staatsdruckerei AG
Rennweg 12a, 1037 Wien, Tel.: (01) 797 89-315, Fax: -589
e-mail: order@verlag.oesd.co.at

- Vom Inquisitions- zum Anklageprozeß

- Der Beschuldigte als selbständiges Prozeßsubjekt

- Der Beschuldigte als Beweismittel

- Das Prinzip der Waffengleichheit

- Konsequenzen im Hinblick auf eine StPO-Reform

- Umfassendes Stichwortverzeichnis

ISBN 3-7046-0900-5
284 Seiten, broschiert, öS 448,–

Verlag Österreich

Österreichische Staatsdruckerei AG,
Rennweg 12a, 1037 Wien, Tel.: (01) 797 89-315, Fax: -589
e-mail: order@verlag.oesd.co.at